JN308323

上海アラカルト

Shanghai a la carte

追手門学院大学アジア学科 編

和泉選書

はしがき

二〇〇八年八月から九月、北京オリンピックと北京パラリンピックがなんとか無事に終わって、中国の「国威」は全世界に誇示された。映画監督の張芸謀（チャンイーモウ）が北京オリンピックの開会式・閉会式、北京パラリンピックの開会式を演出した。オリンピックは八月八日（金）に開会式、二四日（日）に閉会式の一七日間であり、パラリンピックは九月六日（土）に開会式、一七日（水）に閉会式の一二日間開催された。日本では北京オリンピックの報道が増すにつれて、比例するように「中国産食品の危険性」の報道も過熱気味になった。

オリンピック期間に重なる、八月一六日から二〇日まで上海に行った。上海ではサッカーの試合の一部が開催されることになっており、一八日には女子の準決勝が（決勝戦・三位決定戦は北京）、一九日には男子の準決勝、二二日には三位決定戦（決勝戦は北京）が上海で開催された。七月二四日には上海のサッカー会場でのテロ計画が、公安当局に摘発されたとのニュースもあった。

サッカー会場の上海体育館の近くを通ることがあったが、静かな感じだった。もっともインターネットの情報などでは、公安当局や解放軍による厳重な警戒が行われたようである。七月末には上海にある日本の総領事館から、「北京オリンピック開催に伴う注意事項」が発表されていた。実際に交通の主要ポイントでは、上海でも手荷物検査が実施されているなど、厳戒態勢がしかれていた。
地下鉄の駅では抜き打ちのような形で手荷物検査があり、何度か呼び止められてバッグを検査機にかけられたものの、バッグを開けとまではいわれなかった。博物館や資料館のチェックの方が徹底していて、ペットボトルの中身は飲んで見せる必要があり、ある博物館では有無をいわせず、ゴミ箱を指さして捨てろといわれた。

街中でのオリンピックへの関心はさほど高くはなく、夜の南京路の大画面映像での女子バレーボールの試合に、割合に多くの人が見入っていた程度で、それも歓声を上げるようなことはなく、静かだった。

二〇一〇年には上海万博が開催される予定なので、その方に関心があるのかと思って注意して見たが、ビルなどのイルミネーションや大きな看板は北京五輪だけで、上海万博のものは気づかなかった。南京路に何か所かマスコットの水色のあまり可愛いとは思えない人形（「海宝（ハイバオ）」君というらしい）が置かれているのが目立つ程度だった。

この上海万博の会場は、黄浦江の東岸の浦東地区にある。浦東のモニュメントで浦東の北端の東方明珠塔は、一九九一年一〇月の竣工であるから、そのころから浦東の開発は急ピッチで行われた。東方明珠塔の位置する側のかなり南に、万博の会場予定地がある。浦西側でいえばかつての上海県を取り囲んでいた城壁のあった場所の豫園などよりも、さらにもっと南の浦東側ということになる。東方明珠塔の地域は現在開発が最も盛んだから、万博は明珠塔よりもずっと南に開発拠点を設定することになり、南北から浦東地区の全面開発を目ざすのであろう。

パラリンピックの終了間際の九月一五日、数年前から「危機」がささやかれていた「サブプライムローン」に代表される「金融不安」が、リーマンブラザース投資証券銀行の破たんにより、一挙に表面化した。「中国産食品の危険性」も、「上海万博」も、ふっ飛ばされそうな様子である。中国経済の根幹は国家権力が把握しているので、現在のところそれほどの影響はなさそうに見える。実際に一二月二四日から二七日まで上海を訪ねたが、クリスマスイブの南京路は、大変なにぎわいの上に、センスの良い服装の若い人々が楽しそうに闊歩していた。

中国は野菜やさまざまな服飾関係品を日本に輸出、おもちゃを始め種々の商品をアメリカに輸出、という例でもわかるように、「世界の工場」を自負してきた。世界的な経済収縮が中国にどのようなダメージを与えるかは予想がつかない。ただ、着々と上海万博予定地の工事は進んでいるし、南京路のハイセンスな服装が中国の各地に広がれば、その購買力は、不振に陥るであろう輸出に代わる内需として、十分に経済を維持・発展させる要因になるかもしれない。

私たち追手門学院大学国際教養学部アジア学科には多数の教員がおり、それぞれに地域と時代と対象はさまざまであるものの、アジアに関心を持っているという一点では共通している。そのうちの上海に強い興味を感じている私たち六人が、それぞれに上海の一部分ずつを紹介することとした。それは今後激動するにちがいない上海に対して、現在の断面を提示するという意味を持つであろう。また、現在の上海の出発点ともなったアヘン戦争を、幕末の日本人に紹介しようとし、幕府により発禁処分を受けた『海外新話』を史料としてあわせて提供したい。

　一八四〇年から四二年にかけて、イギリスが中国を侵略したアヘン戦争を、鎖国していた当時の日本で入手できる資料から、戦いの具体相を物語に再構成したのが『海外新話』である。作者は嶺田楓江（右五郎、一八一八年生・八三年没）という京都田辺藩に仕えたことのある武士だが、一八五〇年に幕府に『海外新話』の完成分と版木を没収されるとともに、禁固刑、次いで京都・大坂・江戸への居住禁止という処分を受けた。日本の開国は一八五四年のことであるから、その直前にあたり、嶺田楓江は鎖国を続けていけば、欧米との武力衝突となり、アヘン戦争同様の戦争が日本でも起きるという危機感から『海外新話』を書いたのである。

当時の日本人がイギリスと戦った中国人をどう見ていたか、アヘン戦争をどう見ていたかをうかがうに足る史料である。日本人が認識した上海の出発点の断面を示すものとして、私たちの論考と対応する意味があると思い、付載することにした。

（奥田　尚）

§

第1部

上海アラカルト

§

1

上海の歓楽（一九二〇～三〇年代）

浅野　純一

上海・そのイメージ

現代中国の最大の都市上海は、かつては小さな漁村でしかなかった。それが、世界でも屈指の大都市に成長するきっかけは、一九世紀後半、イギリスやフランスが「租界」として、当時の清朝政府からこの地を租借したことから始まる。西洋人たちは、この地に大きな港を開き、世界と中国をつなぐ中継地として、一大商業都市を作り上げた。中国内陸部を横断する水運の大動脈揚子江の河口に位置する上海は、物資や人の集積地としてうってつけだったのだ。

この都市の最盛期は、今となっては二一世紀の現在であるけれども、それ以前の最盛期は、一九二〇年代後半から三〇年代前半であった。

三〇年代後半から今世紀に至るまで、上海がなぜ最盛期を過ぎたかというと、まず日中戦争（日本の中国侵略）により、租界以外の地域が日本軍の統治下におかれて自由な活動が限られ、さらに太平洋戦争の開始と共に租界も日本軍が占領したせいである。日本敗北後も国民党政権はまともな政策を実行できず、さらに共産党政権になってからは資本主義そのものが否定されたという、政治・軍事的な理由による。この間、上海は、香港にその地位を（日本軍による香港占領の四年ほどをのぞいて）奪われていた。

1940年代のワイタン〔上海市歴史博物館等編『上海百年掠影』（1992年２月・上海人民美術出版社）〕

さて話を戻すが、この一九三〇年前後の時期には二〇万人ほどの外国人と一〇〇万人以上の中国人がこの都会に蝟集していた。近代資本主義の命脈は成長と搾取にあるが、ヨーロッパ人は莫大な投資をしてこの都市を成長させ、中国全土からこの投資に見合う以上の搾取をし、それが中国自身の資本主義も刺激した（四〇年代にすでに写真のように現在と同じ風景が広がっていた）。

特に第一次世界大戦（一九一四〜一九一八）から二〇年代にかけて、戦争で疲弊した西ヨーロッパ諸国は、東アジアに干渉する余力がほとんどなかったため、中国の民族資本はその間隙を縫って大きく発展した。

富と人口の集中は、人々をさまざまな階層に分化させる。少数の資本家と大多数の貧民、そして相当数の中産階級を生み出した。中産階級は、消費を担う「大衆」でもあった。

上海は、中国と海外を仲介する貿易都市というだけでなく、それ自身が生産し消費する一つの世界ともなったのである。折しも、北伐戦争を通して中国を統一した国民党政権が南京を首都とし、一時的にではあれ中国全体が政治的にも比較的安定した時期であった。

富と人が集中するところに、文化も生成する。西洋のさまざまな文化、特に大衆的な文化が大量に流入し、上海はアジアでもっとも「モダン」な経済都市、文化都市として発展したのであった。中国の国内政治からある程度独立していたことも、「大衆文化」が育つ一つの要因であったとも言えようが。そして消費、最低の生存条件を満たす以上の消費とは、「歓楽」である。

魔都・上海

「歓楽」ということばから、わたしたちは何を思い起こすだろう。辞書によれば「歓び楽しむこと」「ぜいたくなさま」とある。「歓楽の巷(ちまた)」などという用例も載っている。

わたしたちがすぐ思い起こすことばに、「歓楽街」がある。歓楽街にあるものといえば、料理屋、酒場、ダンスホール、劇場、映画館、デパート、あいまい宿、賭場などがとりあえず思い起こされる。赤提灯といえば、日本では安酒屋を指すが、中国語で紅灯といえば、こうした歓楽街を指す。歓楽街は、都市が成立したところでは、世界中どこでも昔からあったものだが、一九二〇～三〇年代の上海の特徴は、ダンスホール、映画館、デパートなど近代的な娯楽施設が登場していたことである。

もちろん同時期の欧米や日本の大都市もことは同様であるが、中国の中では上海はきわだって特別な都市だった。いや、東京などと比べてもずっと西洋的なハイカラな都市だったのである。

中国の中にあって、中国の統治権のおよばない都市、イギリスとフランス（のちには日本とアメリカも加わって）の植民地でありながらそれら本国からも一定程度独立した「租界」という、無法地帯ではないけれどあらゆる規制がとてもゆるい都市、成り上がるのも落ちぶれるのもすべて「自己責任」に帰される都市であったからである。

総合娯楽センター・1918年完成の「新世界」の後身「新世界商城（総合商業ビル）」

「魔都」と呼ばれるゆえんであるが、しかし一方で資本主義の大都市として機能し始めると、そこにはおのずと金銭をめぐって秩序ができてくる。すなわち分業と貧富の差、つまり一握りの資産家と、相当数の中産階級、大多数の労働者、かなりの数の貧困層が形成される。

そして、歓楽街は、こうしたさまざまな階層の人にそれぞれのふところと嗜好に応じた娯楽を提供する場として、発展していった。その代表的施設が「大世界」「新世界」（写真参照）などの総合娯楽センターであった。

近代以前の歓楽街は、劇場を例外とすれば、基本的におとなの男の夜の遊び場だった。普通の家庭のいわゆる「おんなこども」は、基本的にこうした地域に出入りすることはなかったのだが、近代都市の歓楽街は、若者を中心に、昼間から女性や子供も、労働者や貧民でさえ、「歓楽」に訪れる地域になっていくのである。

上に挙げた歓楽街の施設のうち、料理屋は微妙だが、酒場、あいまい宿、賭場はいずれもおとなの男に関わるものであり、ここでは論じないが、それ以外の近代的な歓楽街とその周辺について紹介していこう。

ダンスホールの歓楽

ダンスホールは、本邦今様の言い方ではクラブ、少し前ならディスコである。中国語では舞庁とか夜総会と書く。夜総会はナイトクラブの訳であるが。ダンスをしたり見たりして楽しむほかに男女の出会いもある。ナンパの場所でもあった。

もちろんヨーロッパの社交ダンスが持ち込まれて、それが「大衆」化したものである。が、それが上海に定着したについては背景がある。

一つには、一九一九年、中国を席巻した五四運動の思想とその実質化である。五四運動は、「民主」と「科学」をスローガンにして、学生たちが中心となった思想改革運動であった。それは、封建的な儒教道徳、三綱五常の倫理（君臣、親子、夫婦、兄弟などの序列）を否定し個人の自立を提起するものであったので、当然女性の解放と自立もその大きなテーマだった。

その影響を受けて、女子学生の増加、女性の職場への進出が盛んになってきた。上海という都市はその大きな受け皿としても機能したのである。働く女性、今風にいうとOLが一つの社会現象として現れてきたわけである。女性専用のアパートなどもこの時期現れた。彼女たち（経済的に自立した、多くは独身の女性）の登場が、ダンスホール隆盛の一つの条件であった。

いま一つは、いうまでもなく、前述のような、道徳よりも個人を重んじる上海という街の自由さと経済的な豊かさである。

働く女性が増加したのは事実であるが、とはいうものの、ダンスホールに自前で出入りするようなOLは、それほど多くはなかった。上海への流入人口は、男より女の方が多かったが、その多くは紡績会社などで低賃金で長時間働かされる農村の若い女性であった。女性の社会参加とはいえ、現実には男性社会であったことは間違いない。だから実際には、多くのダンスホールでは、踊り子や給仕として若い女性を雇い、客の相手をさせていた。しかしそうした雰囲気、共通のコンセンサスとして、右のような事情があったということである。

上海で最初の営利目的のダンスホール大東舞庁（永安公司：公司とは会社の意味の中国語）ができ

たのは一九二七年である。社交ダンスが大流行し、「今年は上海人のダンス熱は沸点に達し、ダンスホールの開業は雨後の筍のようである。青年男女は競ってダンスを学び、ダンスができなければ上海人ではないかのような勢いである。」「促成ダンス教室は、投機的に開設され、通り通りにポスターを貼って青年達を募り、学費はかなり高いにも関わらず踵を接して生徒が集まっている。」という状況になった。

大学生たちも、学園でダンスパーティーを催し、中には腕試しとばかり、上海の大きなダンスホールに乗り込むカップルもあった。

ダンスホールでは、もちろんいかがわしい男女の取引もあったけれど、一方でダンスパーティーが、健全な男女の出会いの場として、都市の若者の間に定着していったのも事実である。周恩来のダンス好きは有名であるが、彼に限らず共産党の幹部たちは、みな社交ダンスが好きだった。後の話だが、四〇年代、延安の共産党根拠地でもしばしばダンスパーティーは催されていたし、人民共和国成立後も、文革などの時期をのぞいて、学園や職場ではダンスパーティーが学生自治会や工会（労働組合）などの主催で開催されていた。八〇年代、改革解放政策後には、より一層盛んになったことはいうまでもない。

一九三三年の統計によれば、上海では許可を得たホールだけでも三九軒、相手をする女性が千人余りであったという。

デパート（百貨店）の歓楽

デパートという店舗形態は、近代になって成立したものである。デパートは日本語でも中国語でも百貨（商）店というけれど、文字通り多くの種類の商品を取りそろえて、客の購買意欲をそそる商店である。

デパートがなぜ近代的な商店なのか。デパートができる以前は、商店はほとんど、服なら呉服屋、米なら米屋、なべかまや刃物は金物屋、というふうにそれぞれの専門店しかなかった。そしてそれらは、一部のお金持ち以外にとっては本当に生活に必要なものを手に入れるための店でしかなかった。そもそも商品経済が発達していなかったのだ。

近代以前では、たとえば日本では武士の俸禄（給料）は、原則的に米で支給されていた。農業は基幹産業であったが、農民への年貢（税）も米であった。米という主食がお金のかわりを果たしていたのだが、米はお金と違ってそのまま消費財でもあった。お金が無くとも最低限食いつなぐことができる体制であった。少なくともそういう建前であった。

しかし近代になって商品経済が発達すると、人々の生活はあらゆる面で金銭を介するようになる。衣食住あらゆる面で、商品やサービスの対価として金銭が必要になる。人々の労働の対価も金銭で支払われるようになる。金銭は、価値ではあるがそれを何と交換するかは所有者の自由である。現代のわたしたちが、大人も子供もたいてい持たされる「お小遣い」の余地が生まれる。これを何に使おうが、その人の自由なのである。

デパートで売られるものは、生活必需品ではない。人々は、デパートに行くとき買うものを決めていくわけではない。デパートに行って商品を見ながら、買いたいものを決めていく。必要だから買うのではなく、買いたいから買う。商品の入手だけでなく、「お小遣い」で買うという行為自体を楽しむ、そうした場がデパートであった。デパートが歓楽施設であるゆえんである。

デパートの屋上には、遊戯施設が設けられ、子供だけでなく大人も一緒に楽しんだという。

永安公司〔張偉等編著『老上海地図』(2001年6月・上海画報出版社)〕

上海では、一九一六年中国最初の百貨店、環球百貨大商場が永安公司(写真参照)によって着工され、一八年に竣工した。その後、先施公司・心身公司・大伸公司が、それぞれの会社名を冠した大型百貨店を上海の目抜き通り南京路の二〇〇メートルほどの間に次々開業、他に麗華などもあり、世界的な流行を上海の消費者に提供した。

映画の歓楽

都市庶民の娯楽の王様は、映画だった。

中国における映画の歴史は、北京の豊泰照相館による京劇の記録フィルムを先駆とし、やがて上海に制作・上映の中心は移り、はじめは文明戯（新劇）をそのままフィルムに収めて上演していた。一九一四年、第一次世界大戦によって、ドイツから生フィルムの輸入ができなくなって、しばらく中国の映画界は沈滞する。

第一次大戦の趨勢が決まるころには、アメリカから生フィルムを輸入して、再び国産映画の制作が活発になってくる。一七年に商務印書館が映画部門を設置して短編ニュース映画などを作り始めるが、商業映画を確立させた作品として、上海の人々の脳裏に焼き付いたのは、二三年の長編劇映画『孤児救祖記』（明星影片公司）である。この映画の成功がきっかけとなって、商業映画は、上海で大量に制作されるようになる。毎年二〇～三〇本の映画が制作されていた。

そして、新しい映画会社が、雨後の筍のように林立し、様々な種類の物語が展開された。以下に、当時の映画会社の設立年次をあげてみよう。

明星影片公司　　二二年三月成立
大中華影片公司　二三年冬成立

百合影片公司　二四年春成立（大中華百合影片公司　二五年夏合併成立）
天一影片公司　二五年六月成立
長城画片公司　二四年成立（二二年ニューヨークで成立）
神州影片公司　二四年十月成立（フランス留学生による）
国光影片公司　二六年一月成立（もと商務印書館活動影片部）
上海影戯公司　二二年成立（二六年家庭影片公司と改名）
大中国影片公司　二五年五月成立
友聯影片公司　二五年四月創立
開心影片公司　二〇年代中期成立（滑稽片）
新人影片公司　二六年四月成立（任矜苹が明星から独立）

その他、二五年から二六年にかけて一本以上の映画を制作した会社が三四社
（影片・片はフィルムという意味）

また、上海の映画館は、やや遅れて一九三二年の記録では、二番館三番館を含めて少なくとも四九館（そのうちかなりの部分が、この時期に建設された）あり、各館大体七百から二千の客席を持ち、またチケットは二角から二元の間であった（一〇角＝一元≒五〇〇〇円）。

当時の映画制作者は、多くは五四運動の影響を受けた若い知識人たちだった。

したがって、映画の内容は、教育、特に学校教育を提唱した作品群と女性の運命や職業の問題を描

いた作品群、少数ながら労働者の問題を扱った作品、あるいは「幸福を追求する愛情映画」、恋愛の神聖と試練、封建的な結婚観・制度に立ち向かう愛情、愛情と物欲など近代的な恋愛観を描いた作品、「勧善の倫理映画」、友情の大切さや親子・夫婦間の信義のあり方を観衆に訴える作品、「非戦を主張する戦争映画」、当時の軍閥戦争を告発し、戦争の非人間性を告発する一群の反戦、というより厭戦映画などであった。

現代劇を中心としたこの時期の映画の登場人物は、新しい階層・職業の人物、すなわち実業家、事務員、大学生、女学生、教師、軍人、画家、小説家、弁護士など、観衆と同じ階層かやや上の中産階層である。

登場人物は、観衆が感情移入をし易い登場人物が多かったし、内容も観衆にとって身近な日常、つまり仕事、家庭、恋愛などであったことが分かる。

都市（上海）を享楽的な拝金主義にまみれた非人間的な世界として描き、農村を素朴で美しい世界として描く映画はこの時期に特徴的である。都市と農村を対立させて、汚れてしまった都市（住民）というテーマは、実はアメリカ映画でも日本映画でもこの時期の一つの典型であった。都市住民たる観衆は、そのようにして都市住民としてのアイデンティティーを認識したのである。

また、弁護士という新しい職業を通して、社会のさまざまな矛盾を描いて見せたりもした。これは、一つには昔からある裁判劇（「包公案」と総称されるが、日本の大岡越前もののようなもの）を見慣れた観衆に、大いにアピールしたと思われる。ついでにいえば、清末には、シャーロックホームズなど西洋の探偵小説が大量に翻訳・翻案されて大いに人気を博した時期があるが、その探偵役を当時の新興職業であった弁護士に置き換えたとも言えよう。

「非戦映画」というのは、当時の中国が置かれていた状況、つまり一九二八年まで続いた軍閥戦争と、なかんずく一九三二年に日本人居留民保護を口実に日本軍が上海を攻撃した上海事変に対する反応である。

映画館は、それぞれの階層に対応して、洋画封切館などは一元以上、安い二番館三番館だと二角以下と、さまざまであった。恐ろしく低賃金で働かされていた紡績工の少女たちも、月に一度程度は連れだって映画を見に行くことはあったようだ。彼女たちにとって、映画に描かれる世界はすぐ隣にある世界ではあったが、決して参加することのできない、あこがれの世界でもあったはずだ。

1934年・上海八大女優〔張偉等編著『老上海地図』(2001年6月・上海画報出版社)〕

阮玲玉、胡蝶などの人気女優が登場し、善男善女の羨望を集めるようになったのもこの時期である。文字どおりスター誕生の時であった（写真参照）。

一九二〇年代も末になると、武俠映画（時代劇、というよりチャンバラ映画）が流行する。これも巷間流行していた武俠小説をもとにしたものであるが、時期を同じくして日本でもチャンバラ映画が多数制作され流行したのと軌を一にしているのは興味深い。ちなみに、現在の香港映画になくてはならない技術であるワイヤーアクションの原型が考案され、実用化されたのもこの武俠映画においてであった。

現代中国の代表的な民族衣装とされている旗袍（チーパオ、いわゆるチャイナドレス）も北方の騎馬民族の伝統的な衣装を本に、このころデザインされたものである。

もちろん経済的な背景がない限り成立しないのが映画芸術の宿命であってみれば、民族資本が映画界に流れたことによってはじめて、この時期の繁栄が生まれたことは言うまでもない。実業界から、転じてきた映画人も少なくない。

共産党政権は、映画を使ってイデオロギー教育を行ったが、それは後の話である。

伝統劇・民楽の歓楽

娯楽は社会的身分や年齢によって分化していく。映画は青年男女や知識階層の好みを反映し、京劇や崑劇は役人や旧式の商人・伝統的知識人の支持を受け、地方劇はそれぞれの貫籍（本籍地）の市民から歓迎されて発展した。

もともと地方劇は、基本的にそれぞれの地方でのみ上演され、鑑賞されていた。しかし、上海という大都会は、華南を中心に全国からあらゆる階層の人々を大量に吸い寄せたため、各地の地方劇もそれに伴って上海に流入したのだ。

テレビはいうまでもなく、ラジオも映画も、レコードもなかった上海発展の当初、人々が音楽や芝居に触れるには、生演奏、生上映しかなかったからでもある。もとより年長者が、こうした伝統劇を好んだのだが、それに触発されて若い人も多く伝統劇に触れるようになった。老若を問わず観劇という受動的な娯楽だけでなく、素人京劇（票友）、素人話劇や演劇の上演活動などもかなり流行った。金融業や洋行（商店）の同業組合などが票房（素人京劇場）を組織していたようだ。

1930年代の「天蟾舞台」〔上海歴史博物館等編『上海百年掠影』（1992年２月・上海人民美術出版社）〕

北京の演劇である京劇（上海では天蟾舞台〔写真参照〕で上演された）だけではなく、清末にはほとんど途絶えていた崑劇もこの時期復活上演されるようになった。崑劇は、中国でもっとも旧いとされる演劇で、二〇〇二年には、日本の能楽と一緒に世界遺産に登録されている。

また粤劇（広東省の演劇）は上海ではメジャーではないが、一九一七年以降広東籍の住民が「鑑社」

「一喈倶楽部」「挽瀾新劇社」「中華音楽会新劇部」「精武会粤劇部」「晨星社」「維新劇社」「嶺南俠社」「維志劇社」「白雲劇社」などの素人粤劇団体を結成して切磋琢磨した。

さらに、越劇（浙江省の劇）は、女性ばかりで上演される演劇であったが、これも上海でブレイクした。

1920年以降「天蟾舞台」の後身「逸夫舞台」

彼らはかなりの水準にあり、中には職を辞してプロに転向する者もいた。

日本語の「観劇」に相当する中国語は「聴戯」であることからも分かるように、中国の伝統劇は、音楽がその大きな部分を占める。だからもともと音楽だけ独立で演奏される程だが、この時期ラジオやレコードという媒体を通して広く鑑賞されるようになる。さらに、民楽といわれる地方音楽も、上海で盛んに演奏されるようになるのである。民間の語り物などとあいまって、衣裳も舞台も必要のない音楽や演芸が、下層の人々も廉価な娯楽となった。

上海には、多くの下層労働者も流入してきた。女であれば主に紡績業に従事する年少の女工や娼婦、男は人力車引きや建設現場の労働者、港で荷揚げなどに従事する苦力（クーリー）と呼ばれる低賃金の労働者たちである。固定した職業をもたないものも多かった。一日一〇時間以上の労働を強いられて、それでも我が身一人を養うに足りないほどであった（彼らの生活については老舎の小説『駱駝の祥子（シアンツ）』が参考になる）。なかでも蘇北人（揚子江下流北岸出身者）は上海で最も所得の少ない集団だった。

彼らは、ダンスホールはもとよりデパートで買い物もできなかった（服装がきたないものは門前払いを食わされたことだろう）。安い映画館でさえめったに入ることはできなかった。

そうした人々を対象にした娯楽施設が、たとえば『社会日報』が報道している江北大世界などで、囲いもない街頭の娯楽施設だが、民間芸人の集まる場所だった。

一九三〇年代の統計によれば六〇余りの小劇場があり、そのうち揚州劇（蘇北地方の劇）が約半数、文劇が一〇余り、匯劇が一一、寧波灘簧が三、四軒。

そうした各地の音楽や演芸が、上海という大都市で出会い、新たな民楽が形成されたりもしたのである。

2　変わりゆく上海市民の暮らし

――豊かさと娯楽と観光――

筒井由起乃

一　発展する上海

かつて東アジア最大の都市であった上海が、近年再び、脚光を浴びている。その原動力となっているのは、何といっても、目覚ましい経済発展である。上海統計局の発表によると、二〇〇七年の域内総生産は前年比一三・三％増の一兆二〇〇一億元あまりにおよんだ（一人あたりでは八五九四米ドル(1)）。前年比一〇％以上の成長は、一九九二年から一五年も連続している（図1）。とりわけ、第二次・第三次産業は顕著な成長をみせており、驚異的とさえいえる好景気をけん引している。いまや上海は、中国のみならず東アジア有数の経済都市へと変貌をとげた。

では、上海はどのくらい「凄い」のか？　表1は、中国の主要都市の経済指標をまとめたものである。これをみると、上海の総生産額および工業生産額は国内随一であり、人口規模や地方財政予算は、

図1　上海市における経済成長率の推移

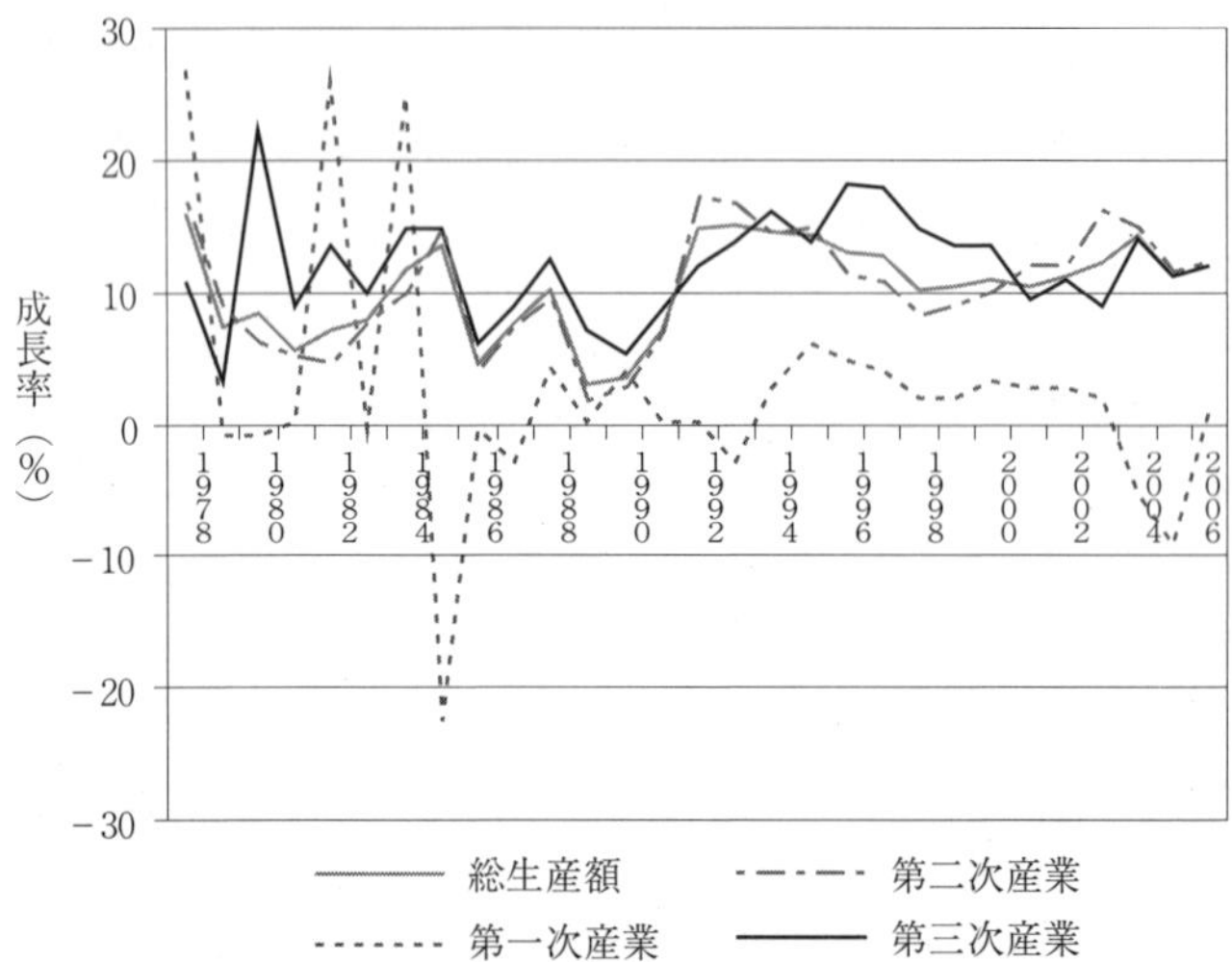

資料：上海市統計局、により作成

表1　主要都市の経済指標（2005年）

都市名	総生産額（万元）	工業生産額（万元）	人口（万人）	1人あたり総生産額（元／人）	旅客輸送量（万人）	貨物輸送量（万トン）	地方財政予算（万元）
上海	91,541,800	157,675,146	1,360	67,297	9,487	71,303	14,173,976
北京	68,863,101	69,462,116	1,181	58,324	60,840	32,103	9,192,098
広州	51,542,283	60,319,154	751	68,675	40,524	37,753	3,712,633
深圳	49,509,078	95,676,838	182	272,133	12,884	9,796	4,123,800
天津	36,976,200	67,741,031	939	39,365	4,679	39,485	3,318,507
杭州	29,426,519	54,411,271	660	44,555	24,124	19,909	2,504,565
宁波	24,493,099	48,909,669	557	43,997	28,412	17,308	2,123,797
南京	24,111,100	40,634,843	596	40,468	20,188	18,073	2,110,746
大連	21,522,328	25,627,970	565	38,070	12,370	24,667	1,514,247
厦門	10,065,831	20,291,174	153	65,695	5,401	3,613	989,474

資料：中国国家統計局、により作成

首都である北京さえ上回っていることがわかる。つまり、上海の都市としての機能は中国国内ではずば抜けて高く、また経済面にとどまらず、行政、社会、文化など、よりマルチに拡大しているのである。[2]

上海は、国家統計局が二〇〇四年一〇月に発表した、「全国都市ベスト一〇〇」で、一位を獲得した。[3]これは、中国各都市の人口、経済、社会、インフラなど五〇以上の指標から総合的に評価された結果であるというから、上海の「凄さ」があらためて裏付けられる。なお、二位は北京で、三位から十位には、深圳、広州、天津、南京、大連、杭州、瀋陽、哈爾濱(ハルビン)の各市が続いた。[4]二〇一〇年には上海万博が開催される予定である。上海の勢いは、とどまるところを知らないようだ。

二　豊かになる都市世帯

都市が発展すれば、程度の差こそあれ、そこで働く人々の所得や生活水準も向上するものである。可処分所得が増えれば、食べ物や着る物にお金をかけたり、より快適な生活を実現したりすることができるようになる。そしてまたそうした目に見える生活の変化が、さらなる所得向上へと人々の意欲を駆り立て、都市を発展させる原動力につながっていくといえる。

たとえば、戦後の経済復興に沸く一九五〇年代の日本では、洗濯機、冷蔵庫、掃除機のいわゆる「三種の神器」が豊かさの象徴としてもてはやされたが、現在の中国においては、洗濯機、冷蔵庫、カラーテレビがまさにそれだ（表2）。

このような耐久消費財はまたたく間に庶民の生活に普及した。一九九〇年の洗濯機、冷蔵庫、カラーテレビの普及率は、それぞれ七八・四％、四二・三％、五九・〇％であったが、二〇〇五年には、同九五・五％、九〇・七％、一三四・八％にまで上昇した。普及率の高さに加え、その速さにも驚かされる。たった一五年間でこの変化である。

表2　都市100世帯あたりの耐久消費財の普及（世帯）

	1990	1995	2000	2005
バイク	1.9	6.3	18.8	25.0
洗濯機	78.4	89.0	90.5	95.5
冷蔵庫	42.3	66.2	80.1	90.7
カラーテレビ	59.0	89.8	116.6	134.8
エアコン	0.3	8.1	30.8	80.7
コンピュータ			9.7	41.5
携帯電話			19.5	137.0
自動車			0.5	3.4

資料：中国国家統計局、により作成

さらに最近では、エアコン、コンピュータ、携帯電話といったより「ハイテク」な財が、より急速に普及している。表2で示されるように、二〇〇〇年から二〇〇五年の五年間で、エアコンの普及率は三〇・八％から八〇・七％へ、コンピュータは九・七％から四一・五％へ、携帯電話は一九・五％から一三七・〇％へ、それぞれ大幅に上昇した。中国において、都市世帯がいかに豊かになり、その生活がいかに様変わりしたかがよくわかる。

なかでも、北京、上海、浙江、広東の四市における都市世帯の豊かさは際立っている。表3で示されるように、二〇〇五年の中国の都市世帯の平均年間消費支出額が七九四三元であるの

表3　主要都市*の世帯平均年間消費支出（2005年）（単位：元）

都市名	北京	上海	浙江	広東	全国都市平均
合計	13,773	13,244	12,254	11,810	7,943
食費	4,940	4,216	4,140	4,265	2,914
うち外食費	1,331	1,147	1,064	1,169	607
服飾費	940	1,184	1,264	674	801
家財・日用品費	800	852	609	605	447
うち耐久消費財	410	442	285	231	213
医療保健費	797	1,296	832	705	601
交通通信費	1,984	1,943	2,097	2,333	997
教育・教養・娯楽費	2,273	2,187	1,850	1,669	1,097
うち教育費	1,136	925	973	756	571
うち娯楽費	489	584	465	559	246
住居費	1,412	1,040	1,059	1,181	809
うち水道光熱費	611	528	641	780	516
雑費	627	527	402	377	278

資料：中国国家統計局、により作成

*…2005年の消費支出が1万元を超える都市をあげた。

に対して、これらの都市では一万元を超えている。

上海の都市世帯あたり平均年間消費支出額は一三二四四元で、北京の一三七七三元に次いで高い（表3）。内訳をみると、食費、服飾費、家財・日用品費、医療保健費、教育・教養・娯楽費、住居費、雑費の項目のいずれもが、全国都市平均を上回っている。また耐久消費財、医療保健費、教育・教養・娯楽費の費目は、全国都市平均のおよそ二倍である（耐久消費財が二・一倍、医療保健費が二・二倍、教育・教養・娯楽費が二・〇倍）。とりわけ、娯楽費は全国平均の二・四倍と高い。

三　観光という娯楽の普及

娯楽費といってもさまざまな使途がある。レジャー・観光はその代表的なものの一つであろう。実際に、東（二〇〇五）が指摘するように、中国においては、近年の所得と生活水準の向上にともないレジャー・観光への欲求が高まり、観光客数は年々増加している[5]（図２）。

図２　中国人の国内旅行

アモイにて

中国国家統計局によると、中国の国内旅行者数（帰省・ビジネスなどによる移動も含む）は、一九九四年には五億二千万人であったのが、二〇〇二年には八億八千万人に、二〇〇五年には一二億一千万人に、二〇〇七年には一五億人に増えた。それにともなって国内旅行による総収入も増加し、二〇〇七年の数字は六八二〇億元に達した。一方で、一人あたりの支出額も、一九九四年の一九五元から二〇〇五年の四三六元に増加した。とりわけ都市住民の支出水準は高く、四一五元から七三七元に増えた。

上海市においても、旅行業の発展はめざましい。二〇〇五年の旅行による総収入は一六〇四億元あまり（域内総生産の六・

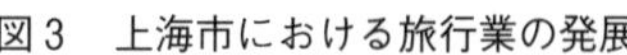
図3　上海市における旅行業の発展

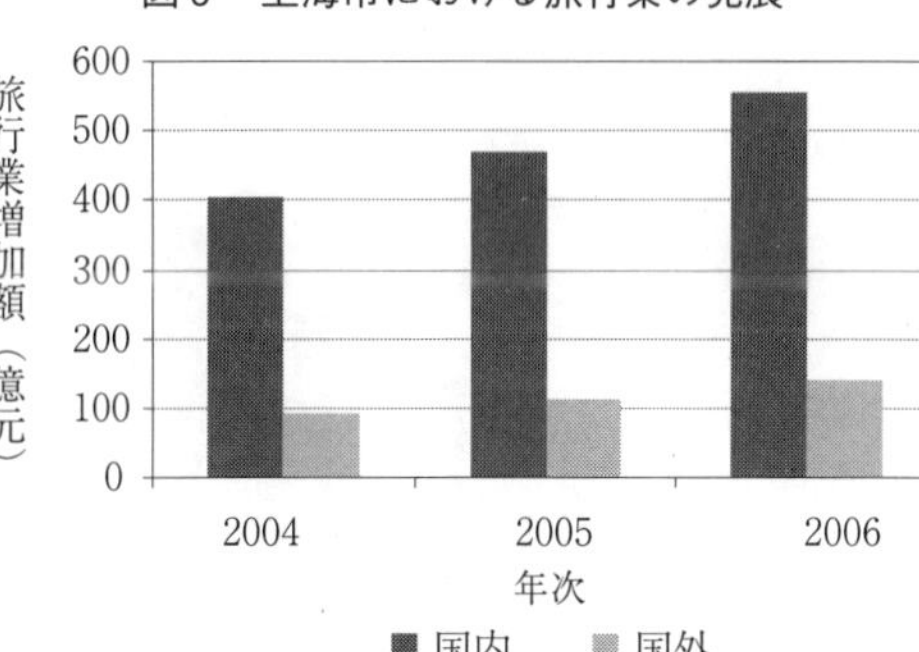

資料：上海市統計局、により作成

四%に相当）であり、旅行業による増加額は五四八億元あまりにもおよんだ（図3）。国内旅行のみならず国外旅行も伸びており、二〇〇六年の増加額はそれぞれ五百億元・百億元を超えた。

旅行業の伸びは、経済発展により、出稼者やビジネスマン、学生など、人の移動が加速したことにもよるが、観光の発展によるところが大きい。上海市民にとって観光旅行はもはや高嶺の花ではなく、「中間層でなくとも手が届く」身近な娯楽となっているのである（東、二〇〇六）[6]。

このように観光の裾野が広がり、大衆化している一方で、その形態は多様化している。一九七〇年代の旅行は親族や家族を訪問するものが多かったのに対し、一九八〇年代になると新婚旅行や個人旅行があらわれ、さらに一九九〇年代以降になると国外旅行が出現した。近年では、退職後の高齢者が旅行社の主催するツアーに参加するケースや、夫婦で旅行するケースも増えているという（根橋・井上、二〇〇五）[7]。

四　国外観光旅行の増加

多様化する観光旅行の形態のなかでも、とくに注目すべきは、国外観光旅行の増加である。図4で示されるように、中国からの出国者数は近年著しく増加しており、二〇〇〇年には一〇四七万人であったのが、二〇〇五年には三一〇三万人と、五年間で約三倍の伸びをみせている。しかもその伸びの大半は、観光を含む私用での出国者数の増加による。二〇〇八年上半期（一～六月）には、中国からの国外旅行者数は二一六〇万人に達するという試算もある。これは、アジア太平洋地区からの旅行者の四分の一に相当する数字である。[8] いまや中国は、アジア最大の旅行者資源国に躍り出たといえよう。[9]

図4　中国からの出国者数の推移

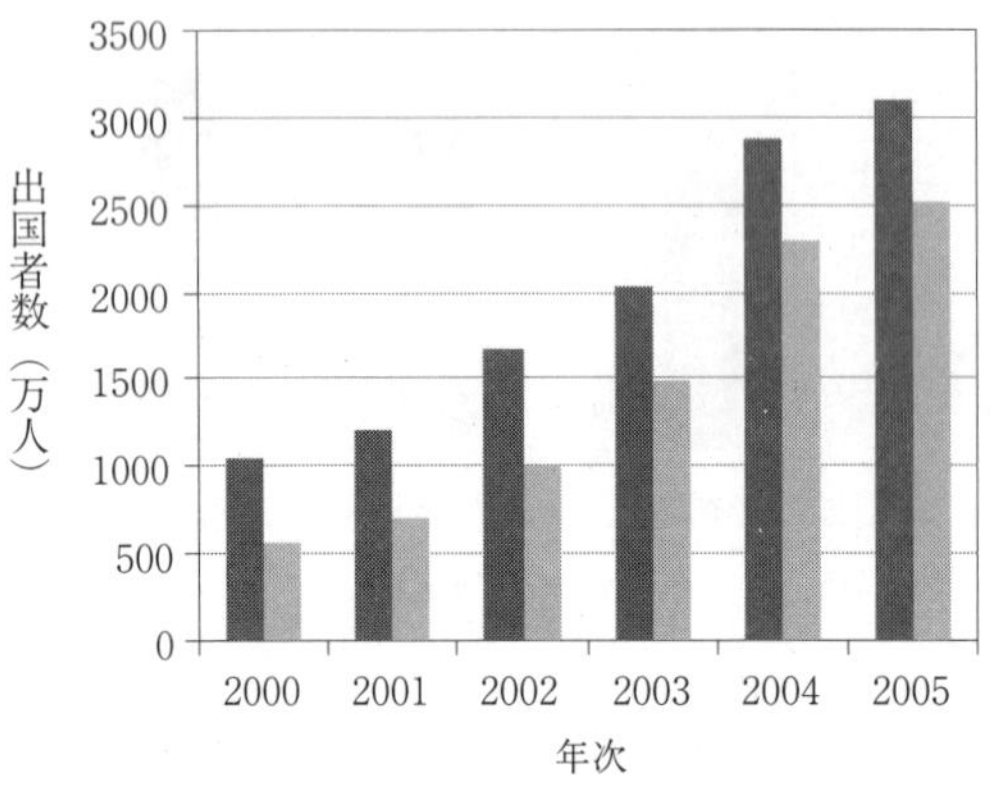

資料：中国国家統計局、により作成

上海はそうした中国の「国外観光旅行ブーム」の一大拠点である。上海の表玄関である、上海浦東国際空港からは、上海市民をはじめ多くの中国人が国外へ飛び立っていく。とりわけ旧正月にあたる春節のような長期休暇期間中には、そうした人々で空港は大混雑する。このあたりの様子は、年末年始やゴールデンウィーク、お盆期間中の日本とよく似ている。

浦東辺境検査所の統計データによると、二〇〇八年の春節休日の前半三日間に上海浦東国際空港を出発して国外に出かけた中国人観光客は、一日あたり八千人を超え、一日あたり一一〇グループ以上のツアーが出発したという[10]。これは、平日のラッシュ時の乗客数の三・四倍という混雑ぶりであるというから驚く。主な出国先は、香港・マカオや、シンガポール、マレーシア、タイなどであり、二〇〇八年は、日本、韓国、オーストラリア、ニュージーランドの四カ国の人気が高かったという。日本とオーストラリアへは、毎日約一三〇〇人のツアー客が出発し、出国ツアーの五四％を占めていた[11]。

なお、この繁忙期のツアー代金は、通常期に比べると一〇％ほど高く、二〇〇七年の春節期と比べても、ヨーロッパ旅行が一〇〇〇元～一五〇〇元、アフリカ旅行は二〇〇〇元も値上がりしていた。なかでもオーストラリア旅行は、通常期より二〇％も値上がりし、グレートバリアリーフ八日間のツアーの費用は二万八〇〇〇元と二万元の大台を超えた（通常期は一万六三〇〇元）[12]。観光地の事情も反映しているだろうが、それにしても、国外観光旅行の人気の高さと人々の懐の豊かさに圧倒される。

上海浦東国際空港では二〇〇八年三月一三日より、第三滑走路の使用が開始され、航空機が二機同時に離発着できるようになった。三月二六日の第二ターミナルのオープンも合わせて、空港の利用はますます増加すると見込まれる。

図５　中国から東南アジアへの旅行者数

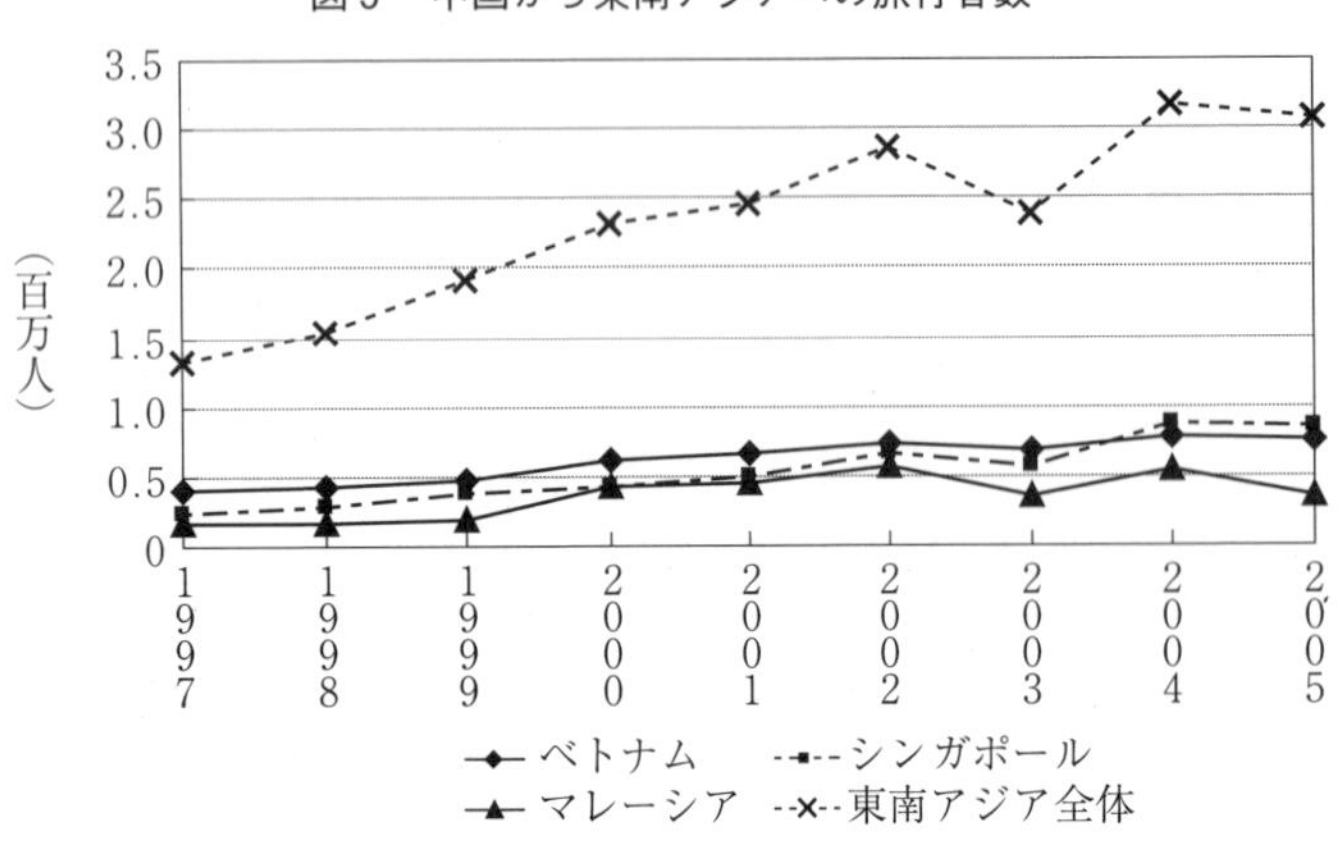

資料：世界観光統計、により作成

五　東南アジアへの観光

中国人の観光旅行先として人気の高い場所の一つが東南アジアである。図５で示されるように、東南アジア諸国への中国人旅行者数は、二〇〇三年にＳＡＲＳの影響で減少しているものの、一九九七年以降、おおむね右肩上がりで伸びている。一九九七年にはおよそ一三二万人であったのが、二〇〇四年には三〇〇万人を超えた。

とりわけ、ベトナム、シンガポール、マレーシアへの旅行者数が多く、この三国で全体の六四％を占めている（二〇〇五年）。また一九九七年と二〇〇五年を比較するとその伸び率は、フィリピンが五・六倍と最も高く、インドネシアが四・五倍、シンガポールが三・六倍とつづく。ベトナムは二〇〇四年にシンガポールに逆転されたものの、まだ根強い人気を持つ。

これには、中国と国境を接しているため、比較的近く、陸路での出入国が可能であるという地理的要因（とくにベトナム北部）や、ベトナムが中国人観光客に対して査証（ビザ）を免除している[13]といった政治的要因も影響していよう（図6）。くわえて最近では、ベトナム南部の中心都市ホーチミンと、上海（上海航空）、深圳（深圳航空）、北京（中国国際航空）、南寧（中国国際航空）、広州（中国南方航空）との間に国際路線も就航しており、ベトナム南部への観光旅行も拡大している。

一方、ベトナムにとってみても、中国人観光客の存在は大きい。ベトナムは一九八六年にドイモイ（đổi mới、刷新）政策を導入して以来、市場経済化を進め経済発展をとげてきた。この一環として、観光部門の発展にも力を入れてきた。その甲斐あって、図7で示されるように、ベトナムを訪れる外国人の数、とりわけ観光目的で入国する外国人の数は、急増している。一九九六年から二〇〇五年までの年平均増加率は一五・七%であり、二〇〇四年、二〇〇五年の増加率もそれぞれ二〇・五%、一八・四%と好調である。

なかでも中国人観光客の数は群を抜いて多く、二位以下の日本、アメリカ合衆国、台湾、フランスを大きく引き離している（図8）。ベトナムの中国人観光客誘致にも、熱が入るというものである。

図6　シクロにのる中国人ツアー客

ハノイ市にて

図7　旅行目的別入国者数

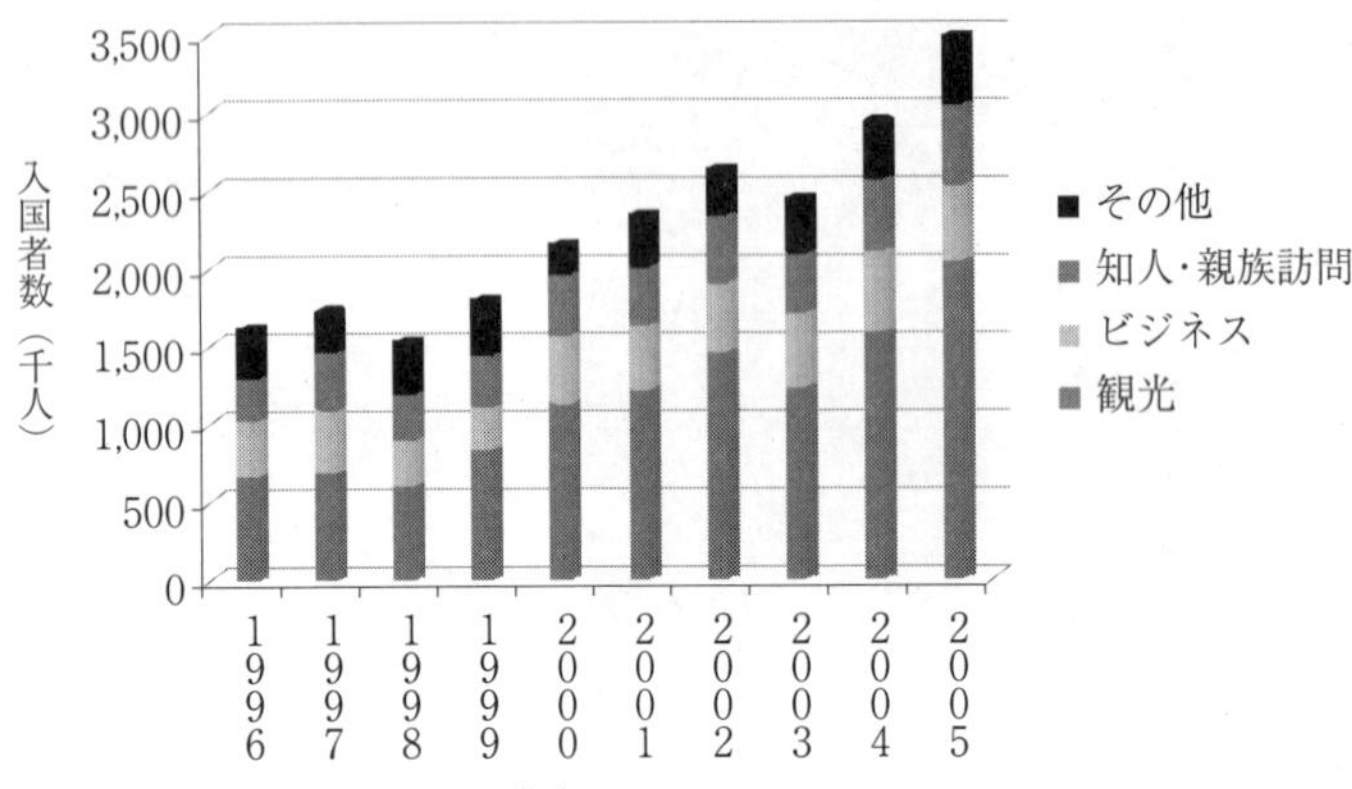

資料：ベトナム観光総局、により作成

図8　ベトナムへの国別訪問者数

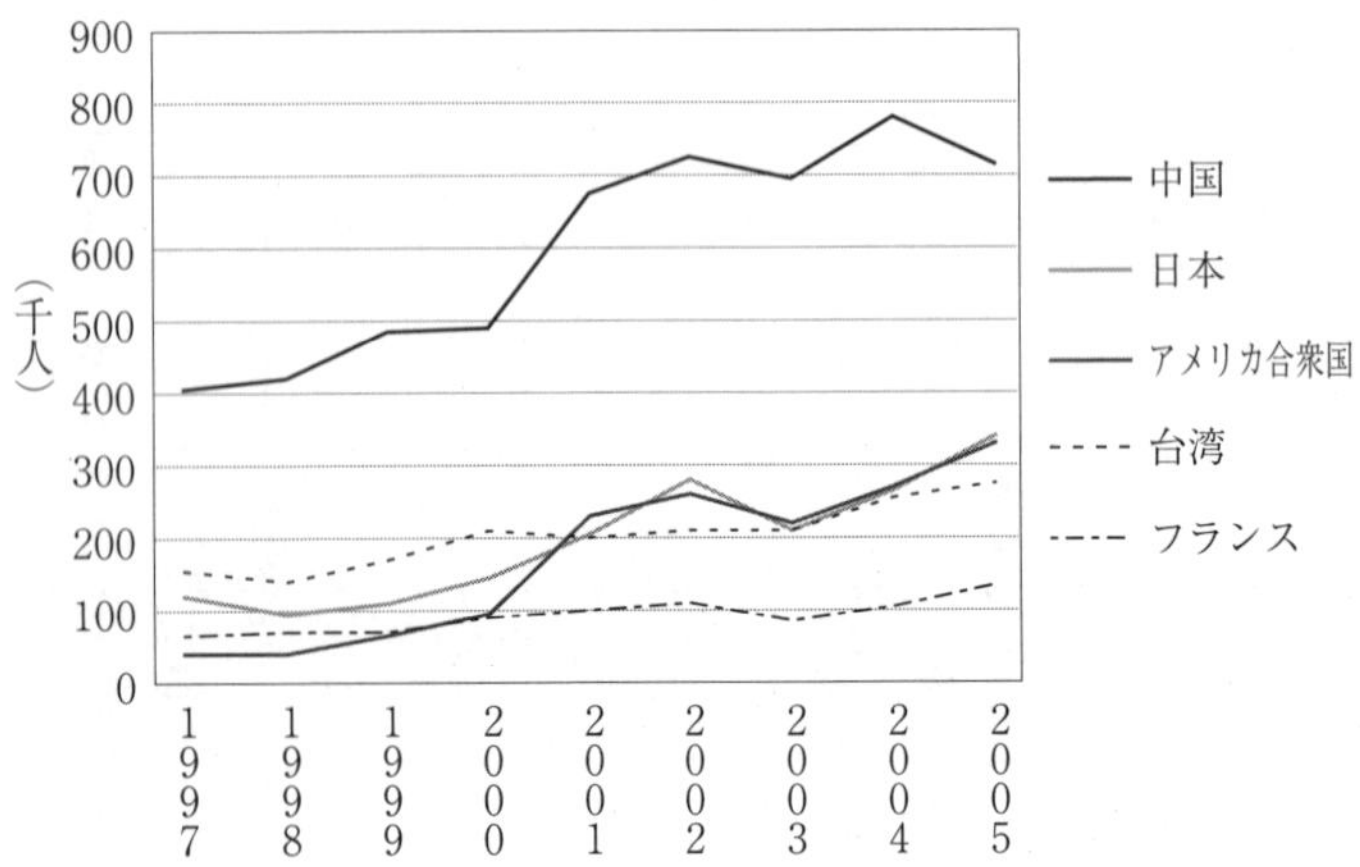

資料：ベトナム観光総局、により作成

六　上海市民のベトナム観光

上海市民はどのようなベトナム観光をしているのだろうか。表4・表5は、ある上海発ベトナム行きのツアーの旅程を示したものである。

表4　上海発ベトナム6日間ツアーの例

	旅行内容	宿泊地
1日目	上海航空にて上海からホーチミンへ移動 FM837(21:30/00:00+1)	ホーチミン
2日目	午前：メコンデルタ観光（ミトー市内観光、メコン川クルーズ、タイソン島、フルーツ農園） 午後：ホーチミン市内観光（大聖堂、中央郵便局、ティエンハウ寺、人民委員会ほか）	ホーチミン
3日目	午前：クチトンネル見学後、ヴンタウへ移動 午後：ヴンタウビーチ散策	ヴンタウ
4日目	午前：ヴンタウ市内観光 午後：ホーチミン市内観光（芸術・漆器展示センター、市場）	ホーチミン
5日目	ホーチミン市内観光（統一会堂、戦争証跡博物館、自由散策）、サイゴン川クルーズで夕食後空港へ向かう。 FM838(01:10/05:55+1)	機中泊
6日目	空港到着後、解散	

資料：http://www.satrip.com/eTravel/、により作成

価格は五日間のものが四五八〇元、六日間のものが四八八〇元で、上述した（三三ページ）ヨーロッパやオーストラリア、アフリカ行きのものと比べると手頃である。このあたりも、ベトナム観光の人気の理由の一つかもしれない。なお、ツアー代金には、航空券、専用バス（エアコン付）、ホテル（三星から五星ランク、二名一室）、食事、ビザ代、運転手・ガイド代、入場券（一名分）が含まれている[14]。

表5　上海発ベトナム5日間ツアーの例

	旅行内容	宿泊地
1日目	上海航空にて上海からホーチミンへ移動 FM837(21:30/00:00+1)	ホーチミン
2日目	午前：メコンデルタ観光（ミトー市内観光、メコン川クルーズ、タイソン島、フルーツ農園） 午後：ホーチミン市内観光（大聖堂、中央郵便局、ティエンハウ寺、人民委員会ほか）	ホーチミン
3日目	午前：クチトンネル見学後、ヴンタウへ移動 午後：ヴンタウビーチ散策	ヴンタウ
4日目	午前：ヴンタウ市内観光 午後：ホーチミン市内観光(戦争証跡博物館、自由散策)、サイゴン川クルーズで夕食後空港へ向かう。 FM838(01:10/05:55+1)	機中泊
5日目	空港到着後、解散	

資料：http://www.satrip.com/eTravel/、により作成

ツアーはいずれも、ベトナム南部のホーチミン市とその周辺を訪れるものである（図9）。ホーチミン市は、ベトナム第一の観光都市である。四谷・八木（二〇〇七）によると、二〇〇四年にホーチミン市を訪れた外国人は一六〇万人で、二〇〇一年からの三年間で二倍近くに急増している。二〇〇五年の外国人訪問者数は推定で二〇〇万人に達しており、ベトナム訪問者の半数以上がホーチミン市を訪れているという(15)。

そのホーチミン市の魅力は、フランス統治時代の名残を残す歴史的町並みや建築物、クチトンネルなどのベトナム戦争の戦跡、そしてなんといっても、市内中心部のショッピングやグルメスポットである。おしゃれなレストランやカフェ、ブティック、雑貨ショップ、ギャラリーが立ち並ぶドンコイ通りや、ベトナムの喧騒を味わえるベンタイン市場やチョロン地区（チャイナタウン）など、観光客を厭きさせない。

また、ホーチミン市は南部近郊地域の観光の基点としても利便性が高い。メコンクルーズを体験できるミトー、ベトナム戦争の戦跡が残るクチ、手軽なビーチ・リゾートとして地元利用者も多いヴンタウなどに多くの観光客が日帰りで出かけている（四谷・八木、二〇〇七）。

上海発ベトナム行きの二つのツアーは、いずれもこうしたベトナム南部地域の見所をおさめており、その意味で王道をいくものといえる(16)。

上海の成長にともなって人々の暮らしは様変わりし、とくに豊かさを得た都市住民はその消費意欲を生活の質的向上や娯楽へと向けた。レジャー・観光はその最たるものであり、近年では国内にとどまらず、国外へも進出している。経済発展はまだ続くかにみえるが、二〇〇八年の世界同時不況の影響で陰りもみえる。そのなかで今後、上海市民の生活やその志向はどのような方向へ向かっていくのだろうか。そうした動向は、隣国であり中国を大切な「お客さん」とするベトナムにとっても、ますます目が離せない。

図9　ベトナムの主要観光地

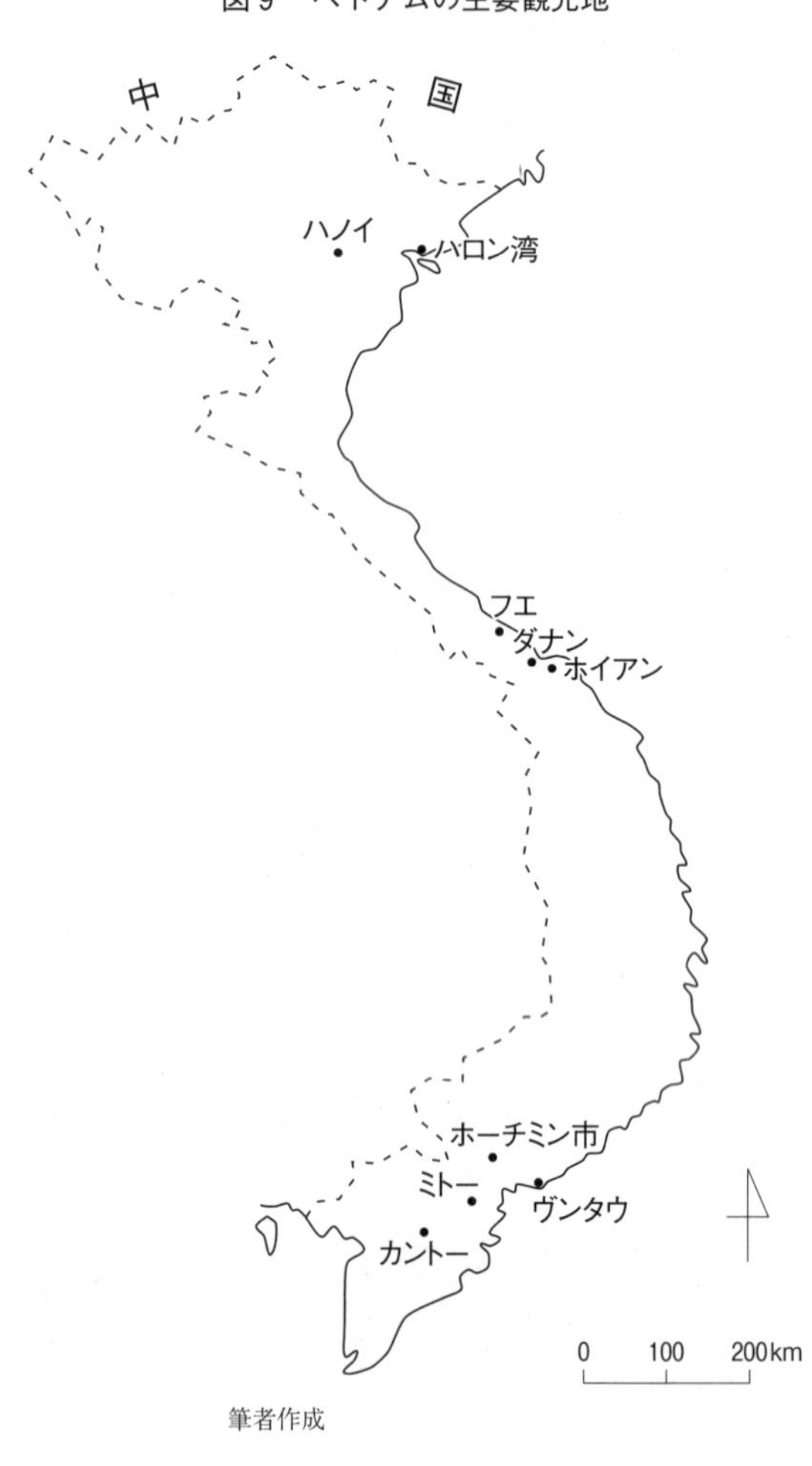

筆者作成

注

（1）中国新聞社電によると、上海市統計局の潘建新局長は、経済概況の記者発表会で、国際的な「常住人口」の基準を適用すれば、二〇〇七年の上海市の一人当たり域内総生産は八九四九米ドルだったと述べた。中国は常住人口の居住期間の基準を半年以上としているが、潘局長によると、国際的には一年以上とする場合が多い。このため、「国際的」な基準による常住人口の方が小さな値になる。中国情報局、二〇〇八年三月四日付、http://news.searchina.ne.jp。

（2）これに関連して、上海には、五五カ国の領事館がおかれており、姉妹都市を五〇もつ。また、高等教育機関は七六、市民の大学進学率は五三％におよぶ。

（3）「人民網日本語版」二〇〇四年一一月一日付。

（4）「人民網日本語版」二〇〇四年一一月一日付。

（5）東美晴（二〇〇五）「中国における山岳観光の変容―上海市民の観光・レジャーを通して―」流通経済大学社会学部論叢一五―二、三―二三頁

（6）東美晴（二〇〇六）「中国における社会階層と観光―上海市民の選好性の分析から―」流通経済大学社会学部論叢一六―二、三九―六三頁。

（7）上海市在住の二〇歳代から六〇歳代の男女二四名を対象とした調査による。根橋正一・井上寛（二〇〇五）「上海人の旅行形態」流通経済大学社会学部論叢一五―二、六三―七五頁。

（8）マスターカード・インターナショナルがアジア太平洋地区の消費者を対象に行った旅行に関する意識調査の結果による。中国情報局、二〇〇八年二月九日付、http://news.searchina.ne.jp。

（9）中国情報局、二〇〇七年十二月十五日付、http://news.searchina.ne.jp。

（10）中国では一九九七年に「中国公民自費出国旅行管理暫定規定」が施行され、観光目的での国外旅行が可能とな

ったが、その際、団体ツアーに参加することという条件が設けられたため、国外観光旅行は基本的にツアーとなる。

(11) 東方ネット、二〇〇八年二月一一日付、http://jp.eastday.com/node2/node3/node13/index4.html。

(12) 東方ネット、二〇〇七年一二月一二日付、http://jp.eastday.com/node2/node3/node13/index11.html。

(13) 二〇〇四年に中国人観光客向けにビザ免除がはじまった。ベトナム観光総局によると、九月十二日の開始時から一ヶ月間で、約一五万人の中国人観光客がベトナムを訪れたという。

(14) 空港税（中国は一人一一二〇元、ベトナムは一人一四米ドル）は含まれていない。

(15) 四谷晃一・八木匡（二〇〇七）「ベトナム観光産業の発展と現状」同志社大学経済学部／経済学研究科ワーキングペーパーNo.31。

(16) ベトナム南部の観光地には他にも、避暑地として知られるダラット、メコンデルタ最大の都市カントー、ニャチャン、ファンティット、フーコック島などのビーチリゾート地があるが、いずれもホーチミン市から離れている。また、ベトナム中部には、フエ市のフエ王宮群、中世の港町ホイアン、ミーソン遺跡群といった歴史・文化遺産（いずれも世界文化遺産に登録されている）や、南シナ海沿岸部のビーチリゾート（ランコー、ミーアン、トゥアンアンなど）が、北部には、首都であり歴史都市でもあるハノイ市や、ハロン湾（世界自然遺産に登録されている）がある。

3 コンテナ世界一をめざす上海港

南出　眞助

巨大コンテナ港への展開

二〇〇五年一二月一〇日、中国の土木史に残るような、とてつもないコンテナ港が上海市東方にオープンした。長江河口から東南へ約三〇キロメートル沖合いの島々を削平して海面を埋め立てた「洋山深水港」である（第一図）。土木史に残る大工事とは、広大な埋め立てもさることながら、大陸本土から島まで三二・五キロメートルに及ぶ往復六車線の、大蛇のような「東海大橋」を、わずか三年で完成させたことである。こんな海上に港が造られたのにはわけがある。既存の「外高橋港」は浅くて最新型の超大型船が入港できず、香港やシンガポールとのコンテナ競争に見通しが立たなくなったからである。

そもそも上海は、アヘン戦争で清がイギリスに敗れた結果、一八四二年に長江の船上で交わされた

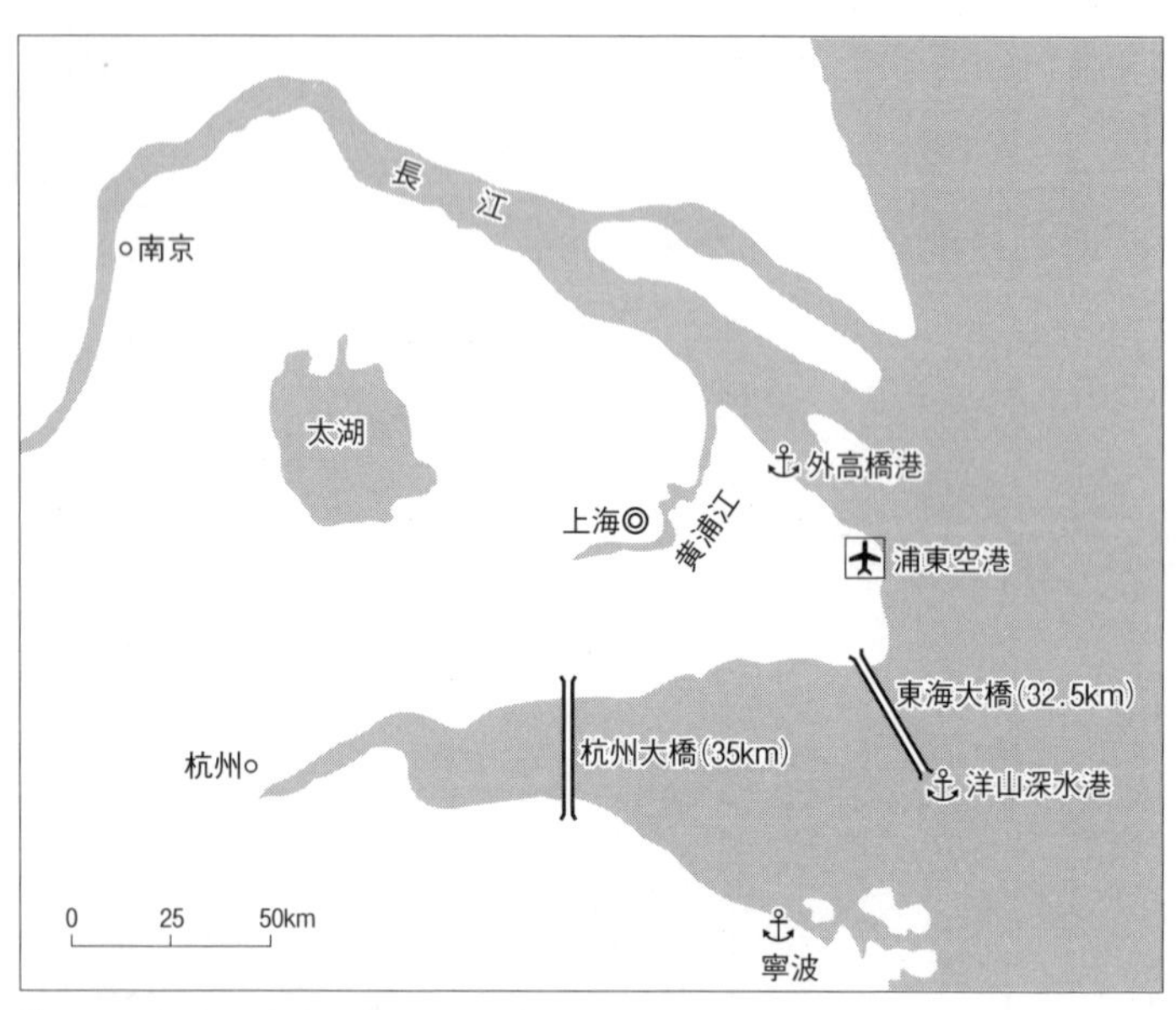

第一図　洋山深水港の位置（各種資料により筆者作成）

「南京条約」によって、香港割譲とともに開港させられた五港（広州・厦門（アモイ）・福州・寧波（ニンポー）・上海）の一つである。当時の上海港は、長江支流の黄浦江（こうほこう）の川岸に並ぶ簡素な船着場にすぎず、イギリスはインド植民都市の海岸通りになぞらえてバンド（bund）と呼んでいた。一見、長江本流の方が川幅が広く水量も豊富で、水運に適しているように思われがちだが、これほどの大河になると水位変動が大きく、ときには沿岸一帯をすべて押し流してしまうような破壊的洪水をもたらすため、河口近くには港湾都市を築きにくい。むしろ支流の黄浦江の方が水流も弱く、港としては安定していたといえる。

しかし十九世紀後半から帆船に変わって動力船の時代になると、船体は大型化し、狭くて浅い黄浦江の河港では対応できなくなった。方向転換が困難なことに加え、スクリューが川底の泥土にめり込むと自力では脱出できず、直ちに危険な状態に陥ったからである。いくら川底をさらえてもすぐに浅くなるため、もはや河港は主役交代の時期に達していた。そこで海岸に「外高橋港」が建設されたのだが、これも長江河口部から運ばれる土砂によって年々浅くなるため、水深一四メートル以上の航路の確保がむつかしく、「洋山深水港」へと転換せざるを得なくなったのである。

洋山深水港の基本計画

船が横付けされる岸壁をバース（berth）と呼ぶ。コンテナ船バースには、巨大なキリンのような形をした吊り上げ用クレーン（ガントリー・クレーン）が立ち並んでいるのが、外観上の特徴である。洋山深水港のオープン当時は、全長一、六〇〇メートルの直線岸壁に五つのバースという構成であった。その後、二〇〇六年一二月には第二期工事として一、四〇〇メートルに四つのバースが、二〇〇七年末には第三期工事A地区に、一、四五〇メートルに四つのバースが追加された。さらに二〇〇八年末には同B地区に、一、二五〇メートルに三つのバースが完成する予定である。計画どおりに進行すれば、合計一六バースは外高橋港と同数であり、取扱量ではまだ全体の三割程度にすぎないが、設備面ではもはや旧港と新港との主客逆転を予感させる勢いである。洋山深水港のバースはいずれも水深一六メートルに維持され、コンテナ八〇、〇〇〇個を積む超大型船が容易に接岸できる。外高橋港ではこのクラスの船を満載にすると出航できないため、半載状態で出航させて他港で追加積載していたのだから、洋山深水港のアドバンテージは大きい。

インターネットの「中国情報局ニュース」によれば、二〇〇七年の上海港全体のコンテナ取扱量は香港を抜き、シンガポールにつぐ世界第二位に到達した。年間増加率が二〇パーセントを超えるいきおいだったので、二〇〇八年下半期の世界的不況で一時落ち込んだとはいえ、数年内には世界第一位を極めると予測される。現在は外高橋港が北アメリカ・アジア・アフリカ・オーストラリア各航路に、洋山深水港がヨーロッパ・中南米各航路に割り当てられているが、将来的には船会社が航路に即した船体規模によって使い分けることになる。

しかし洋山深水港にも問題がないわけではない。「東海大橋」を経由するアクセスは明らかに不利であり、上海市中心部からの所要時間が外高橋港への一時間に対して倍の二時間を要する。また橋上はしばしば海霧に覆われ、年間数日とはいえ通行止めの事態も発生している。二〇〇八年五月には、南の杭州湾をまたぐ延長三五キロメートルの「杭州大橋」が完成し、寧波港から上海市へのアクセスは急に改善された。国内輸送に関しては寧波港もライバルとなりうるのである（第一図）。

現状では、洋山深水港に陸揚げされるコンテナの多くは国内向けであり、上海市や内陸諸都市へのトラック輸送を加味すれば、この港にしか着岸できない超大型船でないかぎり、必ずしも輸送コスト削減には直結していない。むしろ中国政府は洋山深水港を全国初の「保税港」化、すなわち積み替えのための一時的な陸揚げを免税化することによって、入出港の手続きと作業時間を短縮し、通過交通に有利な東アジアの中継港としての役割を特化させようとしている。ただし全体的には、通過コンテナの比率はまだ小さいようである。

コンテナ船超大型化競争

そもそもコンテナ（container）とは輸送用の箱のことであり、いったん中に荷物を収めれば密閉したまま運べるので、積み替えに伴う水濡れや汚損、破損、火災、盗難の危険がほとんどない。また港や鉄道駅での積み替え作業も省力化できるため、一九五〇年代以降、世界各国の運輸流通業界で急速に普及した。コンテナには国際規格があり、幅＝八フィート、高さ＝八フィート六インチ、長さ＝二〇フィート（一フィートは約三〇センチ）で、「二〇フィート直方体」を意味するTwenty-feet Equivalent Unitの頭文字をとったTEUという単位で数えられる。一TEUの長さは約六メートルだが、その倍の一二メートルのものは、一箱でも二TEUと数える。

コンテナ船は、このTEUが何個積めるのかによって規模が分けられる。日本でよく見かける標準的なタイプは、一、五〇〇～四、〇〇〇TEU程度である。大型船はそれ以上、さらに超大型船と呼ばれるタイプは八、〇〇〇TEU以上が積載可能である。超大型船は全長三〇〇メートル以上、幅四〇メートル以上、満載時の喫水は一四・五メートルに達し、現行のパナマ運河を安全に通過できないため航路に制約がある。世界最大のコンテナ船は、ノルウェーのマースク社が保有するエマ・マースク（EMMA MAERSK）号で、全長三九七メートル、幅五六メートルもある。これは、全長四五〇メートルの巨大な複合ビルで知られるＪＲ京都駅よりも一回り小さいくらいの圧倒的なボリュームである。この船が最大一一、〇〇〇ＴＥＵを満載した時の喫水は一六・五メートルに及び、港はさらに一・五メートルの余裕が必要だから、水深一八メートルを常に保持しなければならない。これは港側にとっては大変な負担であり、さすがの洋山深水港も現計画では対応できない。

日本の相対的な地位低下

中国が世界市場に参入するまで、日本は香港・シンガポールと並ぶ東アジア最大級のコンテナ拠点として太平洋航路の主役を担ってきた。日本の工場が軒並み海外移転し始める前の、一九八〇年の世界ランキングでは、一位ニューヨーク＝一、九四七（単位は千ＴＥＵ）、二位ロッテルダム＝一、九〇一に次いで、三位香港＝一、四六五と、四位神戸＝一、四五六が僅差で並んでいた（第一表）。しかも横浜が十二位、東京が十八位と、世界のベスト二〇に日本の三港が食い込んでおり、これらに大阪や名古屋を加えた日本全体での総取扱量は、香港や韓国・台湾などのライバルよりはるかに上位に位置していた。単に他国の製品を右から左へ中継するだけではなく、機械・電器等に代表される日本の工業製品の欧米向け輸出が大きく加わっていたからである。

ところが二〇〇六年の世界ランキングでは、日本の相対的な地位低下は著しい。もちろんコンテナ

第一表　世界の主要コンテナ港ランキングの推移

1980年		(千TEU)
1	ニューヨーク	1,947
2	ロッテルダム（オランダ）	1,901
3	香港（返還前）	1,465
4	*神戸*	*1,456*
5	高雄（台湾）	979
6	シンガポール	917
7	サンファン（プエルトリコ）	852
8	ロングビーチ（アメリカ）	825
9	ハンブルク（ドイツ）	783
10	オークランド（ニュージーランド）	782
12	*横浜*	*722*
16	釜山（韓国）	634
18	*東京*	*632*
39	*大阪*	*254*
46	*名古屋*	*206*

2006年		(千TEU)
1	シンガポール	24,792
2	香港	23,539
3	上海	21,710
4	深圳（中国）	18,469
5	釜山	12,039
6	高雄	9,775
7	ロッテルダム	9,655
8	ドバイ（アラブ首長国）	8,923
9	ハンブルク	8,862
10	ロサンゼルス	8,470
23	*東京*	*3,969*
28	*横浜*	*3,200*
33	*名古屋*	*2,752*
38	*神戸*	*2,413*
44	*大阪*	*2,232*

Containerisation International Yearbook 2008、および国土交通省作成資料「港湾関連データ」による。

取扱量そのものは増大しているのだが、東アジア他国の伸びには到底追いつけないのである。一九八〇年以後の変動をみれば、名古屋が四六位から三三位へと上昇したほかは、東京が一八位から二三位へ、横浜が一二位から二八位へ下降し、神戸は一、四五六（単位は千ＴＥＵ）から二、四一三へと伸びているにもかかわらず、なんと四位から三八位へと転落してしまった。一九九五年の阪神大震災時に大きな打撃を受けたとはいえ、そのカバーにまわった大阪港が一九八〇年の二五四から二〇〇六年の二、二三二に増加してもなお、三九位から四四位へと順位を下げている。それほど東アジアのライバル港の伸びは急激だったのである。

もともとコンテナはフタが上に開かない箱であり、石炭・鉄鉱石のような不定形の積み荷を落とし込むことはできない。これらの積み荷はバルク（bulk）と呼ばれ、上が大きく開いた専用船にベルトコンベアーなどを通じてそのままの状態でバラ積みされる。食料品の原料である小麦も、巨大なバキュームホースで掃除機のように吸いこまれて船腹に移されるのである。それらの多くは、企業や公社の専用埠頭を通じて荷積みされ目的港に直行するため、各港を順にめぐるコンテナ輸送とは運航形態が異なる。また日本の主要な輸出工業製品である自動車は専用船（PCC = Pure Car Career）に自走によって積み込まれる。つまりコンテナの積み荷の主役は不定形の原材料や大型機械ではなく、規格に合わせて梱包された工業製品である。横浜や名古屋から大量に積み込まれるのは、日産・トヨタの自動車ではなく自動車部品である。このようにコンテナ輸出の動向は、後背地の工業力に大きく左右されるといえる。

かつて横浜港や神戸港から世界各地に輸出された、メイド・イン・ジャパンの家庭電化製品は、現在ではほとんどが中国からの輸入という逆方向のコンテナに取って代わられてしまった。また軽量で付加価値が高いコンピューター関連部品は航空機で輸送される。太平洋を周回する諸国のコンテナ船が、日本に立ち寄らず中国を経由するようになったのも当然である。このため日本の船会社といえども、積載率を高めるためには、国際コンソーシアム運航（複数の船会社による共同運航）による中国優先ルートに加わらざるをえない。たとえば日本始発のオーストラリア航路は、二〇〇六年一月までは台湾の基隆（キールン）経由であったが、それ以降は上海経由に変更された（第二図）。

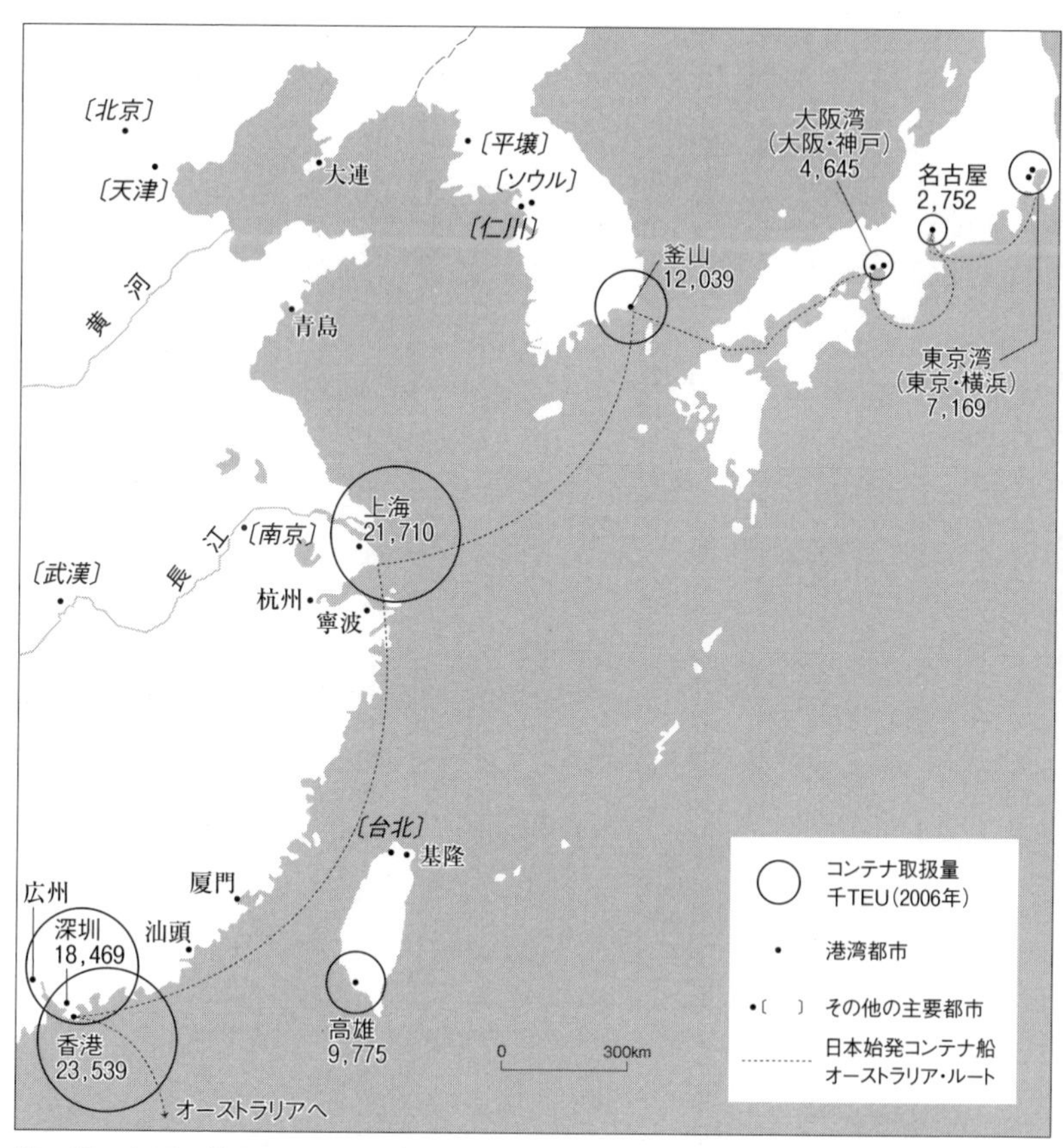

第二図　中国・韓国・日本の主要コンテナ港

Containerisation International Yearbook 2008、および国土交通省作成資料「港湾関連データ」により筆者作成。

東アジアのハブ港再編成

ハブ（hub）とは自転車などの車軸のことで、ハブと車輪はスポーク（spoke）でつながっている。各港の配置を多角形とみなし、すべての港を対角線ルートで結ぶと、それぞれは最短距離だが膨大な数の路線を設定しなければならず、積荷の量や方向の偏りによっては空荷が増え、積載率が低くなる。それより中心となる「ハブ港」を設定し、周辺各港をスポークのように結べば往復の無駄が少なく、積載率を高めることができる。ハブ港には積み荷の通関手続きや燃料・水の補給といった業務が集中するが、入出港船舶数に比例して莫大な入港料収入を得ることができる。かつてイギリスに巨大な富をもたらしたシンガポールも香港も、ヨーロッパ・アジア・アメリカを結ぶ世界のハブ港だったのであり、その地理的優位性は今日でも変わっていない。

ハブ港と結ばれる周辺港は、分配を受ける立場なのでフィーダー（feeder）港と呼ばれる。仮に上海が東アジアのハブ港となった場合、日本の各港はフィーダー港に格下げされるのだろうか。じつは、その傾向はすでにあらわれている。前述のように国際コンソーシアム運航は年々、中国経由ルートにシフトされてきた。日本各港への欧米航路の寄港便数を一九九五年、二〇〇一年、二〇〇六年の順に比べれば、神戸は四二→二九→二〇、大阪も一六→一三→八とともに半減し、名古屋は二五→二一→一八、横浜も三一→二四→二一といずれも三分の二に減少している。その間に上海は一一→二二→

五三と急増して立場を逆転させたのだが、上海より先行する形で韓国の釜山(プサン)も二七→四三→五二と増加しており、二〇〇一年段階ですでに神戸・横浜を追い越していたのである。

このように洋山深水港プロジェクトは、釜山港にとっても大きな脅威であった。むろん韓国側も黙って見ているわけではなく、釜山港の近隣に大規模な埋立地を造成し、「釜山新港」をオープンさせた。これらのハブ港化に連動して、とりわけ西日本各港では、上海や釜山との間を小回りのきく混載船で結ぶ高速シャトル便の運航が増えている。ある船会社の例をあげれば、博多―上海間は週二便で所要二六・五時間、博多―釜山間は所要わずか六時間である。九州北部で製造された輸出向け商品は、わざわざ神戸や大阪までトラック輸送して国際コンテナ船に積み替えるより、博多港から上海や釜山に向けて直接輸出した方が安くて早いのである。洋山深水港と釜山深港のハブ港化競争によって、日本のコンテナ流通の枠組みまでもが変わりつつある。

日中韓ネットワークの将来

本題からはややそれるが、韓国のハブ港化政策は航空業界においてもすさまじい。かつて日本からヨーロッパに行くには、日本航空ＪＡＬやヨーロッパ系各社より、ソウル経由の大韓航空ＫＡＬの方が、時間がかかっても安いことで人気があった。しかし現在では、日本の地方都市から海外に向かう場合、重い荷物を持って新幹線と成田エクスプレスを乗り継ぐ煩わしさや、地方空港から接続の悪い便で成田宿泊を余儀なくさせられる無駄を考えれば、運賃は別にしてもソウル経由の方が早くて楽だというケースが続出している。

現在、ソウル（仁川空港）路線を持つ日本の空港は二五港もあり、上海（浦東空港）路線を持つ空港は一七港に達している。しかも、海上輸送がコンテナ専用港を経由するのとは違って、航空貨物は旅客港を併用するので、旅客便ネットワークと不可分の関係にある。そのような状況下で新たにスタートした中部国際空港セントレアは、ＪＡＬやＡＮＡとではなく大韓航空と提携し、貨物便「セントレアコネクション」を開設した。成田と関空に挟まれたセントレアが、日中韓の物流ネットワークの中で速さと安さを競いながら独自のポジションを確立するためには、航空先進国日本のブランド力よりボーダーレスなコスト削減が優先されたのである（第三図）。

最終的に消費者が商品を選択する際の判断基準となるのは、製造業者すなわちメーカーの違いであり、流通業者の違いではない。流通ルートが問題になるのは、商品の真正性が問われる高級ブランド品くらいであろう。流通コスト削減の結果、同一商品に一円でも安い値札をぶら下げることができたら、消費者は迷わず安い方を選ぶだろう。東アジア全体の交通・物流システムにおいては、今後ますます上海（洋山深水港・浦東空港）と韓国（釜山港・仁川空港）とが競い合い、海空両面でのハブ港化が進行すると予測される。二〇〇八年の北京オリンピックは、都市のインフラ面や観光サービス面からみて賛否両論のまま終わった感があるが、二〇一〇年の上海万博は、流通面からみた上海のブランド力が世界に試される絶好の機会になるだろうと予測されている。

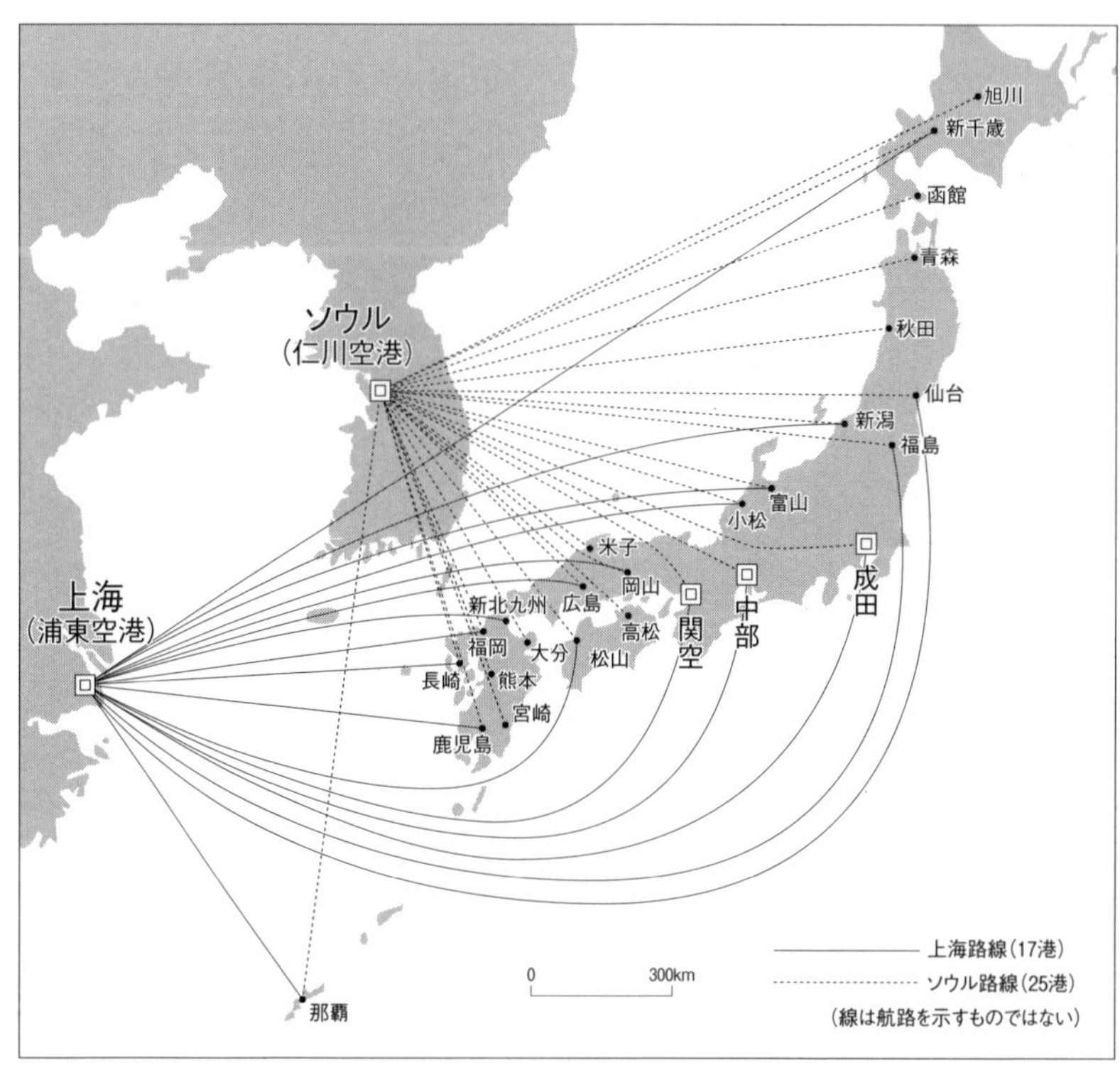

第三図　上海・ソウルをハブ空港とした日本の航空路線ネットワーク
路線網は「特集エアポート&エアライン」(『週刊東洋経済』2008・7・26)による。

参考文献

池田宗雄『港湾知識のＡＢＣ』、成山堂書店、一九九〇年。

汪　正仁『東アジア国際物流の知識』、文理閣、一九九九年。

南出眞助「オーストラリア主要港におけるコンテナ輸送の動向―対アジア貿易拡大とその地域的影響―」『オーストラリア研究紀要』三二号、追手門学院大学、二〇〇六年。三～二〇頁。

「中核ターミナルに成長する洋山港」『荷主と輸送』三八九号、二〇〇七年三月。二～九頁。

Jane Dagerlund: *Containerisation International Yearbook 2008*, Lloyd's MIU. London.

「特集エアポート&エアライン」『週刊東洋経済』二〇〇八年七月二六日号、東洋経済新報社。三四～四七頁。

南出眞助「東アジアにおけるコンテナ輸送の動向」『地域と環境』八・九号、二〇〇九年。一五八～一六七頁。

関連ホームページ

東郷修平「発展する華東地域コンテナターミナル上海港・寧波港の現状と将来」。
http://www.yokohamaport.org/portal/kaigaidaihyounews/china_houkoku07.pdf
日本海洋開発建設協会「平成一七年度韓国港湾空港調査報告書」、二〇〇六年二月。
http://www.kaiyokyo.or.jp/report/korea/
「新世代アジア連携フォーラム『上海国際コンテナ港湾』現地調査レポート」、二〇〇六年八月。
http://www.doimasaki.jp/documents/shanghaireport_001.pdf
「東アジアにおける港湾関係の現況調査」、二〇〇七年二月。
http://www.mlit.go.jp/kokudokeikaku/souhatu/h18seika/08asia/08_syu_11kokudo8.pdf

「中国情報局ニュース」二〇〇八年二月二七日。
http://news.searchina.ne.jp/disp.cgi?y=2008&d=0227&f=business_0227_016.shtml
国土交通省ホームページ「港湾関連データ」。
http://www.mlit.go.jp/kowan
日本郵船ホームページ。
http://www.nykline.co.jp/
商船三井ホームページ。
http://www.mol.co.jp/

4

現代中国と宗教
——上海——

武田　秀夫

一　はじめに

上海を例にして、今の中国の宗教事情の一端を紹介したい。しかし、その前に少し中国の伝統的思想・宗教について紹介したい。

中国の伝統的思想・宗教を話題にするとき、よく「儒・仏・道」三教という言い方をする。儒は儒教、仏は仏教、道は道教である。

この三教のうち、仏教と道教はまぎれもなく宗教である。そして儒教と、教の字が付いているため、また仏教・道教という宗教と並称されているため、儒教も単純に宗教だと考えられがちである。しかしこれは大きな問題である。

この儒教は、春秋時代の孔子（前五五二・五五一〜四七九年）の考えを中心にして形成されてきた、ほぼ二五〇〇年以上に渡って大変大きな影響を中国に与え続けてきた思想である。と同時に、現代においても生きている思想である。そして、日本をはじめ広く東アジア一帯にもその影響は及んでいた。

ところで、この儒教の本質が何であるかについては、いろいろ問題があり、特に儒教の本質が宗教であるのかないのかを巡って、学界を二分する論争が続いている。つまり基本的に儒教の本質は「宗教」的側面にあると捉えるか、それともそれは非「宗教」的側面にあると捉えるか、という問題である。勿論、この場合にも大きな問題がある。それは「宗教」とは何か、何が「宗教」であるか、という難問が横たわっているからである。

例えば、生命は人智では計り知れない不可思議で神秘的な「神」から与えられたものである、と考える人がいるとするならば、その人は「神的宗教」を持っている人といえるであろう。また生命は「自然」界だけの中で自然に与えられたものである、と考える人がいるとするなら、その人は「自然的宗教」観の持ち主ということになるであろう。勿論このような「自然」も実は神秘的である。さらに、…。このようにして「宗教」そのものを巡っての議論さえ果てしなく続くので、真実きりがない。

そこで、ここでは、筆者が数十年前の大学生の時に授業で聞いた「儒教とは聖人の教えであり、聖人とは完璧な人間のことであり、従って儒教とは宗教ではなく、完璧な人間である聖人が思慮と行為の限りを尽くして、ごく一般的な人間のために残した政治・経済・道徳・教育等のごく人間的・合理的な実践的な考え・思想である」として、宗教について紹介しようとするこの一文からは除外する。因みに、筆者は、孔子自身は宗教心の厚い人であるとの思いは、今も変わっていない。

二　中国の五大宗教

1　仏教

さて、中国には五大宗教があると言われるように、五つの大きな宗教がある。道教、仏教、そしてイスラーム教（中国語では回教）、カソリック（旧教、中国語では天主教）・プロテスタント（新教、中国語では基督教）である。

仏教が中国に伝来したのは、諸説紛々であるが、ほぼ紀元前と紀元後の境目あたり、としておくのが無難である。そうであるとするなら、ほぼ二〇〇〇年の長い歴史がある。また中国で花開いた中国式仏教、いわゆる宗派仏教が六世紀半ばに日本に伝わって、大きな影響を日本の文化に与え続けてきたことは周知の通りである。

上海徐匯区・龍華寺

2　道教

また道教であるが、中国に民族宗教としてこのような宗教があると知ったのは、大学に入ってからで、その時は中国には何か変な宗教があるとしか、感じていなかった。それが、魯迅の言葉に「道教を知らずしては、中国は分からない」というのがある、と教えられてウーンと唸った。

この道教たるや、今もってその由来と初期の経歴が不明である。しかし教団組織を持って歴史に登場するのは、前漢後期の時代であり、『三国志演義』でもおなじみの「黄巾の乱」を率いた張角の太平道教団であり、また漢中地域に宗教王国を築くものの、曹操の軍門に下った張魯が率いた五斗米道（天師道）教団である。それ以後からとしても、ざっと一八〇〇年以上の歴史がある。

太平道教団は今の山東省が、また五斗米道教団は四川省が発祥の地であり、上海地域に道教が伝わってきたのは、やはり三国時代であったであろうか。左慈という道教的マジシャンが魏の曹操や呉の孫権と交渉をもった話が『三国志演義』に出てくるが、どこまで史実であるかわからない。しかし遅くとも道教がひろく中国全土に広まった東晋時代（三一七～四二〇年）にはすでに道観（道教の寺院）があったであろう。

道士の修行場の例・青島の嶗山太清宮

ただこの道教が日本に流伝したのかどうかに関しては、いろいろ多方面から研究されているが、まだこれだという定説はない。しかし道士が来て布教活動をし、また道観を建立したという明確な記録はまだ見つかっていないのではあるが、道教の考えや教えなどは、確かに伝わって来ている。

3　回教（イスラーム教）

記録に残っている最初のイスラーム教徒と中国との接触は、ウマイヤ朝第三代カリフ・ウスマーンが派遣した使節である、というのが一般的な通説である。唐王朝第三代皇帝の高宗の永徽二（六五一）年のことである。その後、続々とイスラーム教徒の商人をはじめとする人々が中国にやって来たとされる。

そして上海に流伝したのは、かなり遅く元朝（一二七九〜一三六八年）に入ってからであり、元の兵隊達とその家族がこの地方に来て定住したが、その中にイスラーム教徒がいたのである。

因みに、イスラーム教と日本との接触に関しては、「奈良時代からイスラムに関する知識が日本に伝えられ、鎌倉時代には僧侶によるムスリムとの接触が中国でおこなわれた」（『イスラム事典』平凡社　一九八二年　二八八頁　中岡三益記）とのことである。

上海黄浦区小桃園・清真寺

4　旧教（カソリック）

旧教（カソリック）の布教はマテオ・リッチが一五八三（明の万暦一一）年にマカオに来たことから始まる。彼は北京に出て、天文学・地理学をはじめとするヨーロッパの豊富な科学的知識によって、皇帝の信頼を得た。と同時に、中国人の優秀な科学者である徐光啓らの友人を得て、カソリックの教義を書物として伝えることができるようになった。従って四〇〇年以上の歴史がある。

因みに日本にカソリックが伝えられたのは、ザビエルが一五四九（天文一八）年八月一五日に鹿児島（現在の鹿児島市祇園之洲）に上陸したことから始まるとされる。

5　新教（プロテスタント）

最後に新教（プロテスタント）であるが、中国での布教が始まるのは、今からほぼ二〇〇年程前からである。一八〇七年、ロンドン宣教会（The London Missionary Society）によって派遣されたロバート・モリソンが広州で布教活動をしたことから始まる。しかし教会が建てられて本格的な伝道事業が始まるのは、アヘン戦争（一八四〇～四二年）以後のことである。

因みに、日本での布教は、一八五八（安政五）年に日米修交通商条約が締結されて、日本に滞在している外国人に対してキリスト教が解禁になり、その一六年後の明治六（一八七三）年に禁教令が撤廃されてからである。

上海黄浦区西蔵中路316号・メモリアルチャーチ

三　上海の宗教事情

先ず、上海の宗教施設、宗教者（宗教を信仰して、それに仕えている人。道教なら道士、仏教なら僧侶、キリスト教なら牧師、司祭、イスラーム教ならラビ）及び参詣者等の数が「上海民族と宗教」のホームページ（http://www.shmzw.gov.cn/gb/mzw/index.html）に掲載されているので紹介したい。

仏教寺院は八〇余り。僧侶は一〇〇〇人弱。参詣者四〇万弱。

道教寺院（道観）は一九。道士は一〇〇人余り。参詣者一一万余り。
カトリックの教会は一〇四。神父等一五八人。信徒約一四万人。（筆者注：参詣者は不明）
プロテスタントの教会は一六四。司祭等三三二人。信徒一八万人。（筆者注：参詣者は不明）
イスラーム教寺院（清真寺）は七。ラビ一二人。信者は約六万人。

これだけでは、多いのか少ないのかよくわからないと思うので、大阪市のそれと比較してみようと思う。ただし、大阪市の方は宗教施設だけしか分からないので、正確な比較にならないのが、少し残念である。

上海市：上海市は一八の区、一の県に区分されている。（但し、県は日本と違って市より下位の行政区画）

面積：六三四〇・五平方キロ　（年末戸籍：四八六・〇六万戸）
人口：一、三四一・七万人　人口密度：二、一四六人／平方キロ
（上海市人口与发展研究中心 http://www.spic.sh.cn/ より　二〇〇三年度統計）

大阪市：二四区

面積：二二一・三平方キロ
人口：二二一・三万人　人口密度：一、一七四人／平方キロ
（「大阪市の現況」http://www.city.osaka.jp/keieikikakushitsu/sogo/genkyo/graph/graph01.html より　二〇〇〇年度国勢調査統計）

両市の面積、人口、人口密度の状況は以上のようである。面積は上海市が大阪市の三〇倍、人口は

上海市が大阪市の七倍、人口密度は上海市は大阪市の二倍である。統計の年が違うので、余り正確ではないが、大まかな対比にはなる。

さて大阪市の宗教施設であるが、これも『大阪府宗教法人名簿』（平成一八年三月三一日現在・大阪府知事所轄宗教法人数）（http://www.pref.osaka.jp/shigaku/shuukyou/meibo/syuukyou-meibo.htm）に載っているものによると、次の通りである。

神社系・神道系：三〇四箇所　仏教系：一、一五八箇所　キリスト教系：一〇〇箇所

諸　教：五五六箇所　　　　総　数：二、一二八箇所

ついでに、大学の所在地の茨木市のものも紹介する。

神社系・神道系：六〇箇所　仏教系：一〇二箇所　キリスト教系：八箇所

諸　教：一五箇所　　　　総　数：一八五箇所

これを先に紹介した上海市の宗教施設数と比較すると、その数の余りにも大きな違いに驚く。例えば、仏教施設では上海市（八〇箇所余り）は茨木市（一〇二箇所）よりも少ないのである。また両国それぞれの民族宗教とも言える道教と神社・神道においても、上海市（一九箇所）は茨木市（六〇箇所）の三分の一である。キリスト教について言えば、上海市（二六八箇所）は大阪市（一〇〇箇所）の二倍半である。しかし、これも両市の人口数から言うなら、上海市には七〇〇箇所あって、大阪市とほぼ同じになる。従って、上海市は大変少ないと言えるであろう。ただ、イスラーム教寺院（モスク）は大阪市のみならず大阪府にも一箇所もない。神戸市には一九三五年に建てられ、阪神大震災

にもびくともしないで今なおどっしりと建っているモスクがあるのはご存知のことと思う。従って、宗教施設に関する限り、上海市は大阪市よりはるかに少ないと言える。この問題をどう考えたら良いのか。

四　上海の仏教寺院

私が行ったことのある上海の宗教施設、寺院である静安寺のことを、ほんの少しだけ紹介したい。

上海静安区・静安寺

地下鉄二号線「静安寺」駅を出るとそのすぐ脇にある。この寺は呉の孫権の赤烏一〇（二四七）年に創建されたという。それからすると寺域の所在地は変わってはいるものの、ほぼ一七六〇年の歴史を有する古寺である。現在の寺院は現代的なビル街の中に建っている。というより寺院がそうした現代的な都市的風景の中に鎮座しているといった方が適切であろうか。

この寺院の歴史は古い。三国時代の二四七年である。その時の名前は滬瀆重元寺で、唐代には永泰禅寺と改称され、宋代の一〇〇八年に今の寺名になった。そして南宋時代に現在の地に移転した。その後、この一七六〇年の歴史を持つ古刹も文化大革命中に大きな被害を受け、一九八四年以後修復が開始された。

寺内に入ると、そちこちがまだ改修中であったり、改築中であったり、雑然としているものの、やはりここは聖域である。境内は広くないが、静かな雰囲気が漂っている。参詣者は一〇人もいたであろうか。女性、それも中年か老年の、おそらく近くに住んでいる住民なのであろう。中国式の太くて長い線香に火をつけ、それを両手ではさんでお堂に向っていくども礼拝している。本堂では、大きな金色の仏像の前で両膝をついて、やはりなんども礼拝をくりかえしている。この本堂を左右に取り囲んでいる、それぞれの仏像が安置されているお堂の中でもやはり同じことが行われている。基本的に日本のお寺の中と変わらない風景である。改革開放の荒波にもまれながらも、やっとこの寺院も、本来の姿を回復しつつある。

五　追手門学院大学の中国人留学生へのアンケートから

本来なら、上海の他の宗教のせめて代表的宗教施設についても紹介すべきであろうが、中国の宗教の専門家でもない筆者にとっては正直いって荷が重い。そこで、昨年二〇〇七年一〇月、当大学の中国人留学生に聞いてみたアンケートを少し紹介してみたい。総数三七名からの回答である。

質問事項とそれに対するそれぞれの回答数を挙げる。

1　宗教そのものに対して

①　大変興味がある：三名　②　少し興味がある：一五名

③　ほとんど興味はない：一九名　④　答えたくありません：〇名

どのような意味で興味があるのか、またないのかについて、何か書いてもらうと良かったと思う。

興味があると無いとは、ほぼ同数である。

2　中国の宗教に対して

①　大変興味がある：四名　②　少し興味がある：一三名

③　ほとんど興味はない：一九名　④　答えたくありません：一名

これもほぼ半々である。

3　道教について

①　道教という宗教をいつごろ知りましたか。

あ、小学校に上がる前：一三名　い、中学生の時：九名

う、中学校卒業後：二名　え、知らず知らずの内に：一三名

お、答えたくありません：〇名

さすがに全員道教は知っていた。

②　上記（あ～え）を答えた方に、道教を知った機縁や機会は何でしたか。
- テレビや映画で：四名　• 家族で道観に行ったことから：二名
- 先生、友人、書物から：五名

③　道教の教義について何か知っていることがあれば、自由に書いてください。
これに対しては、残念ながらほとんどが知らないと回答するか、または回答なしであった。

④　道教の宗派について何か知っていますか。
これについても、知りませんか無回答であった。

⑤　魯迅が「道教が分からなければ、中国のことは分からない」と言ったことに関して、どう思いますか。もし考えがあるなら、自由に答えてください。
- 中国の歴史と中華民族の精神を体現していると思うから。
- 文学者の言葉なので、意味がもう一つ不明確だと思う。
- 必ずしもそうとは言えないと思う。道教はただ歴史が古いだけで残存はしているものの、それが果たしてきた意義がどれほどのものであったのか疑問である。

などであるが、ほとんどが分かりませんか無回答であった。

⑥　出身地に幾つぐらいの道観があると思いますか。
これは不適切な質問。茨木市にどれくらいお寺がありますかと聞くよりも、今までに何箇所のお寺に行ったことがありますか、の方が答えやすかったと思う。回答者は数名であった。

⑦ 道観に行ったことはありますか。

行ったことがある：一三名

行ったことがない：二三名

行ったことがない人が少し多いようである。

⑧ 行ったことがある人は、その目的は何でしたか。複数回答可。

あ、願い事などのため：七名

い、興味があったから：一名

う、春節などや観光のため：八名

え、その他の目的で：一名

お、答えたくありません：〇名

純粋に願い事のためだけに行ったのかどうかは分からないが、願掛けをする所であることは確かであり、観光で行った折にも日本でもそうであろうが、中国でも同じである。

⑨ 葬儀、葬式の時、道士・女冠に来てもらいますか。

あ、来てもらう：六名

い、来てもらうことはない：一四名

う、分かりません：五名

え、答えたくありません：一名

一六名は無回答であった。これはもう少し具体的に聞くと良かったとおもう。この質問では、身内のことなのかそうではないのか、分からない。

周知のように、中国では仏教も道教も日本のような檀家制度というものはない。葬式に当たって、時として仏教の僧侶に当たる道士（男）・女冠（女）に来てもらうことがあるが、それは制度的なものとしてあるわけではない。

六　日本人学生へのアンケート及び東アジアでのアンケート

私の講義（「中国の思想」）の受講生諸君（三・四回生）に、「東アジア価値観国際比較調査―「信頼感」の統計科学的解析―」というアンケート調査の中に宗教に関するものがあったので、それを利用して聞いてみた。それを紹介したい。

回答人数は二八名（調査は二〇〇七年一〇月）。同時に、上記の比較調査のデータも紹介したい。但し、学生の方は人数と％の数字であるが、日本以下の数字は％のみの数字である。また問の番号は、上記「東アジア価値観国際比較調査」のそれではない。いまはごく簡単なコメントをつけるだけにしたい。

	大　学	日本	台湾	香港	上海	北京	韓国	シンガポール
①	6人（21%）	41.2	27.3	27.4	43.5	41.4	28.2	54.4
②	2人（7%）	9.3	4.2	9.1	2.8	3.8	49.5	12.0
③	14人（50%）	47.6	68.0	61.1	52.3	54.0	19.8	31.3
④	1人（3%）	0.1	—	0.1	0.1	—	0.3	—
⑨	5人（17%）	1.4	0.4	2.3	0.8	0.8	2.2	2.5

問1　あなたはどちらかといえば、普通より先祖を尊ぶ方ですか、それとも普通より尊ばない方ですか。

①普通より尊ぶ方　②普通より尊ばない方
③普通　④その他（記入）　⑨わからない

東アジアは古来より祖先崇拝の盛んな地域として知られているが、それはこの統計にも表れていると思われる。①普通より尊ぶと③普通とを合計すると、韓国を除く各国・各都市とも九割という高率になる。

韓国で②普通より尊ばないが四九・五%もあるのは、少し不思議である。これはあるいは比較の問題であるからかも知れない。「普通」をどのあたりとして設定するかによって、回答は決まってくるからで、その普通をもし高いところに置くならば、それに比べると自分は低いかな、と思うことがありうる。もう一つ考えられることは、キリスト教普及との関係である。

しかしこれについては、丁寧な調査が必要である。

	大学	日本	台湾	香港	上海	北京	韓国	シンガポール
①	9人	30.7	48.1	42.7	13.9	12.1	28.8	70.4
②	12人	43.6	38.1	33.2	26.1	20.3	29.8	17.8
③	4人	20.8	9.7	21.6	58.2	65.7	34.7	7.1
⑨	3人	4.8	4.1	2.6	1.8	1.8	6.7	4.6

問2　次にあげるものをあなたは「ある」または「存在する」と思いますか。それぞれについてお答え下さい。（1つずつ聞く）

a．神や仏

①ある・存在する　②あるかもしれない

③ない・存在しない　⑨わからない

ここでは面白い現象が出ている。それは上海、北京とそれ以外の地域ではっきり違う数字が出ていることである。上海、北京は③、⑨の合計はほぼ六割であるが、日本二割五分、台湾一割四分、香港二割四分、韓国四割、シンガポール一割二分である。

これは中国が共産主義国家であることによる。信仰の自由を憲法で保障しているものの、国家としては宗教に対してやはり冷淡なので、そのようなことの現れである。ちなみに、同じ中国人の香港、台湾では低い割合であり、こちらの方が中国人の本来のあり方を現していると思われる。

	大学	日本	台湾	香港	上海	北京	韓国	シンガポール
①	8人	15.5	31.0	31.8	7.5	5.9	20.5	47.8
②	9人	39.3	44.1	28.2	22.8	14.8	30.9	24.1
③	6人	33.2	15.8	30.0	64.5	76.8	36.8	16.3
⑨	5人	12.1	9.0	10.0	5.2	2.4	11.8	11.6

b. 死後の世界

①ある・存在する　②あるかもしれない
③ない・存在しない　⑨わからない

この項目も（a）と同じことが言えそうである。上海と北京は③は六割五分、七割七分であるが、日本三割三分、台湾一割五分、香港三割、韓国三割六分、シンガポール一割六分である。

ただ、積極的に①と答えた割合は各地域でばらつきがあるのは、もう少し詳しい分析が求められると思う。ここでは、いわゆる死者崇拝と祖先崇拝とでは、死後の世界の捉え方に違いがあるという点だけ指摘しておこう。つまり、祖先崇拝の根幹は現世利益のこの世の現実にあるわけで、死後の世界そのものはどこかにあろうくらいの感覚である。もちろんそう簡単でも単純でもないのであるが。

	大学	日本	台湾	香港	上海	北京	韓国	シンガポール
①	13人	27.1	39.6	40.4	9.4	13.1	28.0	54.8
②	8人	42.3	39.9	28.9	25.3	19.0	36.9	24.1
③	5人	21.9	13.9	25.0	61.4	66.0	27.3	13.6
⑨	2人	8.5	6.6	5.7	3.9	1.9	7.8	7.5

c．霊魂（たましい）

①ある・存在する　②あるかもしれない
③ない・存在しない　⑨わからない

霊魂（たましい）の存在を認めることと死後の世界の存在を認めることとは密接に関係すると思われるのであるが、この（b）（c）両項目の①②の合計が、面白いことにどの地域でも（c）の割合が（b）のそれより高いことである。このことは霊魂の存在を認めても、一体それがどこにいるのか不明とする人がいるということを示すからである。これは上に述べた（b）の祖先崇拝と関係するかも知れない。

	大学	日本	台湾	香港	上海	北京	韓国	シンガポール
①	5人	5.6	22.8	25.2	4.0	4.0	19.5	42.4
②	12人	23.6	34.7	24.5	14.9	9.1	25.4	24.9
③	10人	56.5	32.8	43.0	77.1	84.4	43.8	22.5
⑨	1人	14.0	9.7	7.3	4.0	2.4	11.2	10.2

d. 悪魔

①ある・存在する　②あるかもしれない
③ない・存在しない　⑨わからない

「悪魔」としてどのようなものをイメージするかで、各人の回答が変わってくると思われるが、ただ日本人の①の割合が上海、北京とほぼ同じく低いのは、何故であろうか。上海、北京が低いのは分かるのであるが、日本人の場合は、確かに明確にこれが悪魔であるというイメージが薄いかあるいは無いのかも知れない。幽霊や怨霊や閻魔大王などを悪魔とすることは少し考えにくい。

	大学	日本	台湾	香港	上海	北京	韓国	シンガポール
①	6人	8.3	29.9	27.9	5.2	4.0	20.0	51.6
②	12人	25.8	40.4	25.6	15.3	10.5	25.8	23.3
③	9人	52.6	20.4	38.3	74.9	82.9	42.7	16.4
⑨	1人	13.3	9.3	8.1	4.6	2.6	11.4	8.7

e．地獄

①ある・存在する　②あるかもしれない
③ない・存在しない　⑨わからない

この項目の①②の合計を出してみる。日本三割四分、台湾七割、香港五割四分、上海二割、北京一割五分、韓国四割六分、シンガポール七割五分である。

やはり、日本は上海、北京と同様に低いことが分かる。日本人は仏教とくに浄土教の考えは身に入っていると思うのであるが、少し意外な気がする。これは知識として知ってはいるが、実感としては持っていないということであろうか。

	大学	日本	台湾	香港	上海	北京	韓国	シンガポール
①	6人	13.3	29.8	29.7	7.1	4.1	22.7	54.6
②	12人	33.4	40.4	26.5	19.2	13.3	28.9	22.8
③	8人	40.7	20.4	35.7	68.9	80.3	38.5	14.9
⑨	2人	12.7	9.4	8.1	4.8	2.2	9.9	7.8

f．天国や極楽

①ある・存在する　②あるかもしれない

③ない・存在しない　⑨わからない

この項目では、日本は四割七分が①②で回答している。（e）の項目では三割四分が地獄の存在に対しては否定的である。しかし「天国や極楽」の存在に対してはほぼ五割近くが肯定的なのである。少々楽天的な人が多いのであろうか。

	大学	日本	台湾	香港	上海	北京	韓国	シンガポール
①	12人	10.9	28.3	35.1	8.6	8.2	22.7	59.9
②	10人	30.2	44.0	26.2	17.9	16.6	29.6	23.5
③	3人	44.1	19.4	32.1	67.6	70.6	37.5	11.0
⑨	3人	14.5	8.3	6.5	5.8	4.6	10.2	5.6

g．宗教上の罪や罰（ばち）

①ある・存在する　②あるかもしれない
③ない・存在しない　⑨わからない

この項目でも、日本が上海、北京ほどではないが、③を回答している割合が高い。日本では五割弱の人が「宗教上の罪や罰（ばち）」はないとする。（a）の「神や仏」の存在を七割五分の人がほぼ認めているのにもかかわらずにである。これは日本人が「神や仏」のあり方をあまり「罪や罰（ばち）」との関係で捉えていないことを意味するのであろうか。また③の回答率の低いのは台湾とシンガポールである。両地域の宗教のあり方と関係がありそうである。

以上（a）から（g）まで、宗教と関連するアンケートの調査結果をみてみた。このようなアンケート結果からだけで、何かの結論を引き出すのは危険であろう。またさらにそれぞれの地域の宗教状況やその歴史的背景について、充分な知識や情報を持たないまま、何かをいうことも大変危険である。今は、以上のような筆者の感想だけにとどめておきたいと思う。

	日　　本	台　　湾	香　　港
①	日本に居住する20歳以上の男女日本人	台湾在住の満20歳以上の住民	香港、マカオ、台湾を含む中国に５年以上住んでいる、香港在住の18歳以上の成人
②	個別面接聴取法	同左	同左
③	2002年11月14日～12月８日	2003年11月10日～11月22日	2002年10月～2003年３月
④	787人	784人	1,057人

	上　海	北　京	韓　　国	シンガポール
①	18歳以上の成人	18歳以上の成人	韓国全国の班及び村に居住する満20歳以上の国民	シンガポールの全国に居住する20歳以上のシンガポール国籍の人
②	同左	同左	同左	同左
③	同左	同左	2003年９月24日～10月11日	2004年12月21日～2005年１月24日
④	1,052人	1,062人	1,006人	1,037人

注記：この調査のそれぞれの概要が記されているので、最後にそれを表にして示す。

①：調査対象の母集団
②：調査方法
③：調査期間
④：有効回収（率）

5

徐家匯天主教堂

――上海の芥川と泰淳――

永吉　雅夫

徐家匯(じょかわい)天主教堂

徐家匯天主教堂は、上海の地下鉄一号線「徐家匯駅(シュジャフイ)」から歩いてすぐのところに位置する天主教（カソリック）の教会である。衡山路を南にたどって虹橋路とぶつかるところが、徐家匯だといえば、今もめざましく進化する上海のなかでもお洒落なスポットとして納得していただけるだろう。それもそのはず、かつてはフランス租界の南西の端に接して広がる、いわゆる華界（租界に対して中国人の従来からの居住地域）のなかの西洋を形成していた区域なのである。すなわち、アヘン戦争後の一八四七（道光二七）年七月にイエズス会がこの地に修道院を建築して以来、中国布教本部が置かれ、さまざまな教育と福祉の施設がもうけられた区域である。

現在も、ガイドブックの類は外国人の出入りの多いロマンチックなナイトストリートとして紹介していたりする。たとえば、駅の近くに「上海老站(ラオヂャン)」がある。中国語で「站」は駅を意味する。だから

上海黄浦江・日本郵船の碼頭（埠頭）〔上海日本堂『新上海』（1917年７月・同社）〕

「上海老站」とくれば古い駅のことかと思えば、これは有名な上海料理のお店で、中庭に一九二一年製の蒸気機関車が置かれていることがその名の由来かと思われるが、じつはこの店、一九二一年に徐家匯天主堂の修道院として建てられたものをレストランに改装、その面影をとどめる外観や雰囲気のあるインテリアともあいまって、供される伝統的な上海料理によって人気が高い。

現在の徐家匯天主教堂は一九一〇年の建築で、上海最大のカトリック教会建築である。

以下では、徐家匯という地域とその天主教堂にかかわりの深い芥川龍之介と武田泰淳の作品を紹介しよう。

芥川の中国旅行

芥川龍之介は一九二一（大正一〇）年大阪毎日新聞社の特派員として三月に東京を出発して、七月に帰京する中国旅行をおこなった。筑後丸が接岸後、「埠頭の外へ出たと思うと、何十人とも知れない車屋が、いきなり我々を包囲した」と、芥川は上海の「第一瞥」を記すが、その旅行記「上海游記」に徐家匯天主教堂のことを取り上げている。

上海に着いたのは三月三〇日のことであったが、東京から大阪へ移動したときに一週間ほど寝込んだその風邪がぶりかえしたらしく、到着後、乾性肋膜炎と診断されて里見医院で約三週間入院するはめになる。したがって、上海の街をあちこち見て回るのは、四月二三日の退院後、五月八日に蘇州へ向けて上海を離れるまでの間のことであった。ただし、五月二日からは杭州へ三泊四日の旅行を楽しんでいる。ちなみに、全集第八巻の注解（三〇五頁）によれば、「院長里見義彦は一九〇六年上海に渡り、内科を開業した碧梧桐派の俳人」で、里見医院は「密勒路A六号（当時この一帯は日本人街。現、上海市虹口区峨眉路一〇八号）にあった赤煉瓦四階建の左半分」で開業していた。

「上海游記」二十「徐家匯」その一

「上海游記」二十は「徐家匯」と題されている。芥川の文章は、明の高級官僚であり、キリスト教徒で科学者であった徐光啓の生家があった場所の変遷を三つの画期によって描く。

> 明の万暦年間。墻外。処処に柳の立木あり。墻の彼方に天主堂の屋根見ゆ。その頂の黄金の十字架、落日の光に輝けり。雲水の僧一人、村の童と共に出で来る。

まずは「明の万暦年間」、すなわち西暦でいうと一五七三年から一六一九年の間ということになる。徐光啓は万暦一六（一五八八）年広東へ行き、韶州でイエズス会士カッタネオ（郭居静）に、また万

年代不明・徐家匯天主教堂一帯〔張偉等編著『老上海地図』（2001年6月・上海画報出版社）〕

暦二八（一六〇〇）年南京でマテオ・リッチ（利瑪竇）に会い、万暦三一（一六〇三）年にはロカ（羅如望）から洗礼を受け、洗礼名をパウロとしていた。カソリック信者になったのちに科挙及第、進士となったのは万暦三二（一六〇四）年のことである。

「徐公の御屋敷はあすこかい？」と、「雲水の僧」は童に尋ねるのだが、徐光啓のこうした経歴からして、雲水の僧の視線の先にはすでに「天主堂の屋根」（写真参照）の頂に「落日の光」を浴びてかがやく「黄金の十字架」が配されている。旅の僧はこれから行ってちょうど「驢馬に跨り」通りかかった「紅毛の宣教師」「天主教の坊さんと問答」をしようというのである。にむかって、雲水は問答を仕掛ける。

雲水。（勇猛に）什麼の処より来る？
宣教師。（不審さうに）信者の家に行ったのです。
雲水。黄巣過ぎて後、還つて剣を収得するや否や？
宣教師呆然たり。

雲水。還つて剣を収得するや否や?道へ。道へ。道はなければ、—
雲水如意を揮ひ、将に宣教師を打たんとす。僕雲水を突き倒す。

このくだりは「禅の教科書」(岩波文庫　入谷義高解説)と言われる『碧巌録』の、第六六則「巌頭、什麽処よりか来たる」をふまえている。『碧巌録』では巌頭がたずねてきた旅の僧に「黄巣過ぎて後、還つて剣を収得するや否や」と問いかけ、僧が「収得せり」と答えて、「茅広漢」すなわちその「まぬけな、ぼさっとした奴」(岩波文庫)という本性を見透かされるということになるのだが、ここではあたかもその人物が「雲水の僧」として登場し、知ったかぶりの禅問答を宣教師にふっかけるような趣である。芥川は、「呆然」とした宣教師に、「可哀さうに。どうも眼の色が妙だと思った」と、その狂熱ぶりにあわれみさえ感じる余裕を与えている。「忌々しい外道だ」とぶつぶつ言いながら起き上がった雲水をつつむように、内からは「讃頌の声」すなわち讃美歌の歌声が静かに聞こえてくるのである。

「上海游記」二十「徐家匯」その二

清の雍正年間。草原。処処に柳の立木あり。その間に荒廃せる礼拝堂見ゆ。村の娘三人、いづれも籃を腕にかけつつ、蓬なぞを摘みつつあり。

ついで「清の雍正年間」、西暦だと一七二三年から一七三五年の間がそれに当たるから、さきのシーンからはすでに百年以上が経過した時期。礼拝堂は「荒廃」している。あたりは「草原」で三人の村娘が蓬摘みなんかをしているが、「三人中、最も年少」の娘が「土にまみれたる十字架を拾ふ」のである。拾った娘は「人の形が彫ってある」それが、なになのかを知らない。一人が「十字架と云ふ」「天主教の人の持つもの」だと教え、もう一人が「そんな物を持ってゐたり何かすると、又張さんのやうに首を斬られる」からと諭すので、「元の通り埋て置」くことにして、三人の「娘等去る」。

イエズス会は中国での布教にあたって適応主義を取ったとされる。そのため、西欧における布教方針を直截に採用したドミニコ派、フランチェスコ派とのあいだに、布教方法をめぐる激しい対立を生んだ。また、祖先崇拝、孔子崇拝、世俗権力との関係などをめぐって、ローマ教皇、清朝皇帝をまきこんだいわゆる典礼問題をひきおこした。雍正帝はこうした混乱に決着をつけるべく雍正一（一七二三）年に禁教令を出したのであった。宣教師はマカオへ追放されることとなる。十字架を拾った「三人中、最も年少」の娘は、おそらくこの禁教令以後に生まれた子どもとして、その何たるかを知らなかったわけであろう。

しかし、その「数時間の後」にその娘は「盲目の老人」の手をひいて「暮色次第に草原に迫る」もとの場所にあらわれる。娘がさきの十字架をさがしだして「お祖父さん」に「これでせう?」と手渡すと、「老人は十字架を手にせる儘(まま)、徐(おもむろ)に黙禱の頭を垂る」。その様子を「新月の光」が照らし出している。いうまでもなく、この老人は禁教令のあと、表面的には信仰を棄てた生活のなかに居るのだが、「盲目」という形で外界を遮断したその内面には信仰がたしかに守られていて、闇の中に息づいている信仰を照らし出すのには「新月の光」こそが似つかわしい。

1910年代・徐家匯天主教堂〔周振徳編『老上海20景』（2002年１月・上海美術出版社）〕

同時代的な問題意識

これら、時期を異にする、同じ場所を舞台とする寸劇仕立ての文章において、いわばその目撃証人のようにその場面に立ち会うのは、共通して「処処に柳の立木あり」と記されている柳の木である。

では、芥川は中国におけるキリスト教（カソリック）の歴史をたどって見せようとしたのであろうか。貴人に受け入れられ、ある程度奉教の人々が増え、やがて政治権力によって追放されてゆく、そんなふうに表現してみれば一六世紀なかば以降の日本におけるキリスト教の歴史にも重なって見える中国のそれを、手際よくスケッチして見せたということなのだろうか。そうではあるまい。もっと現代的な、つまりは同時代的な問題意識がおそらく徐家匯天主教堂を取り上げさせたはずである。

「上海游記」二十「徐家匯」 その三

三番目の時代設定は「中華民国十年」、すなわち一九二一年は大正一〇年、芥川が現に上海を訪れ、この文章を書いているまさにその時となっている。前頁の写真は、芥川の文中にあるように「屹然」と尖塔を空にそびやかす一九一〇年代の徐家匯天主教堂の姿を示している。もっとも、大阪毎日新聞への「上海游記」の連載は、帰国後、八月一七日から始めて休載六回をふくんで全二一回、九月一二日までのことではあるが。

中華民国十年。麦畑の中に花崗石の十字架あり。柳の立木の上に、天主堂の尖塔、屹然と雲端を摩せるを見る。日本人五人、麦畑を縫ひつつ出で来る。その一人は同文書院の学生なり。

徐家匯虹橋路・東亜同文書院〔栗田尚哉『東亜同文書院』(1993年12月・新人物往来社)口絵写真〕

東亜同文書院

「同文書院」とあるのは東亜同文書院のこと。東亜同文書院は東亜同文会(一八九八年設立、初代会長は近衛篤麿)が一九〇一年に上海に設立した学校で、修業年限三年、政治科、商務科からなる高等の学校として発足し、やがて一九三九年には大学令による東亜同文書院大学となり敗戦とともに廃校となった、民俗・言語・文化など中国についての高等専門教育機関である。

ちょうど、この一九二一年には専門学校令による専門学校として位置づけられたばかりであった。日清戦争、日清講和条約、三国干渉、義和団事件、こうした一連の歴史を思い起こせば、一九〇一年の東亜同文書院の設立が、西洋列強の中国侵略のなかで、遅れて来た帝国としての日本の中国における権益の意識と無縁であったはずがない。東亜同文会はそもそもその事業として時論誌、すなわち『東亜時論』『東亜同文会報告』と受け継がれ、この時点では『支那』と題する時論誌を一貫して刊行した。『支那省別全誌』のような東亜同文書院の学生による各地の実地踏査記録の編集・刊行は、いわば時論の基礎データとしてそれを補完する役割も負っていたのであろうし、東亜同文書院という学校の存在じたい、その雑誌への執筆人材の供給源となっていく仕組みでもあったのだから。

徐光啓の墓と天主堂

「同文書院の学生」は、「あれが墓です。あの十字架が、——」と「麦畑の中に」ある「花崗石の十字架」を説明、そこへ案内して、「この煉瓦の台座に、石が嵌めこんである」それが「徐氏の墓誌銘です」と解説しているように、日本人を案内する地元の事情通の役割を与えられている。のこり四人の日本人のなかでは「甲」が主賓格らしく、「あの天主堂は何時頃出来たものでせう?」と尋ねるのに、「乙」が「道光の末」すなわち清の宣宗の年号(一八二一~一八五一)をあげて答え、さらには「(案内記を開きつつ)」天主堂の大きさ、高さを「奥行二百五十呎、幅百二十七呎、あの塔の高さは百六十九呎」(それぞれ約七五メートル、三八メートル、五一メートル)と告げて、説明役を果たしている。「丁」

徐光啓の肖像画（天主教堂の説明板より）

も同じことで、「徐氏の墓誌銘」を「明故少保加贈大保礼部尚書兼文淵閣大学士　徐文定公　墓前十字記」と読み上げてみせる。明代の天子の師傅で太保の副、加贈されて太保にして礼部の長官、また紫禁城南東隅にあった蔵書の殿閣文淵閣の大学士、そこでは内閣の政務もおこなわれ、宰相の廃止で六人の大学士が実質的に宰相の務めを果たすその大学士であった徐文定公、というわけである。

歴史の一齣としての現在

この芥川の中国旅行では、上海滞在中のみならず、案内役を果たしたのは毎日新聞社上海支局長をつとめる村田孜郎（号は烏江）であった。また、同社の記者の名前も何人か「上海游記」中には見える。「甲」を芥川本人になぞらえるなら、残りの日本人はそうした人々ということになるかもしれない。幕切れに一言「（遠方より声をかける）」だけの「丙」は、それならさしずめ同行のカメラマンということになろう。彼は「ちょいと動かずにゐてくれ給へ。写真を一枚とらせて貰ふから」と言うのだから。

「上海游記」は上海滞在中の記録として書かれている。そのなかで、この「二十　徐家匯」だけが、紹介してきたような寸劇仕立てになっているが、それは第一、第二の時間設定がフィクショナルなものであるしかないからである。しかし、全体を寸劇仕立てにすることを必要とした、あるいは可能としたのは、おそらく、この写真撮影というできごとにかかわる。「丙」の注文に応じて、「四人十字架の前に立つ」と記したあと、芥川は「不自然なる数秒の沈黙」と書いて、幕を閉じる。

この「不自然なる数秒の沈黙」こそ、現実にあわただしく動いている時間の流れをせきとめて、この一瞬を一九二一年四月か五月の何日という日付を持つ歴史の一齣として、時間のなかに整理し標本化する機縁となっているのである。そのことによって、のこりのふたつの時間とこの時間は等価になる。

明の要職を歴任した高官、文定公徐光啓。「甲」が「十字架にも銘がありますね」と読み上げたのは、「十字の聖架万世瞻依（せいかばんせいせんいす）」すなわち「聖なる十字架を永遠に信頼し尊びたてまつる」（全集注解・三二一頁）の文言だった。が、キリスト教に代表される西洋の文明は、この一九二一年の現在、中国とくに上海において、どんなふうに機能というか作用しているのだろうか。上海の「第一瞥」を、「支那の車屋となると、不潔それ自身と云っても誇張ぢゃない。その上ざっと見渡した所、どれも皆怪しげな人相をしてゐる」と書き起こした芥川が、上海滞在記の最後を徐家匯の天主教堂と、その奉教人としての徐光啓の叙述でしめくくったのは、たんなる気まぐれや偶然ではない。

武田泰淳「月光都市」

おなじ徐家匯の天主教堂を取り上げた作品に、武田泰淳の「月光都市」がある。『武田泰淳全集』第一巻解題によれば、「雑誌『人間美学』昭和二三年一二月号」に掲載のこの作品は、じつは「初稿は昭和一九年に書きあげられているが、（中略）全面的に加筆訂正のうえ」、前記の雑誌に掲載されたという経緯を持っている。

泰淳の中国体験

泰淳は、昭和一二（一九三七）年一〇月召集されて二等兵として従軍した。それが最初の中国体験になるが、その後、昭和一九年にもう一度上海にわたり、敗戦をはさんだ時期を上海で過ごしている。後年、泰淳はその時期のことを、たとえばこんなふうに記している。

昭和十九年の六月、上海にわたった。滬西（こせい）に住んで、フランス租界の事務所に通った。コセイとは上海西部地区という意味で、日本人は、東亜同文書院の先生たちしか住んでいない。事務所は、もとノルウエーの大汽船会社の社長の家で、フェアリーランドと呼ばれるほど、化粧煉瓦の美しい三階建。立派な庭園もあった。東方編訳館と称して、日本の書物を中国語に訳して出版するのが仕事だった。（「ぼくと上海」一九七五年「日本読書新聞」四月一五日号）

「月光都市」では、「杉」という名前で登場する人物の下宿している場所が、「博士の家は安和寺路にあった。旧交通大学に近く、外人の邸宅ばかり並ぶ閑静な一角であった。コロンビア・サークルと名づけられたその住宅区は、建物も街路も住民もほとんど支那らしい趣がなかった」と記されていて、「対中国文化事業に関係している」杉という人物の経験としての「上海のある中秋節のこと」が描かれる。それも「ある一日の印象が、少年の目に映じた幻灯の一場面のように、いつまでも消えやらずにいることがある」ものだが、「あのあわただしい、黒々と息づまるような戦時の異国の記憶の中にも、そのような一日があって、今の杉をやさしくさとしおしえるのであった」という回想として、述べられている。

伝記的事実として言えば、昭和二〇年八月一五日の敗戦後、泰淳は「虹口の日僑集中地区へ収容され、俘虜管理所での生活」ののち、翌二一年「二月十一日に上海を出港し、十三日に鹿児島に着いた高砂丸で引き揚げる」（川西政明『武田泰淳年譜』）わけだから、この「上海のある中秋節のこと」とは、「その年の中秋節は十月一日の日曜であった」と記されていることからも、おそらく昭和一九年のそれであるだろう。すでに述べたように、泰淳が

交通大学正門から徐家匯駅方向

上海に渡ったのは、昭和一九年の六月であった。作中の杉なる人物について、「月光都市」は「半年やそこらで何でもわかろうとしたって駄目よ」と博士夫人に批判させてもいる。

さきの作品成立の経緯を考えれば、この「上海のある中秋節のこと」はその経験の勢いのままに初稿として完成し、それを発表の時期における回想として縁取ることによって作品化されたということになろうか。

徐家匯の教会と徐光啓の墓

杉は日本国内でこれまで「支那文化の研究をつづけていた」が、「上海に居留して」みて、「今まで身につけていた「研究」が、流れる汗と共にあとかたもなく消えて行く感じ」におちいり、いまは「あたり前の旅人の感覚だけ」で上海の街を「欲張って見て歩いて」いる。

研究が無用だったのなら、旅人の感覚で感じるだけでもよい。今まで日本の文学者の見出し得なかったものを、見出さなければならない。何か深い美しい感情で、この上海を新しく発見できないであろうか。何か身にしみわたる啓示がこの町に足をとどめた自分の上に降りかかって来ないであろうか。

この「啓示」ということばはおそらく、無造作な、もしくは一般的な選択というわけではない。杉は上海に来て「欧州人の出版した支那語学習書を集めていた」が、そのなかで「ローマ字であらわされた支那音と同様、漢字にあらためられた欧州の信仰の形」すなわち「漢訳聖書」に目を向けているし、上海到着後すでに「三回」も「徐家匯の教会」へは足を運んでいる。そして、「キリスト教」に関わるそんな杉の関心の収束する具体的な場所として、「徐光啓の墓」がある。すでに「この前行ったんですが、どうも路がわからないで、徐家匯の教会だけ見てきました」という、その徐光啓の墓を、この「十月一日の日曜日」の「中秋節」には、「やはり一度、徐光啓の墓をたしかめておかなくては」と決意して、止宿している博士の家を出るのである。

芥川龍之介『上海游記・江南游記』表紙（講談社文芸文庫）

芥川への意識

なお、議論はわきへずれるが、「今まで日本の文学者」云々のなかに「上海游記」をのこしている芥川が意識されていたことは間違いあるまい。そもそも「月光都市」冒頭の、この「中秋節のこと」を回想としてふちどる文章じたいが、芥川の作品「少年」（五　幻燈）の余映のなかで響きあっているからである。少年だけが幻燈のなかに、ひとりの少女を見いだし、終生の強い印象をきざみこまれるものの、余人には理解されない、それ自体としては幻のようにはかない経験。泰淳は「いつまでも消えやらずにいる」「上海のある中秋節」の「一日の印象」を「少年の目に映じた幻灯の一場面のように」と比喩したのである。「中秋節」の「月光」に照らされてうかびあがる上海の街並みと一人の女性は、芥川の少年が幻燈として見たものに、重ね書きされることになる。

「西洋的支那」と「中国的支那」

話をもどせば、杉は「異国の宗教を上海の街にひろめた明代の新思想家徐光啓が埋められている墓地を見ておくこと」が「どうしても欠くべからざる務めのような気がして」、その墓を訪ねる。なぜか。「大げさに言えば閻（えん）の問題やその他、何か考えを明かにする鍵がそこにしずかに横たわっているのぞみがあった」からである。

「閻」とは、事務所の給仕の女性。「十九」歳で、事務所の日本人のみならず「中国人の職員もみな彼女を嫌っているらし」く、「ずいぶんわがままな子」で「乱暴でやりっぱなしで仕方ない」という悪評にとりまかれて孤立しているが、「杉の言う事は割によく守」る。なぜなら、杉が漢訳聖書「新経釈義」を読んでいるのを見て、「わたしはキリスト教信者です」と名乗った閻は、「杉さんは良い人です。天主教の人はみな良い人です」と無邪気な親しみを寄せているのである。しかし、杉はキリスト教徒でもないし、閻の昇給の要求に応じてやるわけでもないし、ましてや、やはり「馘首（かくしゅ）」と決まった処遇の見直しのために運動するわけでもない。

杉はそんな自分を、「何か決定的に人を論断する能力が自分には欠けているのではないかと疑いたくなるほど」であるが、さらに「一人一人の中国人に対して同情心と同時に少し冷たい観察力が知らず知らず働き、結局二重の眼で相手を見ているのではないか」ということになると、それは個人の問題をふくみつつ、それを超えた状況の問題でもある。中国に住んでいるのに「外人の邸宅ばかり」で「建物も街路も住民もほとんど支那らしい趣がなかった」し、そんな「西洋的支那」に身をおきながら「中国的支那」が気になって仕方がない日本人、それが杉だと言うことができる。

「漢訳聖書」というもの

したがって、杉における「漢訳聖書」という形をとおしてのキリスト教への関心は、中国人の生活のなかに「中国的支那」などという摩訶不思議な範疇を作り出した「西洋的支那」の存在についての省察に結びついている。そして、その起源の位置に、「異国の宗教を上海の街にひろめた明代の新思想家徐光啓」が、本人の意図とはおそらく裏腹にも、すえられているのである。

閻がはじめて杉の聖書への関心を知ることになったとき、杉は「瑪竇経第六章」の「爾禱を行ふには偽善者に似たる勿れ」の部分を読んでいた。むろんこれは、「漢字にあらためられた欧州の信仰の形」は見た目には「四書五経の類とかわりはない」のを書き下しているのである。偽善的ではない祈り方はどうするのか。「凡そ禱るには乃の室に入り、乃の戸を閉ぢ、密地に爾の父に祈求すれば則ち爾の父は隠微に鑒及して将に爾に報ゐんとす焉」。杉は、この「密地祈求」という「ぎこちない四つの漢字が中国人自身にはどのように汲みとられ、どのような音色で溶け込んで行くのであろうかとしばし想をこらして」いたのである。密かに祈り求める。現下の「中国人自身」にとって、密かに祈り求めるとは、なにを祈り求めることになるのか。

徐家匯・徐光啓の墓

「月光都市」に示されているキリスト教にちなむ閻とのエピソードのもう一つは、「教会の素人芝居の切符」をくれたことである。閻の弟が出演すると言うその芝居の「戯題」は「聖愛と血仇」であった。杉はこの「はげしい、いかめしい劇の名」に、「聖愛にしろ血仇にしろ、明確な、決定的な主張が自分の身体を鉄のように緊張させるまでは、自分は人間に対して曖昧な態度しかとれないのかも知れない」と、自身の「どっちにつかずの心の動き」を省みるのである。

そして、そうした思いが、杉を「徐光啓の墓」にいざなうのである。

キリスト者への「清浄な夢」

「徐氏三百年祭に立てられた」「塚の前の十字架」、そのまだ「新しい十字架の灰白色の姿」をのぞけば、「徐光啓の墓は純支那式の形で」残されていた。すなわち、博士の言うように「土饅頭が五つ」「つまり正夫人と三人の妾と、合計四人の方々の墓なんで、真中の少し高いのが徐光啓自身のもの」という按配である（前頁写真参照）。杉はその墓を目の当たりにして、「一九三三年十一月二十四日、即ち公逝世三週世紀紀念発行」の「土山湾発行「文定公徐上海伝略」」という「パンフレット」を読んで抱いていた「清浄な夢が破られるのをどうすることもできなかった」、「これが真実、キリスト教区徐家匯の創始者、明代唯一の科学者徐光啓の欲した墓の形式なのだろうか」と。なぜなら、その「パンフレット」には、「公ハ終身二色ナシ、洗礼前後、好ク一夫一妻ノ聖戒ヲ守リ、家人他ノ妾ヲ納レ嗣ヲ広メンコトヲ要ムレドモ、公ツヒニ動カス所トナラズ」と記されていたからである。杉は「文定公徐上海伝略」に描かれた「三日に及んだはず」の「徐公の葬礼」、キリスト者としての荘重な葬祭の様子を虚空に思い描くことになる。その視線の先に、天主教堂がある。

赤煉瓦の巨大な尖塔の上に槍先のように冷たく光って立つ教会の銀色の屋根は、中世聖教のおもかげをしのばせているとはいえ、すでにあからさまに荒れはてた墓地を守るものではなかった。

精神の試しとしての「大世界」

この違和感が、杉を「大世界」に向かわせる。「大世界」は、一九一七年に開かれた一大歓楽施設で、この時点では「一九二五年建造の四階建鉄筋コンクリート造、正面の塔屋頂上までの高さは五五・三メートル」の建物の中に、「幾多の小舞台で各種の芝居、曲芸などを常時上演」(『上海歴史ガイドマップ』)していた。杉にとって「中国人の街の雑踏と喧騒」の凝縮された場所、その「こちらを嘲笑せんばかりの低俗さ、馬鹿々しさ、荒々しさ」、さらにはその「邪教的な、また意欲的な俗悪さ」は、「自分の精神が、そこで試されている」ように感ぜられたし、この「中国的支那」の猥雑と混沌のエネルギーのなかに身を浸すことによって、「甘い空想に身をまかせたがる自分が、そこではいきなり自分の動物的体臭にハッと目ざめる仕組

1920年代の大世界〔周振徳編『老上海20景』(2002年1月・上海美術出版社)〕

みができている」のであった。

杉は混雑する人々のなかを「二階から三階へ、三階から四階へ、奇妙につづく露天の階段」をのぼって「ゴチャゴチャと虫のようにかたまった多くの頭」を見おろしつつ、屋上まで行った。「霊雲」「幻境」「別に世界開く」「宛として天仙の如し」、それらの派手な文字が「そのまま現実となって」いるかのような、幾多の舞台・劇団があり、杉は「次から次へと見世物小屋」をのぞいて歩く。「桃花歌舞団」のところでは、中秋節にちなんで「月亮走、月下佳人、清亮映明月、月亮在那裡」などの「月づくしの戯題」が並んではいたが、「このけたたましい空気のうち」には「「月」という文字」こそ「乱雑に散らばっているのに、誰一人として月を想う者はいない模様」というありさまである。「一階の乾坤大劇場」で「平貴登殿」の途中まで観て、杉は「大世界」をあとにする。「大世界の案内書を一枚買った」「ひねた女の子」に、閻姑娘を一瞬思い浮かべながら。

月明に浮かぶ上海

杉は徐光啓の墓で裏切られた「清浄な夢」、およそ「キリスト教のただよわすおだやかな雰囲気」に沈みこみそうになる自分を、「大世界」という「中国人の街の雑踏と喧騒」そのもの、「それらあからさまな騒音や表情」に直面させることで、現実に引き戻したのである。いや、現実と言ったのでは正確ではない。目の前の日常を日常として、現実と言うのではないからである。「中国人の街の雑踏と喧騒」に「とりまかれていると」、杉は「かえって猥雑な憩いが単純な、いくらか考えぶかい想いに変って来」ると言うのだから。

「大世界」を出た杉が、「忘れていた月を発見」し、なにもかもが「みなやわらかい月光に浴しているのを発見」して、「思わず「好月亮」と叫んで、隣に坐った中年の中国人の肩を叩いた」りするのは、「清浄な夢」でも「大世界」でもない次元に身をおいているからだろう。

「上海の街がこのように美しく見えたことはかつてなかった」と、杉は言う。「「六十年後之上海灘」という映画」に映し出された「高層建築が夢のようにそびえ立つ空間」という「未来の街の風景」(それはある意味、今日、実現された風景でもあり、次頁の写真のとおり、現在、天主教堂は林立する高層ビルにとりまかれている)を思い出して、「いま眼前にする月明のフランス・タウン」のほうがいかに洗練されているか、「月明とともに変貌した租界の街々には、もっと新しい、もっと未来的なものがあった」と言う。

杉は「大世界」を出て八仙橋から福開森路行きの電車に乗り、アルベール路、善鐘路、杜美路を過ぎて、福開森路の停留所から歩いて、泰安路、華山路、震旦付属中学、普陀禅寺、蘆山路、交通大学の裏門に出る。途中、「中秋の祭の線香や紙銭を焚く」中国の人々の「やすらかな、楽しさのようなもの」を目にしながら。道が右は中山路、左は徐家匯にわかれるところで、思いがけず、闇に呼び止められる。

キリスト教徒の闇

闇は「月光のため、不思議な白粉でも塗ったように白い顔が見ちがえるほど綺麗に見えた」。彼女はこれから徐家匯の教会へ父といっしょに行くところと言って、父を紹介するが、それは杉が電車の中で隣り合い、月の美しさに肩を叩いた中国人であった。「紙銭を焚いたり、月宮殿を祭ったり」、「キリスト教徒はそんなことはやりません」と言い放つ娘にうなずく父親。中秋節の行事に背を向けて教会へ行くふたりに、杉は「何か強いショック」を受ける。杉には、闇が常よりも「賢そうな眼つき」「ひきしまった、強い表情」「キッパリ」した返答、「勝ち誇ったとでも言うように、自信にみちたおももち」「無邪気な、きかぬ気な口調」を示していて、それらが「あいまいな杉の心を刺し、おぼろげな月明の想いを、何か別の強い光線で焼き貫くかの如く」感じられるのだった。

現在の天主教堂

月光の無慈悲

「青く淡い月の光に押しつつまれた街」として、この中秋節の夜、上海の街はかつてない美しい街に変貌した。「醜い形がことごとく消え、あざやかな、清い色だけが洗い出されていた」わけだが、むろん、「大世界」に代表される猥雑な生活そのものが消えてなくなったわけではない。闇にしてもキリスト教徒としての自負と自信にみちたおもちではあるが、事務所を首になって苦しい今後の生活が待っている。杉は「月光にまどわされ、酔わされた興奮」を失いたくないので少し歩くことにしたと言うが、「月光にまどわされ、酔わされた興奮」は杉だけではないのかもしれない。

そして、帰宅後、博士夫人に一日の様子を問われて、杉は「とてもいろいろのものを見たり聞いたりしました」と「のろのろと考え込む」のだが、夫人に頼まれたお土産の月餅が、それもより立派なものがすでにテーブルに載せてあるのを見て、なにか肩透かしをくらったような落ち着きの悪さを感じている。

泰淳と芥川

このあたりの闇や杉の描かれ方には、泰淳が芥川をどれほど読み込み、意識していたかがよく表われている。すなわち、芥川の「南京の基督」における宋金花と若い日本の旅行家になぞらえて考えてみなければならないところだが、それは別の機会にゆずることにする。

§

第2部

アヘン戦争史料　嶺田楓江『海外新話』

§

嶺田楓江『海外新話』の解題にかえて

――上海とアヘン戦争――

奥田　尚

アヘン戦争と日本

上海がアヘン戦争によって「世界に開かれた都市」になったことは、あまりにも有名である。一八三九年から一八四二年にかけて、当時の中国・清がイギリスの激しい軍事的な侵略を受け、それに対し清国の軍隊と民衆が抗戦したのが、アヘン戦争である。

イギリスは自国では禁止をしていながら、中国にアヘンを売り付けた。清がイギリスのアヘン密売を禁止すると、イギリスは貿易の保護の美名のもとに、清への軍事侵略を開始した。アヘン戦争はひとかけらの正義もない戦争で、軍事力で侵略し、戦争に勝利すると、軍事行動に要した費用のすべてと、領土の割譲と自国の利権を全面的に承認させた。むき出しの国家意思を軍事力で相手国に強制する「侵略戦争」の典型であった。一八六八年に新国家を形成した日本は、「攘夷思想」を基盤に「欧米に追いつき追いこす」方針をとったが、その際にアヘン戦争などにおけるイギリスの振る舞いを、まさに「手本」とした。日清戦争に勝利すると、莫大な賠償金を中国に課し、その賠償金によって日本資本主義の骨格が形成された事例はその典型である。

幕末期のいわゆる「志士たち」は、日本近海に出没する「黒船」への対応が社会的な課題になると、攘夷思考を強めていく。よく例にあげられるように、吉田松陰はアヘン戦争に関する書物を読破している。彼が読破したアヘン戦争関係の書物のなかに、嶺田楓江（みねだふうこう）の『海外新話』があったことは、松陰の著『未忍焚稿（みにんふんこう）』の末尾近くに『海外新話』からの抜き書きが記されていることにも明らかである。のちに詳しく紹介する森睦彦の非常に優れた論文では、松陰と『海外新話』の関係を次のように記している。

> 吉田松陰も阿片戦争に深い興味を示している。（中略）。新話も閲読している。「未忍焚稿」の末尾近くに「嶺田楓江詩」と新話の序文全文と、「例言・総目」、序章に当る「英吉利国紀略」までを筆写しているのは、この記事に特に興味を感じたからにほかならない。『松陰全集』の解題には弘化二年から嘉永三年頃迄の松陰の詩文稿とあり、萩か九州旅行中かに閲読したものであろう。
>
> 嘉永三年の九州旅行から同四年の江戸遊学、同五年の東北旅行に携行した「雑録」の中頃に江戸で交遊のあった人々と思える人名を記入してあるが、横山湖山の名もあり、終りに近く峯田楓江の名も記入されている。これは面談の機会があったか、またその折を得ようと試みたことを示すものであろう。

広範に事態を普及させようと計った楓江の意図はいち早く受けた処分によって、刊行当時には不充分に終ったが、それでも松陰の例のように多くの識者に影響を及ぼしている。また処分によって幕府の態度が明確となり、諸士はそれぞれの主張の公表の方策を立てやすくなったことであろう。〔森睦彦「海外新話の刊行事情」（後掲書・二二二〜二二三頁）〕

志士たちのアヘン戦争の認識・佐藤信淵の場合

佐藤信淵（一七六九〜一八五〇年）は、生存中はその著作はあまり注目されなかったというが、アヘン戦争への危機感を背景にして、『存華挫狄論（そんかざてきろん）』を嘉永二（一八四九）年三月に書いている。「某国侯（ある藩の大名）」の下問に応えるという形式で書かれているが、その序には世界の人々の性質が異なるのはどうしようもない。アジアの人々は礼を尊び、義を行い、それぞれの国境を守り、他国を侵略し、他人の物を奪おうとすることは少なく、このために遠く海外に出て、利益をあげようとする人はまれだ。それに対し、ヨーロッパの人々は、利益をあげることを好み、欲に従って動き、他人をあざむき他人の物を奪おうとする考えが強く、道理に逆らって貪り飽くことがない。このために遠方を滅ぼすことを考え、大きな船に乗って方々の海を航海して、諸国と交易をしようとする、という。アジア人は礼儀の人、ヨーロッパ人は強欲な人、という対比をまず挙げる。

つづけて、ヨーロッパ人は交易のために他国の港に入る時には、まず自国の産物を献上して和親を結ぶ。そうして産物を売買しながら、その国の軍備の状況を偵察し、防備が弱いと見ると、襲撃してその国を奪う。それができないようであれば、しばらくは隙をうかがって、奪うことができるまで待つ。狙いをつければ、永久に子孫たちにもその意志を受け継がせて、最終的にはしたいようにする。これがヨーロッパ人の性質であり、まったく山犬や狼のような心を持っているのであり、きっちりと彼らに備えなくてはならない。

次いで中国が大国であることを示し、ムガル帝国（インド）もかつては大国であったことを述べる。西洋人は中国を「大支那（ゴロートシナ：グレートシナであろう）」、ムガル帝国を「大莫臥児（ゴロートモゴル：グレート・ムガルであろう）」と呼び、この二大国には上表文を奉呈し、自国の産物を貢物として出し、「臣」と称して貿易をおこなっていた。

ところがムガルの皇帝は、快楽にふけり軍務を忘れ、対外防備をおろそかにした。それをイギリスのカピタンに察知されて、軍船を派遣されてベンガル地方を攻撃された。ムガル皇帝は諸侯に命じて出兵させたが、イギリス軍は諸侯の軍が強くないことを知った。イギリスは、日本の明和（一七六四〜七二年）・安永（一七七二〜八一年）のころから、兵力を増強しムガルの諸侯の軍を破って、数か所の城を占領した。西洋諸国もイギリスにならってムガル帝国の海辺に侵入し、とうとう「大莫臥児」（ムガル帝国）は寛政一一（一七九九）年に滅ぼされてしまった。

次いでイギリスは東洋全体の支配のために、中国を没落させる計略を立て、まずアヘン煙草で中国人をだまし、清の軍事力の実態を偵察・把握した。清国の役人の林則徐がアヘンを没収したことで戦争〔アヘン戦争〕を開始し、天保一一（一八四〇）年からわずか三年の間に数千里におよぶ州郡を蹂躙し、八十余の城を攻め落として、江南四省の人民を押しつぶした。中国は大国ではあるが、百余年の泰平によって武備は衰弱していた。イギリス軍と戦うたびに大敗し、百戦しても一度も勝ったことがなく、一城も守ることができず、ついに大金を支払うはめになっただけでなく、広東（かんとん）、福建（ふっけん）、厦門（あもい）、寧波（にんぽう）、上海の五か所の大都会の港を献上して、和睦をすることができた。

もし清国が臥薪嘗胆して復興しないとすれば、西洋の夷人どもは道義に背き、飽くまでも貪ろうとして我が国にわざわいをもたらすであろう。愚老佐藤信淵は、清国が復興して我が国の西の属国となり、西洋の侵入を防止することを期待する。それである藩主の我が国の防海の武備をどのように厳重にすべきかという諮問に応じて、この本『存華挫狄論』をつくるのである、と述べた。

佐藤信淵は東北秋田の出身で、この書を著した時には盛岡藩とつながりを持っていた。ムガル帝国のことはともかく、武士であれば誰しもが「漢学」の教養を身につけており、中国についての関心は高かった。アヘン戦争での中国の敗北は、自らの精神的な文柱である漢学に対する否定と感じられた。さらに、次は日本が侵略されるという恐怖感にも似た感覚が生まれ、それが強烈な海防・攘夷意識に育ったに違いなく、アヘン戦争ショックが日本を覆ったといっても過言ではない。

吉野作造の『海外新話』の研究

こうした幕末のアヘン戦争ショックはそれとして、アヘン戦争を描いた嶺田楓江の『海外新話』がどのような本であるのかを、先行の研究から紹介したい。まず大正デモクラシーの「民本主義」の提唱者で知られる吉野作造〔一八七八（明治一一）～一九三三（昭和八）〕の研究を紹介する。吉野自身の古書収集について記したなかに、それらについて触れた部分がある。

吉野は、古書として『海外新話』を購入し、読んでみると日本の幕末に書かれた鴉片戦争に関する書物であり、興味を感じたという。それで同じ幕末に鴉片戦争を描いた通俗的な古書も買い集めたが、他の古書はすべて『海外新話』を基本としているので、『海外新話』の著者のことが気になった。そのうちに宮武外骨の『筆禍史』を買うと、その本に『海外新話』の著者楓江釣人が嶺田右五郎であり、『海外新話』の著述のために押込め（禁固刑）、ついで江戸追放の処分を受けたことを知った。

やがて『嶺田楓江』（明石吉五郎編）、『楓江遺稿』（山田烈盛編）などの本も入手した。それらによれば、江戸追放後、嶺田楓江は房総半島を歴遊し、ついに居を千葉県君津郡請西村（今の木更津市請西）に定め、教育家として三〇年余を送り、明治一六年一二月に死去したことがわかった。また楓江は詩人としても知られ、軸物も多数残されていることもわかった。吉野はこう述べて、『海外新話』には東洋漁人編『清英阿片之争乱』という、きわめて僅少なる部分にのみ手を入れた明治になってからの復刻本もあるとも記している（原載：吉野作造『閑談の閑談』（一九三三年・書物展望社）。筆者が見たのは、吉野作造『閑談の閑談（抄）』（一九九八年八月・日本図書センター））。

増田渉の研究など

中国学者で、蔵書家としても有名であった増田渉（一九七七年没）は、自身が集めたアヘン戦争に関する幕末の読物は、『海外新話』、『海外余話』、『海外実録』、『清暎近世談』であり、安政二（一八五五）年の『海外実録』を除き、いずれも嘉永年間（一八四八〜五四年）のものであるという。『海外新話』はそれらの中でも最初に出版されたもので、その他のものは形体・様式を『新話』にまねていると評価した。

さらに、『新話』の「例言」の「此編ノ記事、コレヲ『夷匪犯疆録』ニ原ク」などを引用し、そこに記されたように『新話』記事の大体は『夷匪犯疆録』に記載する各地の戦闘報告や、同書に見える挿話的な部分によるもので、読物としての興味を持たせるようにしていると指摘する。

また、明石吉五郎編『嶺田楓江』から嶺田楓江の履歴を紹介し、嶺田氏は代々丹後田辺藩（舞鶴市）牧野氏の家臣で、楓江は父の矩俊の次男で江戸藩邸に生まれた。嘉永三（一八五〇）年一〇月二日に「押込」処分を受け、翌年正月一三日「押込御免」となり、おそらく「三都構へ」（三都居住禁止処分）をうけて、四月一三日に久離願（勘当願い）を差し出して承認された。その後、田辺藩に仕えて「海防」を主とした軍事改革の取調べ役になったこともある、という。

さらに増田は、楓江がすぐれた漢学者・漢詩人であっただけでなく、洋学の学習も行っていることにも注意をする。楓江が『犯疆録』を平易に、軍談風に書きかえて『新話』を著したのは、彼の「籌海（ちゅうかい）の志」（海防の志）に基づく啓蒙のためである。『新話』の巻頭の長編の詩に「天賜前鑑非無意（天、前鑑を賜ふは、意なきに非ず）」と、清の敗戦を前鑑とすべしといっていることからも、楓江の意図を察することができるという〔増田渉「嶺田楓江『海外新話』」など（同著『西学東漸と中国事情』・一九七九年二月・岩波書店）〕。

さらに、アヘン戦争に関する日本での基本史料の一つ『鴉片類集』を対象とする研究の中ではあるが、田中正俊は『新話』が「和約條目」（南京条約）の全文を訓点付き漢文で掲載していることに注目し、そこに嶺田楓江の危機を訴えたいという意志が読み取れるとした〔田中正俊「鈔本『鴉片類集』について」（西嶋定生博士追悼論文編集委員会『東アジア史の展開と日本』・二〇〇〇年三月・山川出版社）〕

山田豪一の論及

アヘン戦争での清国の敗北が、日本に伝えられた当初は、ヨーロッパ文明の侵攻とアヘンの害の浸透は、並行するかのごとくに考えられた向きがあると、山田はいう。それをよく示す事情は、旧幕府の学問所・昌平黌の学生であった斉藤馨がまとめた『鴉片始末（あへんしまつ）』の写本の広がりにうかがえるとする。漢文で記された一二枚に満たぬ『鴉片始末』は、たとえば早稲田大学の図書館に三種類の写本があるが、明治になって早稲田に学んだ学生たちの父親が、かつて江戸に遊学した折に写し郷里に持ち帰ったものを、学生たちが卒業後に寄贈したもので、古い大学ならば何点かはこの写本があるはずだともいう。

天保年間（一八三〇～四四年）には、昌平黌のそばには多くの漢学塾があり、アヘン戦争の敗北が伝わるなかで盛んになる海防論の流行につれて、佐久間象山の跋文を付した『鴉片始末』は、江戸遊学中の田舎侍たちの手から手に書写され、全国に広まったことがわかるとも記す。

現在（二〇〇八年一一月）では、早稲田大学図書館の「古典籍総合データベース」に、「鴉片始末」の写本のうちの一種類の画像が公表されている。また、北海道大学図書館では「北方資料データベース」として、『力石雑記』（勘定吟味方改役や箱館奉行支配組頭などを歴任した幕臣力石勝之助が書写あるいは抜萃した種々の雑記）を公開し、その巻四の八〇頁から一〇二頁に斉藤馨（子徳）撰として、「鴉片始末」の写本の画像が公開されている。亀山歴史博物館所蔵の加藤家文書（亀山藩の家老職であった加藤家の文書であろう）のなかに「鴉片始末」として、インターネットで公開されているものがある。ただし、これは何らかの印刷物のようにも見え、幕末のものではないであろう。

この『鴉片始末』をはじめとして、塩谷宕陰（しおのやとういん）の『阿芙蓉彙聞（あふよういぶん）』（弘化四（一八四七）年）、佐藤信淵の『水陸戦法録』・『存華挫狄論』（嘉永二（一八四九）年）など、アヘン戦争関係の著作は数多いという。また中国渡来の魏源『聖武記』や『聖武記採要』、『海国図志』などの翻刻も相次いだといい、漢文の読める侍たちが読んだだけではない。百姓、町人のため、嘉永元年（一八四八）には、嶺田楓江がかな混じり文で、絵入りの『海外新話』を板刻した。嘉永年間には、ほかに『海外新話拾遺』『海外夜話』『海外実録』、片田舎の武陽でも早野恵『清暎近世談』（嘉永三年、一八五〇年）などの読み物が出版され、夷秋侵寇の恐怖とないまじりになった阿片の毒へのおどろおどろしい恐れが広く伝えられる。板刻された読み本は、妄りに政道を論じた罪で、例えば、嶺田楓江は江戸町奉行・遠山左衛門尉の手で二年の押込、三都構えに処せられ、挿し絵師は獄死した。『聖武記採要』を翻刻した鷲尾毅堂も奉行所の詮議を避け房州に逃げている。が、禁圧にもかかわらず、読み本の方はその後も手をかえ品をかえ出たし、『鴉片始末』を侍たちが筆写し郷里に持ち帰る分にはとどめようがなかった。

とする〔山田豪一「日中阿片小史」(同編『オールド上海・阿片事情』・一九九五年七月・亜紀書房・五〜六頁)〕。

森睦彦の研究とその紹介・初版本について

以上に紹介したように『海外新話』は幕府により絶版処分とされ、著者の嶺田楓江は「押込」、その後に「三都構へ」という処分を受けた。先にも引用したが、この『海外新話』の刊行とその禁止について、関連する史料とともに詳しく紹介した優れた研究が、森睦彦によってなされている。

森の研究は『海外新話』に関する総括的かつ基本的なもので、現存する史料による限り、これを超える研究はおそらく現れない。森睦彦「海外新話の刊行事情」(図書学論集刊行会『長澤先生古稀記念 図書学論集』(一九七三年五月・三省堂))がその優れた論文であるが、一般に容易に参照できる本ではないように思われるし、森論文を抜きにして『海外新話』の刊行事情は語れないので、森論文を詳しく紹介する。

『海外新話』の刊行事情に関する関連史料は、国立国会図書館蔵の『旧幕引継書』の『市中取締類集 書籍之部』にあると森は指摘し、論文中に詳細に原文史料を引用して論じる。以下、森論文をなぞりながら紹介したい。

森は、『海外新話』の出版について、上述の史料を整理する。森論文には原文の史料が引用されているが、原文史料をそのまま引用すると森論文の悪しき剽窃になるので、史料部分は筆者のまずい要約とし、森論文の大要を紹介したい。なお、原文史料は森論文以外では、『大日本近世史料・市中取締類集一・同二』（一九八八・一九九八年・東大出版会）にも収められている。

①嘉永二（一八四九）年、アヘン戦争を題材とした筆者不明の五冊本が出まわっていることに気づいた学問所は、町奉行にその本の調査を依頼し、町奉行は町年寄にその調査を命じた。

②同年一二月、町年寄の館市右衛門は、次のように返答した。その本は『海外新話』であり、著者は丹後田辺藩牧野河内守の家来の嶺田半平の次男の右五郎である。右五郎の依頼により江戸馬喰町の書物問屋の菊屋幸三郎が、一一月二五・六日から一二月二日までに、五〇部を製本して右五郎に届けた。幸三郎の申し立てによれば、幸三郎の方で売りさばく予定はないとのことである。また、先に完成した五〇部以外の刷り上ったものと製本が完成しているものは、書物懸の名主から申し聞かせ、とりあえず新たなものは禁止し、完成したものは差し押さえた。これ以上の調査は、右五郎が武家の次男であるので、御番所でじきじきに行ってほしい。

③翌三（一八五〇）年二月に町奉行遠山左衛門尉は、林大学頭ら学問所に対して没収した『海外新話』五冊をそえて、絶版にすべきものか世上に流布させてもよいものかを問い合わせた。〔天保一三（一八四二）年に出版については私家版を含めて、書物掛名主を通じ町年寄から町奉行所に届け出て、学問所などで草稿の検閲を受けた後に出版するように命じられたのに、『海外新話』はこの手続きを取

らなかった。それで、改めてこの手続きを取った場合に、絶版とすべきか出版が認められるかを問い合わせたのである、と森はいう」。

④同年三月、学問所は「世上流布いたし候ては、宜しからざる品にいたされ候」と町奉行に答申した。

⑤さらに同四月、町奉行所は嶺田右五郎を取り調べたところ、次のような事情がわかったとして、改めて学問所の見解を問い合わせた。嶺田右五郎は、浪人の安喰大太郎という者から『夷匪犯疆録』などの写本を譲り受けたが、その本には近年のアヘン煙草のことからイギリスが清国に押し寄せて戦争をした状況が明瞭に記されていた。この『夷匪犯疆録』は、兵学に関心のある者にとっては心得ておくべきことが記されているものの、中国から渡来した原本のままでは理解しがたく、初学の者でもわかるように書き綴り、図面なども加えて『海外新話』と表題した。

門人や同志の者たちに一覧させたいが、写本では面倒なので、学問所の審査を受けずに内々に自分たちで板木を彫刻して、書物屋菊屋幸三郎に刷りと製本を依頼した。御触れでは内緒で出版をした場合には、どのような書物であれ板木を焼き捨て絶版とすることになっているが、しかし舶来の書物を絵入りの仮名本でわかりやすく和解した本や、海外の戦争について書き綴った本の出版を禁止するという御触れはないので、『海外新話』は禁止の書物とも決めがたい。

本件については、嶺田右五郎が学問所に届け出て草稿の検閲を受けなかったことに対する罪なのか、禁止された書物を勝手に著述し出版したことに対する罪なのかの区別によって、罪の軽重があるので禁止された書物に相当するのかどうか、学問所ははっきりとした判定を行ってほしい。

⑥学問所は、これに対して次のように返答した。『海外新話』は、まったく『夷匪犯疆録』を仮名書きにしたに過ぎないとのことである。確かに異教妄説を勝手に著述したわけではないが、このような類のものは著作も和訳も書物の体裁では開板してはならないと決定した。この『海外新話』は開刻差し止めとするが、著述をしたわけではないので、嶺田右五郎の処分については、学問所の検閲を受けないで開板をしたという点にとどめるべきであろう。改めて学問所の検閲を受ける場合には、開板見合わせを申し付けることになる。

以上によって嶺田右五郎（楓江）は、嘉永三（一八五〇）年一〇月に禁錮刑となり、翌四年四月に許された後に三都の居住を禁じられた。森論文は以上に加えて、書物問屋菊屋幸三郎について、手配も終わらないのに刊行したという理由で五貫文の過料に付されたことが『藤岡屋日記』に見られることを紹介している。

森論文の紹介・重版本について

森論文はさらに、嘉永三年五月に『海外新話』を重版しようとした者たちが検挙されたことについても、詳細に触れているのでその部分も紹介したい。森論文は原文史料が引用されているが、前項同様に拙文の大意による。（原史料のことについては既に記した）。

町奉行所の市中取締掛が『海外新話』の重版が出回っていることを知り、町奉行所の臨時廻に調査を依頼し、臨時廻から報告があった。

先年のイギリス人が清国に押し寄せたことを『海外新話』という題で、著述し板木を彫った嶺田右五郎の一件がまだ吟味中なのに、小日向水道場・御鑓奉行の高木大内蔵組同心の深川四郎次郎方に同居の判木師・高谷熊五郎は、その本をひそかに重版した。他に武家の一、二が加わり、一部につき一五匁くらいで売りさばいたようだ。

また、貸本屋卯兵衛は『海外新話』の重版にかかわって、それほどの大金ではないようだが金主となって金子を都合した。本仕立職人の鉄三郎は板木の彫刻に加わり、二〇〇部ほど仕立てた。しかし、鉄三郎の仕立料が高いというので、他の者に仕立てを依頼したことから、高谷熊五郎といい争いになったようだ。ただし、卯兵衛と鉄三郎はいい争いをしておらず、重版した部数は楽に売りさばいたようだ。

臨時廻からのこの報告によって、市中取締掛は書物掛名主に命じて、鉄三郎のところで板木七四枚、製本済みの本一〇部、印刷済みの用紙三〇一〇枚を押収した。ただし、五〇部を仕立てたうち四〇部はすでに売りさばかれているので、なんとも処置できない、とも付記されている。

仕立てた部数は、前に二〇〇部とあり、後に五〇部とある。森は、嶺田楓江の取調べが始まって数か月であること、関係者が少人数であることなどから、五〇部がおそらく実数であろうとする。また、重版関係者の処分については未詳であるといい、「楓江が未処分であるというのに、すぐ重板が密かに行われたことは、庶民にまで海外事情が流布するのを恐れている当局側に一層の警戒心を強めさせ、楓江に対する処分を重くしたことであろう」と述べている〔森論文一八頁〕。

以上の森の研究により、『海外新話』はまず嶺田楓江らが自から板木を彫って、菊屋幸三郎に刷りと製本を依頼して刊行した一種、貸本屋卯兵衛（もしくは卯之助）が金主として武家の高谷熊五郎が板木を彫り、鉄三郎に刷りと製本をさせた一種の少なくとも二種類の板本があることがわかる。楓江自身が板木を彫った本は五〇部が完成して楓江に手渡されたとあり、鉄三郎に刷りと製本を行わせたものが五〇部のうち一〇部が没収され、四〇部が売りさばかれた。もちろんこれらの数字はあくまで公的なものであるから、実数がどの程度であったかは不明というほかない。

追手門学院大学図書館所蔵本と本書の影印本

ところで追手門学院大学の図書館にも『海外新話』が所蔵されているが、本書で紹介する『海外新話』とは、若干の差がある。本の左右の幅はほぼ同じであるが、上下の外罫枠が大学所蔵本の方が四ミリほど短い。よく似た字体の彫りではあるが、大学所蔵本の方が字がやや太い。もし、森が紹介した二種類しか板本がないとすれば、ここに紹介する影印本が楓江自身の板木になるもので、大学所蔵本が高谷熊五郎の板本になるのであろう。なお、関西大学図書館に所蔵されている増田文庫（先に紹介した増田渉の収集本を一括収蔵）本は、ここに紹介するよりもはるかに美麗な本であるが、ここに紹介する本と同一の版である。

『海外新話』の近代の復刻本

吉野作造などが『海外新話』の明治になっての復刻本と指摘した東洋漁人編『清英阿片之争乱』は、国立国会図書館の近代デジタルライブラリーで『清英阿片之騒乱』（明治二一年二月・清暉閣）として、全文が画像として公開されている。

また田中正俊は、『海外新話』は『通俗二十一史』と題して早稲田大学出版部から刊行された全一二巻のうち、第一一巻（一九一二年、明治四十五年刊）に、『鴉片戰史』全五巻の名で収められていることを指摘している〔田中正俊・前掲論文・四九七頁〕。

『鴉片始末』によるアヘン戦争の紹介

『海外新話』の基本的な性格は「読本」であり、アヘン戦争の場面場面での物語を集めた「物語集」である。物語として読むことが優先されているので、これを読んでアヘン戦争の全貌がつかめるというものではない。そこで、武士たちの間で盛んに書写されたという斉藤馨（竹堂・子徳）『鴉片始末』を中心に、他の資料も参照しながら、アヘン戦争を概観しておきたい。

アヘンが中国に入ってから三〇〇年ほどが経過し、乾隆年間（一七三五～九五年）には外国人が売ることや中国人が摂取することを禁じたが、道光一七（一八三七）年まではイギリスによる密貿易がきわめて盛んであった。翌一八（一八三八）年に黄爵之（黄爵滋（こうしゃくじ））はアヘン厳禁の上奏をした。清の道光帝は黄爵滋のアヘン厳禁論に対する諸臣の意見を求め、そのうちの林則徐の上奏を最上と認め、一一月一五日欽差大臣（皇帝から特命事項につき全権を委任された欽差官のうちの三品以上）に任命して関防印（公印）を与え、アヘン厳禁策の実行にあたらせた。

林則徐は、当時唯一対外貿易が認められていた広東港を擁する広東府に着任し、イギリス人に対して所持しているアヘンの全量の提出を求めた。イギリス側ではさまざまな抵抗が試みられたが、林則徐はイギリス商館のイギリス人を監禁して全量の提出を求めた。イギリス側の責任者の貿易監督官・エリオットは、やむをえずアヘン全量の提出をイギリス商人に命じた。提出されたアヘンは塩と混ぜられ、海水をかけた上で、石灰を混ぜて海に流した。

イギリス側はアヘンの没収、イギリス人の監禁を中国の「暴挙」であるとして、広東から引き上げマカオに移動した。これに対し林則徐は広東でかつて行ったように、イギリス人への食料の供給を停止させ、イギリス人の雑用などを行う中国人にイギリス人との接触を禁止した。マカオにはポルトガル人が居住を黙認されていたが、ポルトガル人の権利として承認されたものではなかった。このために林則徐のイギリスへの圧迫をポルトガルは承認せざるを得ず、イギリスはポルトガルに迷惑をかけることになるので、マカオから出ていかざるを得なかった。

こうして香港近くの海上の船で生活をせざるを得なくなったイギリス人に対して、林則徐は追い打ちをかけるように、沿岸の人々にイギリス船への食料の供給を禁止した。イギリスは軍艦二艘を香港付近に移動させ、そのうちの一艘の長の蘇密多（ソミット）〔正しくはスミス〕は、中国船は近くに寄らない方がよいと忠告した。中国船はそれを無視して近寄ったために、一隻は破砕されて空に舞い上がり、三隻は大砲により沈没させられ、多数の死傷者を出した。これにより中国人はイギリス船に食料を売ることができるようになった。

『鴉片始末』の描くアヘン戦争・その2

イギリスは、喜望峰やインドなどで兵を集め、一八四〇年五月二二日大船二艘がマカオに姿を見せた。一艘の長は布冷墨児（ブレイメル）〔正しくはブレマー〕、もう一艘の長は阨児利阿多（エルリヲット）〔George Eliot：ジョージ・エリオット。広東の貿易監督官のCharles Eliot：チャールズ・エリオットの従兄で、両エリオットは仲が悪く、ジョージ・エリオットは一八四〇年一一月に急病の口実で本国に戻った〕であった。二艘の大船以外にも鉄を溶かして作った蒸気船があり、ロンドンまでの一万三千里を一〇余日で往来できるものである。

この船団は北上して上海の南の杭州湾の出口の舟山（しゅうざん）列島を攻撃し、列島の定海県の知県（県の長官）姚懐祥（ようかいしょう）に道光二〇（一八四〇）年六月五日付で投降勧告文を送った。中国側は投降せず戦ったものの、指揮官張朝発（ちょうちょうはつ）は重傷を負い、知県の姚懐祥は島にある名刹の普陀寺の池に身を投げた。

六月二四日、イギリス軍は杭州湾の北岸の乍浦（さほ）を攻撃し、陥落されそうになったが、なぜか攻撃は中止された。

日付不明、イギリスの艦隊司令官ブレマーは、厦門（アモイ：台湾中部に対応する大陸側）では、白旗を掲げた小船を派遣して降伏勧告の書状を渡そうとした。中国側はいっさい受け付けないで攻撃をしたので、ブレマーは憤りながら舟山島に引き揚げた。【アモイでのいざこざは七月のことである】。

日付不明、イギリスは寧波を攻撃した。【七月のことで、イギリスの外務大臣の書状の北京への伝達を、中国側が断った】。

日付不明、エリオットはさらに北方に進み、和議を道光帝に上申するほか、遼東にまで出向いて地勢を観察した。道光帝は欽差大臣琦善（きぜん）に命じて、北方の地は交渉に不便であるので、南の広東で皇帝からの意向を聞いてほしいと伝えさせた。エリオットは広東へ戻った。【天津を流れる白河の河口で、八月から九月にかけて琦善は両エリオットと交渉し、交渉を広東で行う同意を取り付けた】。

九月二〇日、寧波の近くの余姚（よよう）県にイギリス船が一艘やって来て、暗礁に乗り上げた。船から盛んに大砲を放ち、その砲声で船が裂けた。夷人たちは小船に乗って逃げたが、女の指揮者がいて、周囲に集まった住民たちと戦い、ついには捕えられた。年齢は一八歳くらいで、輝く瞳で、髪は漆黒、肌は真っ白であった。イギリスの支配者には三人の女性がおり、一人は今の女王で、二人目は副将としてイギリスにおり、三人目がこの娘ということだった。イギリス人たちは彼女を釈放してほしいと懇願し、今までに奪った地をすべて返上すると約束した。定海の欽差大臣伊里布（いりふ）と広東の欽差大臣琦善は、皇帝の許可を得るために上奏したが、皇帝の許可の出ないうちにイギリスの申し出を受諾して、道光二一（一八四一）年にこの女性を釈放した。イギリスが撤兵するというのは偽りで、すぐに広東に侵入し、香港一帯を攻撃した。

清の道光帝は激怒して、伊里布と琦善を免職とし、監禁して北京に護送することを命じた。琦善は道中で自殺した。【九月二〇日条以降のここまでの情報は『鴉片始末』によるが、これらの情報は、すべて誤報と誤解である。イギリス王室の女性が捕虜になったことはない。伊里布はイギリス軍の舟山島占領への対応として欽差大臣に命じられ、対応が不十分であるとして免職され、後に復権しアヘン戦争の終結に立ち会った。琦善が免職されるのは、林則徐を糾弾するために広東に赴き、そこでエリオットと香港割譲などを約束し、これが道光帝の逆鱗に触れたためである。琦善は罪を科されたが、後に復職し林則徐の二代後の陝甘総督（西域の陝西省と甘粛省の総督）となっており、林則徐の死後に太平天国の乱の対応のための欽差大臣となり、一八五四年陣中に没した】。

これより先、林則徐はイギリスを刺激し、混乱を招いた、という理由で免職となり、ここにいたって浙江省寧波の便宜従事という職に就任させられた。【これも拙略で、一八四一年五月に浙江の軍営での勤務を命じられ、六月に新疆の伊犁（いり）に流罪同様に派遣された。しばらくして罪を許され一八四五年臨時の陝甘総督となり、一八四七年雲貴（雲南と貴州）総督、一八五〇（陽暦五一）年太平天国の乱に欽差大臣に任命され、平定に向かう途中に病死した】。

『鴉片始末』の描くアヘン戦争・その3

道光帝はイギリスとの本格的な戦争を決意し、皇族の奕山（えきざん）を靖逆将軍として広東に派遣し、イギリスに対決させた。四月一日広東に到着した奕山に対し、エリオットは商館からイギリス人を退去させた。

翌四月二日、イギリスは広東城を砲撃し、清の水軍の艦船四〇艘を破砕した。清側の死者は一万人余、イギリス側の負傷者は三人であった。

四月四日、イギリス軍は広東にあった外国の商館をすべて回復した。商館にあった品物はすべて盗賊に持ち去られていた。

四月五日、イギリス軍は上陸して東北の山の上に陣地を設けた。清軍は広東の街に入ったが、山上と船上からの挟撃を受けて敗走した。【この戦闘以前にすでに二月にイギリス軍は広東を攻撃し、清軍に対し圧倒的に優勢を保持した】。

イギリスは勝ちに乗じて、清軍が六〇里後退すること、銀六〇〇〇万両を支払うならば、イギリス軍は引き揚げ、広東で占領した城や砲台を返還すると告げた。清側は五〇〇〇万両を支払い、イギリスは引き揚げていった。【この和約は「広東和約」と呼ばれ、エリオットと広州の知府（府の長官）の余保純との面談により成立した。清側の支払いは六〇〇〇万両であった】。

これより先、イギリス女王は派遣軍の持久戦あるいは敗北に備えて、噗噃喳（Sir Henry Pottinger：ヘンリー・ポッティンジャー）と彪吾臥烏古（Sir Hugh Gough：ヒュー・ゴッフ）に軍を配して、前軍を継承させた。【ポッティンジャーは貿易監督官エリオットに代わる貿易監督官で清との条約に関わる全権を委任されていた。ヒュー・ゴッフは将軍。他に提督としてSir William Parker：ウィリアム・パーカーが任命された】。

七月、ポッティンジャーとゴッフはマカオに到着した。清軍は六〇里外へ後退の途中にこれを聞き、引き返して城や砲台を補修した。イギリス軍はそれを攻撃した。【ポッティンジャーとパーカー提督のマカオ到着は六月二四日（陽暦八月一〇日）のことであり、ゴッフは三月以前に中国に到着していた】。七月一〇日、イギリス軍の一隊が厦門（あもい）を攻撃し、上陸して占領するとともに、兵器を奪い、物資を人々の略奪するに任せ、三隻の兵船を残してアモイを守備させた。

八月一八日、イギリス軍は定海（舟山島の中心部。一時はイギリスが占領したが、清に返還された）を攻撃し、抵抗する清軍を破って陥落させた。二六日には鎮海（杭州湾の南側で舟山列島に向かい合う大陸側の街で寧波のそば）を攻撃し、陥落させた。さらに寧波に進むと、清軍は戦うことなく敗走した。

清軍はこの後、定海、寧波、鎮海を回復するために攻撃をしかけたが、ゴッフは舟山におり、清軍の反撃を許さなかった【清軍の攻撃は一八四二年一月のこと】。ゴッフは杭州（杭州湾の奥で湾に流れ込む銭塘江（せんとうこう）の河口の街）を攻める途中で作戦を変更し、杭州湾・銭塘江の北岸の乍浦（さほ）を攻撃した【一八四二年四月九日（陽暦五月一八日）】。

乍浦では清軍は伏兵を配置するなど抵抗し、イギリス軍は激しい砲撃を浴びせる一方で、白兵戦を展開し、人家にも踏み込んだ。多数の婦女子は逃げる機会をのがし、わが子を刺殺し、自らは首をくくって死んだ。イギリス軍の犠牲者も少なくなかった。

イギリス軍はさらに進んで揚子江（長江）を奪取しようとした。長江を奪われると運河網を通じて一挙に北京が狙われるので、清軍は江口に砲台を築き防備を固めた。

五月八日、イギリス軍は長江の江口を攻撃し、清軍は江口から撤退した。イギリス軍は転じて上海を攻撃し、清軍の提督陳化成（ちんかせい）はこの戦いで戦死し、上海は陥落した。一二日にはイギリス軍は長江を遡上し、鎮江府（長江流域の南京の下流すぐ）を攻撃し、これを陥落させた【鎮江府陥落は六月一四日（陽暦七月二一日）】。

鎮江の陥落により、南の中心の南京の陥落も目前になったので、道光帝はイギリスに和議を申し入れることとした。かつて一度は免職にした伊里布（いりふ）を宰相とし、新に耆英（きえい）を欽差としてイギリスと交渉させた。二人はポッティンジャーと交渉して講和の条件を取り決めた。【講和のための折衝は、伊里布と耆英のほかに両広総督牛鑑（ぎゅうかん）が加わって、四二年六月ころから行われた】。

『鴉片始末』の南京条約の要約とその後

一、清国が処分したアヘンの代金として、銀二千一百万両をイギリスに支払うこと。今年六百万両、以後毎年五百万両、利として二分を加える。

二、広州、福州、寧波、厦門、上海の五地を分けて、イギリスの貿易の地区とし、家族を来住させること。

三、香港はすべてイギリスの管轄に帰すること。

四、イギリスに関係する逮捕者は、すべて釈放すること。

五、欽差の者は互いに相談し清国皇帝の裁可を得てから命令を発すること。ほしいままに法を発したり、刑期を決定しないこと。
六、清の管理はイギリスの官吏と修好し、あえて争いを起こさないこと。
七、今年の六百万両が納められれば、南京と上海の戦艦は、舟山と古浪嶼（コロンス：厦門の直近にある島）に退去する。ただし二千六百万両の皆済まではとどまり、イギリスは皆済後にすべての戦艦を引き上げる。【南京条約は全文一三条であり、一八四二年七月二四日（陽暦八月二九日）南京に停泊したイギリス軍艦コーンウォリス号で調印された。なお、『海外新話』の引用する南京条約には、条文に脱落がある。拙稿「『海外新話』の南京条約（『追手門学院大学文学部紀要』四二号・〇七年）参照】。

清の道光帝はすべてを裁可し、和議が決定した。イギリス軍も清軍も続々と引き揚げ、帰途についた。道光帝は福州については承認できないので、他の地区との交換を望んだが、それを察知したポッティンジャーは、その地で急いで貿易を開始したので、他の土地に代えることはできなくなった。また、伊里布は命を受けて広東へ行き、ポッティンジャーと会って船舶の往来や課税のことを議定した。

これより前、イギリス船の納喇吥噠（ネルブッダ）と阿納（アン）の二隻が台湾の近くで風に遭い難破した。付近の住民たちはイギリスの侵略に憤っていたので、四隻の船を出してイギリス人らを捕えた。台湾鎮台の総兵（鎮台の師団長）の洪達阿（正しくは達洪阿（たつこうあ））と道官（台湾の地方支配官）の姚瑩（ようえい）は、逮捕者を殺害した。ポッティンジャーはこれを無罪の者を勝手に殺害したとして、自から武器を取って殺害した者の責任を問うと道光帝に上奏した。道光帝は大慌てで欽差大臣耆英に命じて、ポッティンジャーに繰り返し謝罪させた。【ネルブッダ号の難破は一八四一年九月のことで、アン号の難破は翌四二年三月のことである。南京条約の折衝の過程でポッティンジャーはこの事件を問題にした】。

四二年一一月、広東で清国の食糧運搬に従事する者とイギリスの番兵とが衝突し、付近の民衆は外国商館に放火した。イギリス軍のゴッフは、香港に帰る途中にこれを聞いて広東に駆けつけ、清側の首謀者を逮捕した。北京に向かっていた伊里布は引き返して、付近の民衆にイギリス人と修好するように求めた。民衆の中に不満は残り、四三年には伊里布は病死した。こうしたこともあって、広東での交易はやがて途絶した。【広東での交易の途絶は事実ではない。広東でのイギリスの交易活動は活発であったし、イギリスに反感を持つ民衆の抗英の動きも盛んであった】。

四三年五月、乍浦にイギリス船がアヘンを積んで入港したが、交易をする者はいなかったので、空しく引き揚げた。香港と舟山だけが元のように交易を行うこととなった。【南京条約以降アヘンの交易は上海が中心となり、舟山の重要性は激減し、「魔都上海」と呼ばれる繁栄が上海にもたらされた】。

＊補訂に使用した文献は主として次の三点である。
•矢野仁一『アヘン戦争と香港』（一九三九年七月・弘文社。復刻一九九〇年二月・中公文庫）
•陳舜臣『実録アヘン戦争』（一九七一年六月・中公新書。復刻一九八五年三月・中公文庫）
•復旦大学歴史系・上海師範大学歴史系編著、野原四郎・小島晋治監訳『中国近代史1・アヘン戦争と太平天国革命』（一九八一年五月・三省堂）

『海外新話』概要

奥田　尚

*影印によって容易に原文を読んでいただけるので、参考に供するために概要を示すことにした。

*影印によりルビは明らかなので、概要のルビは現在風に適宜に付した。

*逐語訳ではなく。大要を示した。文字は原則として現在の字体とし、表記をできる限り統一した。

*たとえば「アヘン」は、「烏片」・「鴉片」・「阿片」などさまざまに表記されるが、「アヘン」に統一した。

*人名については、明らかな誤りは正し、外国人名は主としてカナ表記とした。

*概要と影印の当該箇所に各々の対応頁数を算用数字で示し、総目にもその頁数を記した。

『海外新話』総　目

目次終

『海外新話』巻之一

概要（「烏片煙流毒　付　黄爵滋上書事」までの「英吉利記略」などは省略した）

アヘン煙草、毒を流す。付たり、黄爵滋がアヘンの害を皇帝に上奏した事〈210〉

アヘンが毒を流すようになったのは、今からおよそ三百年前からのことである。アヘンはアラビヤやインドから中国に伝わった。最初は広東省を中心とした粤省（広東省・香港からその西側）の海岸の人々だけが、アヘン煙草を吸うだけで、それほど広まらなかった。アヘン煙草はほとんど味がないようながら、何ともいえない微妙な味わいがあり、一度味わうと忘れることができなくなる。悩みや苦しみのある人が用いれば、悩みも苦しみも消え去り、心の底からおだやかになり、あたかもよい酒を口にしてかすかに酔ったような気分になる。だからだんだんと流行して、王公をはじめとして下は庶民にいたるまで、アヘンを好まない者はいなくなった。そうなってから夷国の商人たちは、自分のやりたいような状況になったので、年々大量に広東にもちこんでは、中国の金銀と交換して莫大な利益を上げた。

もともとアヘンの煙は人を害するものである。常にこれを吸うようになると、精神をすり減らして血液を損ない、やがて病気を招いて薬も効かなくなる。それで乾隆年間（一七三六～九五年）に禁止令を出して、アヘン千箱を焼き、禁令を破った場合の処罰を定めた。中国国内の商人たちがアヘンを売った場合には、首枷を一か月つけることとし、杖で百回たたき、三年間辺境の守備につかせることとする。官人といっても、禁令を破れば、免職とし首枷二か月の上で、三千里以上離れた場所に流罪とするか、奴の身分に落としさまざまの仕事にこき使うことにする。禁令の破り方の軽重によって、厳重に処罰をした。一時はこれを恐れて鴉片を扱う者はなかったが、時間とともに法もゆるんできて、人々はまたアヘンを以前のように吸い始めた。

嘉慶二〇（一八一五）年には、再びアヘン三千余箱を燃やし、前の法令を適用することとしてアヘンを禁じたが、アヘンを吸う習慣に染まってしまっていたためにやめさせられなかった。とりわけ海沿いに住んでいる人々は、はるか沖まで船を出しイギリス船の来るのを待ち、アヘン煙草をさまざまな品物と交換して、それを中国の国中で売りさばいた。国内の人々も他人にみつからないように、無人の場所や締め切った暗い部屋でアヘンを吸った。こうした状態で、根本的な禁止はできなかった。

今の皇帝（宣宗皇帝＝道光帝・一八二一～五〇年在位）の道光七・八（一八二七・二八）年ころには、イギリス商人はふたたびアヘン禁止令が出されるのではないかと恐れながら、広東に駐在する役人たちにワイロを贈って禁令の適用をのがれる工夫をし、公然とアヘンを持ち込んでいた。諸役人もワイロに心を奪われ、アヘンの持ち込みを禁止しようとはしなかった。こうしてそのころアヘンは貿易の最大の品目となり、持ち込まれた量は六千万斤を下らなかった。

道光一八（一八三八）年山東出身の黄爵滋という官僚が、アヘンが中国に大害をもたらしていることを深くうれい、アヘンの禁止を皇帝に上奏した。その内容は次のようなものであった。近年の中国では金銀が不足し、人々も困窮している。それはすべてアヘンの流行のためである。豊かな人々は自分の財産をアヘンに使い、貧窮の者であってもアヘン煙草を吸いたくてたまらないので、家財を質に入れ田畑を売り、その金でアヘン煙草を買い求め、仕事がなくなってしまう。こうして遊民や無頼の人間は日々に増加しつづける。アヘンを今禁止しなければ、中国の財宝は夷人どもに奪い尽くされてしまう。金銀を得る苦労とは比較にならないほど、アヘンの製造は簡単である。簡単に作れるアヘンを、苦労をしなければ得ることのできない金銀に交換するなど、あってはならないことである。一日アヘンを禁止しなければ、一日分の害が生じ、ひと月禁止しなければ、ひと月分の難儀が生じる。国家の一大事になる前に禁断すべきである。このように忠義の心を尽くして道光帝に申し上げた。

帝は黄爵滋の上奏を認め、朝廷の臣下たちに命じて議論させたところ、アヘンを禁断すべきだという意見で一致した。そこで法を定めて、一〇人を一組として「保」と呼び、一〇人の者が連帯責任として罰を受けることにした。アヘンを持っている場合だけではなく、アヘンを吸うための喫煙具を持っている場合も死罪とした。官吏がアヘンを見逃して糾明しなかった場合には、役職を奪い死罪とした。

こうした上で、広東に在留するイギリス商人たちに、建物や船中にあるすべてのアヘンを持ち帰り、今後二度と持ち込んではならないと命じた。この命令を聞いた夷人たちは、今後はアヘンによる貿易の巨大な利益が失われるので、非常に憂い嘆いた。しかし、厳禁の命令なのでなすすべなく、すぐに数十の商船は広東の港から引き揚げていった。

海外新話巻之一　終

『海外新話』巻之二

林則徐奉命掌広東政務事（林則徐、命を奉じて広東の政務を掌る事）〈136・214〉
　於虎門焼燬鴉片図（虎門において鴉片を焼燬する図）
英国使節到広東府事（英国の使節、広東府に到る事）〈138・219〉
楊靖江於穿山洋襲夷船事（楊靖江、穿山洋において夷船を襲ふ事）〈139・221〉
英吉利王命義律発船軍事（英吉利王、義律に命じて船軍を発する事）〈141・223〉
　爹模河発船図（爹模河に発船の図）
英夷陥定海県城事　幷図（英夷、定海県城を陥す事幷びに図）〈142・226〉
袁兆魁探定海夷情事（袁兆魁、定海の夷情を探る事）〈145・230〉
出青田県怪獣事　幷図（青田県に怪獣出る事　幷びに

図）〈146・234〉

概要

林則徐が広東の政務を掌握した事〈214〉

黄爵滋が道光帝に上書をしたので、アヘンを禁止することになり、厳重に取り締まりが行われることになった。けれどもアヘンを好む人々は、アヘンの煙を一日吸わないだけでのどの渇きや飢えよりも苦しくなるので、特に海辺の人々は禁止令を破りがちであった。

ずる賢い商人たちはそれを利用して、隠しておいたアヘンを売っていた。そうしたことが道光帝の耳に入ると、道光帝は憤激して群臣に、アヘン吸引の根を絶つ方法を審議させた。臣下は次のように述べた。国内に残っているアヘンは、それを隠し持っているとしても、広東からの流入を防いで少しも入れさせなければ、すっかり消えてしまうことになる。今なお根絶できないのは、夷人がひそかに持ち込むからである。適切な人物を選んで取り締りに当たらせるべきだ。道光帝は誰が適任かを問うたところ、林則徐という人物が推薦された。林則徐は公明にして正直で、果敢に事にあたる人物である。林則徐を「総督」に任命し、広東の政務を担当させるべきだ、ということであった。朝廷の審議はこれに決まった。こうして林則徐は広東総督（実際は皇帝に直属する欽差大臣）に任命された。

林則徐は多くの人々の中から選ばれ大任を命じられたので、皇帝の恩義を心に刻み、必ず今度はアヘンの煙の根源を断って、中国の財貨が国外へ流出することを防いで、中国を豊かにしようと天地に誓った。道光一九（一八三九・日本の天保一〇）年、北京を出発して九千里の道のりを広東府に到着した。

まず夷人たちの集まる商館に入って観察すると、去年広東から立ち去った異国の商人たちが戻って来て、商館のなかにたくさん集まっていた。港へまわると二四艘のイギリス船が、帆柱を接して停泊していた。広東の中国人の悪賢い商人たちも、しきりに夷人の商館に出入りして、夷人のためにさまざまに働き、ひそかにアヘンを売買している様子であった。

林則徐はこうして禁令が行われていないことを知ると、鄧廷楨（広東と広西の両省の総督の両広総督）とともに会議をして、アヘンを厳禁させるための手段を決めた。まず中国人たちを呼び集めて、「アヘンの売買については昨年の禁令があるので、それを厳守して少しの違反もしてはならない」と告げ、次のように諭した。「もともとアヘンは毒であることは、夷人たちが一番よく知っており、それで自分たちの国ではアヘンの吸引を厳禁しておいて、中国では人々を欺いてアヘンを吸わせている。

おまえたち中国人は長い間夷人たちに騙（だま）され、アヘンの煙毒が身体を損なうことを覚らないでいる。それはまるで猩々（しょうじょう）が大好きな酒を飲んで狂い死にし、蛾が好きな灯火の光に集まって焼け死ぬようなものだ。あまりに無知に過ぎるではないか。以後、禁令に違反してアヘンを吸う者は、決して容赦をしない」と。

次に商館の夷人に対して、今年に持って来たアヘンがあれば、三日以内にすべて差し出せと厳重に通知した。しかし、夷人らは自分で自分の密輸の罪を認めることになるのを恐れて、三日を過ぎても反応しなかった。林則徐は激怒して、「去年の禁止令を考慮にも入れず、ひそかにアヘンを持ち込んで中国の財宝を貪ろうとするとは、憎い夷人どもめ。もし本当にアヘンを出さないつもりなら、お前たちを皆殺しにして誰一人帰らせない。幸いにもオランダ（和蘭陀）、フランス（狒朗西）、アメリカ（米利加）の夷人たちが現地にもいるので、それらの夷人たちにも他の日に法を犯す者への戒めにするぞ」、と林則徐は数百人の手下に武器を持たせてイギリス商館に押し寄せた。夷人たちはたまりかねて千三百十七箱のアヘンをすぐに差し出した。

林則徐はまだまだ数が不足しており、隠しているはずだと考え、再三差し出すように要求したが、夷人どもはいろいろいいつくろい、あらゆる計略を用いて出そうとはしなかった。林則徐はそこでまた一計を考え出して、兵士に命じて港につないだ連絡用の小船を奪って、夷人らが本船に連絡できないようにし、更に地元民に命じて一切の食物を夷人の商館に運び込むのを禁止した。その上に商館内で夷人のために雑用をしている中国人を館外に追いだして、居ながらにして夷人たちを苦しめた。

夷人たちが飢えて飲み水もなくなり困り果てて、どうしようもなくなったのを見て、林則徐は次のように夷人たちに伝えた。隠し持っているアヘンの四分の一を出せば、雑用係の中国人を戻してやる。半分を出す者には食料を与える。四分の三を出せばかつてのようにアヘン以外の貿易を認めよう、と。夷人たちは飢えに苦しみ、策略をめぐらす気力もなくなり、ついに隠し持っているアヘンのすべてを差し出し、その上に禁令を犯したことを謝罪した。

林則徐はこれらのことを早馬を仕立てて、北京の道光帝に報告したところ、帝は大喜びで、林則徐が差し出させたアヘンはその場で焼き捨てよと命じた。林則徐は命令によりアヘンを焼き捨てようとしたが、焼き捨ててもなお、その灰を食べれば同じ効果があると聞いていたので、別の処分方法によることとした。アヘンを一度焼いた上に、その灰に塩と石灰を混ぜて、さらに地面の上で踏みにじり、その後に海中に捨てさせた。

夷人たちは禁令を犯した罪を自覚していたが、林則徐のやり口のきわめて厳しく猛烈なのを見て、暗い気持ちになり怨みを持ち、商館内から数百人がその日のうちに広東を立ち去った。この夷人らはインドの諸島の商館あるいはイギリスの出先機関に行き、ことの次第を訴えたので、駐在のイギリスの軍官たちをはじめ仲間の商人に至るまで、林則徐と鄧廷楨の二人を憎まない者はいなかった。駐在のイギリスの軍官たちは、蒸気船を走らせて本国の女帝、名はジュリー（城唎）（ヴィクトリア女王・一八三七〜一九〇一年在位）、歳は二一歳に報告した。

以上が清国の人民が大砲のもとに命を奪われ、沿海の地域を往々にして夷人に奪い取られ、百億万の国の財産を費やした上に和睦をお願いして、一件を落着させることになった事件のきっかけである。

程含章（一八二〇年ころの清の広東関係の官人で、外国貿易維持のためにはアヘンを厳禁しない方針を持っていた）がいうには、「アヘンの根源を断とうと欲するのなら、アヘンに関係する人とは交通・貿易をやめなければならない。アヘンの害が深くなった後に、それを断とうとすると、兵を用いるようなことや、わざわいを招くようなことが数十年にもなり、それでもおさまらないようなことになる。沿海地方のよくない人々ははじめから利を貪ろうとして、陰に隠れてアヘンに関係する者の役に立とうとする。勝ったり負けたりすることは軍事の常であるが、もし中国が少しでも負けるようなことがあれば、次々に中国を攻めるような動きが起きるに違いない」と。まだ今のような混乱が起きていない昔に説いたことだが、先見の明があったと、今さらながら思われるのである。

英国の使節が広東に到着した事〈219〉

広東総督（実際は欽差大臣）の林則徐の政治はきわめて厳酷で、交易通商を禁止したので、夷人たちは本国へ戻る、あるいはインドの近傍の島にとどまり、激怒して口々にイギリスの皇帝に依頼して、怨みに報復しようとした。

しかしイギリス皇帝は、彼らの要請を押しとどめ、「報復をすることは後でもよい。これまでのようにさまざまな品物を交易し、商船も多数往来させ、年々その利益を得て、国民を豊かにすることが第一である。今回はそれぞれの憤怒の心を抑え、兵を起こすべきではない。イギリスから林則徐へまず一通の書翰を出し、従来のように親交を結び、その上でアヘンを没収した賠償金として一億五百六十万両を償わせよう。もし全額を金で支払うことが無理なら、半額は広東省と福建省の茶での支払いを認めよう。武力の行使には金がかかるので、できれば金を節約しよう」とのことなので、詳しいイギリスからの要求を書簡にして、使節に託した。

使節はそうそうに船に乗り万里の海路を経て、道光二〇（一八四〇）年二月一五日に広東の港に到着した。一七日には府城に到り、右の書翰を林則徐に渡した。林則徐は書簡を一見すると激怒し、「もともとアヘンを禁止することは、今に始まったことではない。すでに乾隆・嘉慶（一七三六〜一八二〇年）年間にしばしば禁止したのに、イギリスの商人たちがひそかに持ち込んで、中国の人々をだまして売りつけ金を巻き上げたのだ。アヘンを持ち込まなければ、今回の賠償金のことはなかったことだ。今さら賠償金を要求されても、支払う義務は全くないし、ましてや広東省と福建省の茶で半分を支払う必要などない。イギリスの国王は女子なのでことの是非を知らないで、恥知らずにも私に書簡を送ってきたに違いない。今後は一切の交易通商は禁止することとする」と、居丈高になってイギリス使節を罵った。

イギリスの使節は林則徐の返答を聞いても、女王に命じられたことを重んじて、恭々しく林則徐に対応し、林則徐の女王への返書を求めた。林則徐は担当者に命じて次のような返書を書かせた。「イギリスは小国であり、たとえていえば「ほえない犬（不吠の犬）」と同じだ。強気で中国に使節を派遣して、アヘンの代金を無理に取ろうとしている。交渉担当の大臣の私はイギリスの使者を切って、大清国の法を示そうとも考えたが、使者に罪はないので免罪して帰国を許し、清国の考えを教えることにした。大臣の私の威光は中国全土に広く行き渡り、支配力は隅々にまで及んでいる。武力は優れており、食料も十分にある。イギリスごとき小国が臣下の礼を守らないのなら、大臣の私は皇帝に申請して、猛将にひきいられた神のごとき兵を動員し、国境を出て海を渡り、イギリス人を殺しつくし、一片の武具も残らないようにすることもできる」。このように荒々しく奢りに満ちたことばで返書を記し、イギリス使節に渡した。

イギリスの使節は、この上ない侮辱を受けて、林則徐を襲撃して殺そうと思ったが、女王に復命しなければ不忠になるので、張り裂けそうな胸を押し鎮め、他日必ずこの恨みを晴らさないではおかない、と心に誓って船を走らせて国都ロンドンに帰着した。

楊靖江が穿山洋に夷船を襲撃した事〈221〉

欽差尚書の職の祁寯、藻侍郎の職の黄爵滋の二人は、皇帝の命を受けて閩省（福建省の別名・古名）の海岸を巡見して、イギリスへの防禦のために日々防備を強固にすることに努めていた。それに対し夷船は、なお付近の洋上を巡回して、防備のための物資の運送を妨げていた上に、中国人の奸商たちも遥かな沖合にまで船を出し、アヘンを交易し続けていた。そこで諸将たちは合議して、「今より以後、夷船が近海に碇を下ろしたらば、ただちにこれを襲って焼討ちして、懲らしめる以外に方策はない」と決め、もっぱらその用意に取りかかった。

同知（府の長官の補佐役）の職に顧教忠という者があった。自分の俸給を使って水勇（水軍の志願義勇兵）三百八十人を募集して集め、それを商船一二艘に分乗させて、水師提標の職の楊靖江に託した。楊靖江は大に喜び、郷勇（陸軍の志願義勇兵）三百人を撰び加えて、水勇たちが乗っている商船に一緒に乗せた。水勇にも郷勇にも一人も兵器を手に持たせず、すべて皆商人の様子をさせ、武具はすべて船底に隠しておいて、沖合に出て夷船を探した。

（一八四〇年）四月二一日、果たしてイギリスの大船が一艘、穿山（福建省であろう）の洋上に碇を下ろした。これを見て楊靖江たちの船団は徐々に近づいたが、夷人は本当の商船と思って、警戒する様子はまったくなかった。楊靖江はその時を失ってはならないと、李茂松という人物に命じ、一二艘の船を二手に分ち、一正一奇の法を用いて、左・右から押寄せ、突然に火をつけた罐を敵船へ投げつけた。夷人たちは急に攻撃されたので、大砲（石火矢）を撃つ暇もなくあわてていた。水勇たちは、噴天烟という名の火器を投げつけ、夷船の帆檣を焼こうとした。夷人たちはますます驚いて、噴天烟の火を消そうとしたが、髪は焦げ額には火傷を負い、自分で海中に飛び込んで溺死する者が多かった。

楊靖江は、命令を下し自分の船の碇を敵船の後尾の楫の場所に引懸けて、自分が乗っている船を敵船とつなげた。その時、水勇の長の陳育という者が、自分の前の楯を持った者の肩の上に飛び乗って、さらに飛び上がって敵の夷船に乗り移った。それを見て水勇らは、我先にと争って二〇余人が乗り込み、槍や刀を振り回しながら船中を歩き廻り、黒・白の夷人を選ばず当たるを幸い切って捨てた。別の者はあるいは帆綱を断ち切り、あるいは兵器を奪って海中に投げ込んだ。水勇たちの働きは例えようもなく俊敏であり、黒夷八人・白夷一〇余人を切り殺した。

この時に、たまたま強く南風が吹き起こった。夷人は、どのようにしたのかは分からないが、鉄線を編んで造った碇綱を打ち切って、船上の戦はそのままにして、急に帆を開くとさらに沖へ逃げ去ろうとした。水勇たちは、味方の船が敵の船と離れて行くのを恐れて、海中に飛び込んで、魚が泳ぐようにすばやく味方の船にたどり着いた。

ちょうどそこへ銅山営の参将（副将につぐ武官）の職

にある陳県生が、数艘の軍船を率いて到着し、夷船を追討しようとして、一〇里ほども追いかけたが、夷船は大洋に走り去って、帆影が遥か遠くに見えるだけになったので、一〇余艘の軍船をいっせいに引き返させた。

翌日、水勇・郷勇らの死傷者を調べたところ、わずかに八人が死亡しただけだった。閩省の将士たちは、これを聞いて、初めての海上での戦闘だったが十分通用すると喜んだ。とりわけ陳化成という武将（後に活躍の記述がある）は、もっぱら水戦の仕方を訓練し続けた。

イギリス女王（ヴィクトリア）が諸将に命じて軍艦を出動させた事〈223〉

イギリス女王は、広東総督（欽差大臣）林則徐の返書を一覧して、ものすごく激怒して次のようにいった。「私の使節に対する無礼だけではなく、このような乱暴で道に外れたことばを連ねて私に返書するとは何事か。自から中華道徳の国と称しながら、そのすることはまるで禽獣ではないか。だいたい、私をだまして百万箱のアヘンを奪い取りながら、その補償金をも支払わず、イギリスの商民たちを困らせている。これを座視することは私にはできない。すぐに軍艦を派遣してインド周辺の兵力を集め、大軍を派遣して清国の重要地点を奪い取り、そこを拠点として海岸地帯の数千里を風・潮の勢いに任せ、朝に夕に攻撃をしかけ、沖合では北京へ運漕する米穀を奪い取り、清国の兵士たちを走りまわらせて疲れさせれば、対応策を取ることもできず、ついには和睦を願い出てくることになろう。そのときにアヘンの損害補償金と、艦隊の派遣費用を期限を付して支払わせよう。また、イギリス商人たちを苦しめた林則徐と鄧廷楨（原文は鄧楨廷）の二人の首を切り、商民たちの心を慰さめることも簡単である。急いで艦隊を出発させよ」と。

第一総大将は義律〔「義律」はチャールズ・エリオット（一八〇一～七五年）のことである。この部分に記されるのは、「懿律」すなわちジョージ・エリオット（一七八四～一八六三年）の方がふさわしい。後者は前者の従兄である〕、第二陸路総兵官は布爾利（「ふれめる」とのルビがあるが、未詳）、第三水師将帥は爵子の伯麦〔ブレーマー：James John Gordon Bremer（一七八六～一八五〇年）〕、第四督理機師（「とくりきし」のルビがあるが、未詳）の三戸炮（三文字に対し「こはう」のルビがあるが、未詳）、第五副軍機師（「ふくぐんきし」のルビがあるが、未詳）の竜潭（「りうたん」のルビがあるが、未詳）など始めとして、その他の諸将士たちは、鉄城のような堅い守りの戦艦、また飛ぶがごとき速度の蒸気船に乗った。軍艦は水・火・木・金・土の五行に分配された。各船に積み込まれた兵糧と弾丸と火薬は幾億万斛になるか分からないほどであった。二〇余丈の高い檣は天を刺して並び、紅白の旗印は翩翻と風にひるがえり、非常にみごとな様子であった。

艦隊の出発を見物する者は、ロンドン河の両岸はもちろん、虹のごとく横に連なった石橋の上まで、爪も立てられないほど非常に多かった。祝砲の砲声が轟き渡り、蒸気船の吹き出す煙りは空に靡いた。船隊は大小の船を組合せ、さまざまの変化に対応できるように編成されていた。船隊が次々に碇を上げて順序正しく出発する様子は、数万里を隔てた清国で、必ず勝利するであろうことを確信させるものだった。

すでに大西洋を乗りきり、昼夜となく満帆の風に任せて、カナリア（福島：カナリア諸島はモロッコの首都のカサブランカの西南沖）を過ぎ、アフリカ（亜布利加：アフリカ大陸）の海辺を過ぎ、難なく喜望峰（アフリカ南端のケープタウン）に到着した。喜望峰はイギリスの領地なので、数千人の勇敢な兵員を募集できた。そこを出発し「十臘国（「しんらう」とルビがあるが、未詳。真臘国ならカンボジアであろうか）の傍の咭嚀埠（「きねつふ」のルビがあるが、未詳。シンガポールか）に到着した。この島の人々は、近年はことの外に困窮しており、産業にも事欠いていたので、イギリスの将校が金を出して兵員を募っていると聞くと、黒人たちは我先にと集まってきた。

さらに去年以来、広東で法を犯し、逃げのびて十臘国にいる無頼の者たちは、募集のことを聞くと、我々こそ清国生れで、海岸地帯の形勢・事情をよく知っているので、敵地の案内もするし、漢字の文書を読むこともできると、数百人が集まって来た。イギリスの将校は大喜びで、これぞ幸にしてめでたいことと思い、同じく兵卒の中に加え、都合数万の軍勢となった。それを大船五〇余艘に無数の小船を従え、（一八四〇年）五月一〇日の早朝に鑼を鳴らし鼓を打ち、まず清国の第一の要地を攻め取ろうと、ここ（シンロウ国キネツフ）より出帆し、はるか遠くの清国の定海県（杭州湾の出口の南側の寧波の対岸の島）へ向かっていった。

【巻二　一一頁裏・一二頁表　「忝模河発船図」　省略】

イギリスが定海の城を陥落させた事〈226〉

定海の地というのは、浙江省に所属しており、銭塘江（上海の南の杭州や寧波などの大河）の開口部の島（舟山群島は千四百ほどの島からなり、最大の島が舟山本島で大陸に近く、島の南側に定海が位置する）である。清国の東南の諸省から北京への海運や交易の商船は、必ず定海に碇を下ろし、風・潮の順逆を調べて、その後に渡海する。清国に接近するための最高の場所である。そこでイギリスの将軍は、まずこの島を占領し、ここを本拠地として意のままにふるまおうと考えた。一方、定海県の県主の兆公（別の史料に「姚懐祥」とある）と鎮台長の朝発（後文に「張朝発」とある）は、夷船がまずこの島に押し寄せてくるとはまったく知らず、その用意もしていなかった。

道光二〇・日本の天保一一（一八四〇）年六月二日、二六艘のイギリス軍艦が、港を目指してやってきた。二六艘は定海の沖で二隊に分かれ、一三艘は直ちに入港し、他の半数の軍艦は別の方面に向かった。一三艘の入港を見るとすぐに定海の住民らは、船に乗って長江南岸の上海や銭塘江北岸の乍浦に逃れた。県主の兆公は、まず子細を尋ねようと少しばかりの兵卒を連れて、イギリスの大きな軍艦に乗り込み、将帥のブレーマー（伯麦・既出）の前に座って、入港の理由を聞いたところ、ブレーマーは特に傲慢な様子で、目を怒らせ臂を張って、大声で答えた。「この定海の島は、以前から我がイギリスの領有してきた島だ。先ごろまで既に百余年の間、商館を建て置き、イギリス国王が支配してきた。それなのに近年になって理由もなくこの島を奪い、イギリスの商民が近寄ることを許さなくなった。今、国王は大いに怒って、我々に命じて、この島を取り戻そうとしている。この書簡に詳しいことは書き記してあるので、心を静めてしっかりと見よ」と差出した。兆公がその書簡を見ると、漢字で次のように書いてあった。

大英国の特命・水師将帥爵子伯麦（ブレーマー）が敬んで定海県主の老爺（民間からの訴状で地方長官をさすことば）に啓す、内容をよく了承されたい。

今、大英国の国王の命を奉じ、大いに権勢のある水・陸の軍勢を率いて、先陣としてここに到着した。意図するところは上陸し、定海と支配下の諸島を占領することである。もし当該の島の住民が英国の軍勢に抵抗しないのであれば、大英国も島民たちの生命・家財や産業を害しようとするものではない。

もともと粤東（広東と同じであろう）の上級官吏の林則徐・鄧廷楨らが昨年に無道な行為をして、大英国王を侮辱した。そこで正領事の義律（既出のチャールズ・エリオット、以下ではC・エリオットと記す）や別の民間人に特に命じて、占拠・支配せざるを得ないこととなった。今、イギリスの船と軍勢を使って妥当な措置をする必要がある。定海県主は、定海に所属するそれぞれの島々とそれに所属する「堡台（大砲などを設置した土地）」をすべて投降させよ。そうすれば本官（ブレーマー）は、県主の安全を保障し、人々の殺戮を防止しよう。もし投降をしなければ、本官は自から出向き、戦闘によって島々を奪って当方の拠点とし、書翰を清国の担当官に送るであろう。今から約一時間（半個時辰）は返答を待つ。その時刻が終わっても投降や返答がなければ、本官は大砲を開き、島や堡台を猛烈に砲撃し、軍勢に命じて上陸させる。このことを特に伝えておく。定海県主、閲覧せよ。

一千八百四十年七月初四日・即ち道光二十年六月初五日

兆公は読み終えると非常に驚き、書翰を懐中にすると、鎮台の朝発のところを訪ね書翰を示した。朝発は本来性急な人だったので慌ててしまい、深く考えて敵を防止する計略も立てず、急いで兵士を集めると城の内外に陣を設置させた。また港につないであった商船や漁船を徴発して多くの武器を載せて、（一八四〇年）六月八日朝発自らが船団の指揮者となって、敵に向かって戦争を挑んだ。

敵は「心得た」と大船一〇余艘を一文字に並べ、朝発の乗った船団が打ち懸ける前に、数十挺の大砲を一斉に撃ち懸けた。弾丸は朝発が指揮する船団に命中し、船は百雷のような音を山海に響かせて粉々に砕け、兵士たちの死傷者は数知れなかった。朝発の乗った船も沈みそうに見えたが、島の台場から敵船に大砲をうち懸け、敵船の帆柱を砕いた。猛烈な撃ち合いがあったが、朝発の船は敵船に近づく力もなくなって、島に漕ぎ戻った。台場の将士も死傷者が多く出たのを恐れて、城中に引き上げた。それを見た敵は数百艘の小船を、風に舞い散る木の葉のように大船から投げ落とし、千余人の敵はそれに飛び乗って上陸を開始した。

清国側では城門を大砲で撃ち砕かれてはと、米俵を積み重ねて城門を塞いでいた。上陸した敵は、城に近い台場を奪い取って、海に向いた砲口を城へ向け直し、存分に大砲を放った。その砲弾は城中のあちこちに落ち、矢倉や建物を打ち砕いたので、清国側の士卒は城を捨て逃げようとした。朝発も、王万年（おうまんねん）、羅建功（らけんこう）、龔配道（きょうはいどう）の諸将らとともに、城の後門から密かに逃げようとしていた。県主の兆公、全福（ぜんふく）（後文に「典史」の職とある）、教諭（きょうゆ）らは残った士卒に下知して、「きたない奴らだ、万里の外から攻めてきた敵に背を見せて、どうするのだ。攻めてくる敵を相手にいさぎよく討ち死にしようではないか」といった。士卒らはこれに勇気づけられて踏みとどまって防戦し、しばらくの間に敵百余人を切り倒した。

ただ、敵の大砲は容赦なく頭上から降り注ぎ、対応の仕様がなかった。黒煙は城中にみなぎって物の影もはっきり見えず、加えて敵の一隊が北門から攻め入って、銃剣着きの鉄砲を次々に撃ち放った。清国側の士卒たちは必死に戦ったものの、数に圧倒され、また白人を殺すと黒人が、黒人を倒そうとすると白人が助けに入るということで、どうしようもなくなった。清国側は力尽き、知県（県の長官。県主と同じ）の姚公（ここまでは「兆公」、別史料に姚懐祥）は城の堀に身を投じ、教諭は敵のために胸と腹を断ち切られ、典史の全福は黒人に捕まったが、屈することなくあくまで敵を罵りながら死亡するというように、哀れなことになってしまった。

　このようにイギリス軍の将は、簡単に城地を攻め取ることができたので、「幸先の良いこと」と海・陸同時に勝鬨（かちどき）を上げた。定海県の名を安定県と改め、次々に清国の沿岸の諸城を攻略する計略をはじめた。

袁兆魁（えんちょうかい）、定海の夷情を探る事〈230〉

イギリスは定海を攻め取ったので、定海城の諸将士たちは、鎮海城（舟山本島に向かい合う寧波市の海岸部）に退却した。定海を占領したイギリス人たちの様子を知ろうとする者はだれもおらず、空しく日々が過ぎて行った。そこに右営外員の袁兆魁という人物が、鎮台の張朝発のところへ出向き、命を奉じる形で自分が定海のイギリス人たちの様子を探りたいと申し出た。鎮台はこれを聞いて大喜びで、すぐに探って報告せよと命じた。

　袁兆魁は、簑と笠を身につけ、漁師の姿になって小船に帆をあげて、三〇里ほど離れた舟山本島の定海の盤倉（はんそう）庄（しょう）という場所に、一昼夜をかけて到着した。そこから上陸して定海の県城の西南に潜入した。まだひと月もたたないのに、周辺の状況はすっかり変わっていて、中国の沿岸近くの島とはとうてい思えず、まるではるか遠くの夷国にいるかのようだった。住民たちはすっかり逃げており、黒人や白人が集団で市中を徘徊（はいかい）していた。その上に、牛皮で作ったテントを多数立て並べ、その周囲を昼夜の別なく一〇人、二〇人一組の見張りが巡回・警備していた。四方の城門にはイギリスから持って来た巨大な大砲を備え、入り江ごとに台場を築いて、それにも大砲を数百挺ずつ配備していた。もし清国軍が戻って攻撃してくれば、たちまちに打ち払えるような配備だった。

　城の東の紅毛港（こうもうこう）という場所から城内に向かって新たに運河を掘り、その運河沿いに商館を設け、この一帯を交易・通商の拠点とし、貿易で利潤を得ようと考えているようだった。これらを目撃し、さらに夷人たちの行動を知ろうと、残っている住民の家に泊まることにした。その家の主人に情勢を聞くと、夷人たちの暴虐・残忍はひどいものであった。日々民家に押し入り、牛・豚・鶏・犬を奪うだけではなく、女と見ると年齢も美醜も無関係に捕まえては輪姦する。一〇日ほど前のことだが、イギリスの将のジョージ・エリオットの命令によって、県中に数万俵の米穀の提出が課され、仕方なくこれを拠出した。もし出せない者があれば姓名を記録して、弁髪を切って声の出なくなる薬を飲ませ、黒人奴隷と同列に使役し、目を覆いたくなるような状況であった。

最も憎むべき例は、定海の書生の陳之賢の一七歳になる娘の例である。この娘は、性質は柔和で、容貌はことのほか美しかった。陳之賢はもともと貧しくて米穀を十分には拠出できず罰せられることを恐れ、この娘を連れて、城隍廟（城地の守護神を祀る廟）内にいる水軍の将の布尓里（フレメルか、未詳。発遣記事には「第二陸路総兵官は布爾利」とある）のところへ出向き、娘を献上した。「布尓里」は非常に喜んで、片時もそばから離れることを許さず寵愛した。ところがブレーマー（伯麦、発遣記事には第三水師将帥）はこれを聞いてうらやんで、「布尓里」の留守を狙って城隍廟に忍び込み、娘を犯そうとした。娘は二人も夷人に身を汚されることを嫌って逃げようとしたが、ブレーマーは娘を捕まえて神像の前に連れて行き、娘の着物を剝いで神像の衣を着せて娘を犯した。娘は父のために「布尓里」には身をゆだねたものの、ブレーマーに犯されたことを恥に思い、廟の外の井戸に身を投じて死んだ。

こうしたことを聞いた上で袁兆魁は、場所を変えて馬岙、小沙、大沙、大展、北憚、岑港などの場所をめぐって夷人の情報をつかみ、再び漁船に乗って鎮海に戻った。数日にわたった見聞を詳しく鎮台の張朝発に報告し、張朝発はその功績をたたえて北京の皇帝に上奏した。袁兆魁は、深く情報を探ることができる優れ者というべきであろう。

【巻二　一九頁裏・二〇頁表「定海落城図」省略】

青田県に怪獣が出現した事〈234〉

最近は世間に不思議なことが多いけれど、処州（浙江省の古名）府の青田県（海岸線からは遠いが浙江省南部の場所か）の山中に一匹の怪獣が出現した。あちらこちらを走り回り、あるときは木に登り、あるときは岩穴に隠れ、雨に啼き風に吠えた。夜間には街中に出てきて、家々の戸をたたいて人々を眠らせなかった。

身の丈はおよそ二丈余（約六メートルほど）、二つの頭が上下に重なっており、上の頭には目が二つで、下の頭には目が三つあった。両手両足に四本の指があり、爪は尖っていてその先は錐のようである。上の頭の上には大きな口があり、青い煙を吐き出し、その煙にあたるとその日のうちに死んでしまう。煙で死んだ人は数百人に及んだ。全身には緑色の鱗があり、その硬さは鉄や金属以上だった。

ある勇敢な男が、怪獣が出てくるのを待って、刀を取って迫り、打ち殺そうとしたが、怪獣はまったく動ずる気配もなく動こうとしなかった。男の刀が怪獣にふれる直前、怪獣は青い煙を噴きだして、その煙に隠れてどこかへ立ち去った。別の男が鉄砲を撃ちかけたが、すべての弾丸が命中しても、弾丸は怪獣の身を傷つけることはできなかった。怪獣は地上に飛び上がり踊りながら、まるで人々を嘲笑するかのようだった。

　鎮台は軍隊にも住民にも命令して、この怪獣を捕えるものがあれば、千金の褒賞を与えると告げたが、軍民ともに怪獣の吐き出す青い煙にふれて死ぬのを恐れて、あえて怪獣を捕まえようとはしなかった。

　康熙四九（一七一〇）年には、この怪獣は広東省の海岸地帯に出現したが、そのときは今回のように人々を殺すことはなく、最後には自分で海中に身を投じた。そのときには雷の轟くような声を発して、数百里四方がその声に揺れ動いたということだった。

【巻二　二三頁表　「怪獣図」　省略】

海外新話巻之二　終

『海外新話』巻之三

英将義律到天津江事（英将義律、天津江に到る事）〈147・237〉

琦善於広東私議和事（琦善、広東において和を私議する事）〈149・239〉

　於蓮花港供応夷人図（蓮花港に夷人を供応する図）

官軍到着広東　付焼討夷船事（官軍、広東に到着、付たり夷船の焼討）〈150・242〉

粤秀山観音霊験事（粤秀山の観音の霊験の事）〈152・246〉

道光帝逆鱗　付琦善行罪科事（道光帝の逆鱗、付たり、琦善、罪科を行わるる事）〈153・248〉

英兵攻広東　付参賛楊芳議和事（英兵広東を攻める、付たり、参賛楊芳、和を議する事）〈155・251〉

　段永福発大砲撃砕夷船図（段永福、大砲を発し夷船を撃砕する図）

英夷幷湖南官兵乱妨事（英夷幷びに湖南の官兵、乱妨の事）〈158・257〉

郷勇与英夷戦闘事　幷図（郷勇と英夷の戦闘の事、幷びに図）〈161・260〉

概要

英将義律（チャールズ・エリオット）、天津江に到る事〈237〉

イギリスは定海の島を攻めて占領しただけでなく、広東省の虎門、福建省の厦門をも奪ったと北京に報告がとどいた。道光帝は臣下たちに評議させ、林則徐の広東総督（欽差大臣）を罷免し、伊里布と琦善の両大臣に広東・

福建・浙江に出向き対応策を講じるように命じた。

英将C・エリオットは定海にいたが、このことを伝え聞いて喜んでいうには、「我々が憎んでいた林則徐が解任された以上は、もはや清国の官僚たちの誰にも配慮する必要はなくなった。北京に近い天津の港に船を進めて、さらに北京に達し、自から皇帝に会って和議を提案し、占領した定海、虎門、厦門の三箇所を返還し、その代わりに広東での諸品の貿易を以前のように行うことができれば、我がイギリスの利益はこれ以上はあるまい」とのことであった。

C・エリオットは、大船に乗って、蒸気船一艘を後に随え、(一八四〇年)七月中旬に定海の港を出発し、成山岬(山東半島の最東端の岬)を廻って、天津の港に着いた。この時、清国の大臣の伊里布は、浙江に向かっている途中であったが、これを聞くとイギリスが北京に入るとは国家の一大事だと驚いて、そこから引返して二日がたたないうちに天津に到着した。すでにイギリスの大船一艘と蒸気船一艘が、天津の港に入っていた。伊里布は、すぐにC・エリオットに面会し事情を確認した。

C・エリオットは、「自分は北京に出向いて皇帝に直接交渉したいことがあるので、この港から上陸したい」と答えた。それを聞いて伊里布は、今、C・エリオットらイギリス人が北京に入ったら、北京の人びとの驚きはものすごいだろう。この天津といえども、皇帝のおられる北京からほんの少ししか離れていないので、一日も早くC・エリオットらをこの地から去らせるべきであると考えた。そこでC・エリオットに向かって、「私は、不肖だとはいえども、天子の命令を受けて、この地に来ている。何事にせよ皇帝に願い出ることがあるのなら、私に告げよ」といった。

C・エリオットはそれに対して「それならば貴官から次のように皇帝にお伝えいただきたい。今回、貴国に対して数百艘の軍艦を派遣したのは、去年の広東での林則徐のやり口が暴虐・乱暴なで、とうていイギリス人の納得できるものではなかったためだ。それでイギリス女王の命令により大船団の軍艦を派遣し、貴国の沿海の諸地域を攻撃し、最後には林則徐の首を切って国民の心を慰めようとしているのだ。今、林則徐は免職となり、貴官と琦善が広東・福建・浙江の各省を担当する上は、我々には問題はなくなった。以前のように友好的な関係に戻り、広東での貿易が許されるのなら、我々が奪った定海・虎門・厦門は早急に返還し、数百艘の軍艦はすぐにも帰国することになろう」と述べた。

伊里布はC・エリオットに対し、「貴官の希望は、即刻私が北京に上り皇帝に申し上げれば、皇帝はおそらく許可されるだろう。この天津の港は外国船の停泊するような場所ではないので、大至急出帆し、広東府で皇帝の返答をお待ちいただきたい。すでに琦善は広東に向かっているので、皇帝よりの返答の委細は、必ず琦善から伝えるだろう」といった。C・エリオットはこれを聞くと即日、広東へ向かった。

琦善が、広東において、独断で和議をした事〈239〉

伊里布は天津から北京に上り、英将C・エリオットの提示した条件を道光帝に申し上げたが、皇帝は顔色を変えて、「イギリスの連中は禽獣と同じく、信義を守るはずがない。朝に和睦しても夕方にはそれを破るに違いない。諸省の将士の全力を挙げて夷人どもを退治し、清国の海岸地域を回復せよ」と命令し、C・エリオットの申し出を許可しなかった。加えて広東に早馬を走らせて、琦善に詔を出して、「もしC・エリオットが和睦と貿易を求めてきても、決して許可してはならない。C・エリオットらが上陸してくるようであれば、彼らの隙をうかがって生け捕りにして、北京に護送せよ。他の夷人がこのことで騒ぐようであれば、ことごとく打ち殺し、容赦する必要はない」と厳命した。

琦善は、かねてよりC・エリオットの評判を聞いていて、心の底から恐れていたので、この皇帝からの厳命に大いに困惑した。英将C・エリオットの船が入港してきたらどう対処しようかと悩んでいたところ、（一八四〇年）一一月下旬に果たしてC・エリオットは数十艘の大船を率いて到着した。そうしてC・エリオットは、琦善がすでに広東省の城に入っていると聞いて、使者を派遣して面会を申し入れたところ、琦善は断ることもできず面会を許可した。

C・エリオットはそこで城内に入って面会をすることとした。C・エリオットのその日の服装は、緋色のラシヤ（赤色の厚手の毛織物）の上着に、白い色のスパッツ（腿引）をはき、靴は黒皮のブーツ（深履）で、肩の上には金糸の肩章（厚総）をつけ、胸の前には金のこはぜを星のように並べて締め、世に広く知られたイギリスの鉄で作った剱を腰につけていた。さらに、兵卒数十人すべてに銃剣着きの鉄砲を持たせ、隊列をきちんと整えさせて従わせていた。静々と行進し城門に向かっていくC・エリオットの様子は、まさしく数十万人の水軍の総大将というにふさわしかった。

C・エリオットは琦善に面会して、「先月、天津の港で伊里布を通じて貿易を皇帝に願い出たが、きっと許しがあったに違いないでしょうな」と質問をすると、琦善はあまりの恐怖に身震いして、君命の重さを考える余裕もなく、自分の一存だけでイギリスと和睦し、貿易を以前のようにすることを許した。

C・エリオットは、一度の面会で琦善の心腹が怯弱で畏れる必要がないことを見抜き、「香港の地を長年月にわたりイギリスの支配下に置き、商館を設置したいと要求する。許容していただけるかどうか」と要求すると、琦善は「許容する」と即答した。ことわざに「あつものに懲りてなますを吹く」といい、「弓の被害に懲りた鳥は、曲がって弓に見える木でも畏れる」というが、その通りであった。

琦善はとにかくC・エリオットが機嫌を悪くすることを恐れ、明けて道光二一（一八四一・日本の天保一二）年正月五日に、広東省の城に近い連花港という場所で、一七、八歳の美女で清らかに見える娘たちを二〇人集めて、見事な衣装を着せて、音楽に合わせて歌い舞わせ、C・エリオットをはじめ黒人、白人合わせて数百人をもてなした。琦善の心の中を察すると、昔ながらのその場限りのやり方で、なんとか無事に済ませようとしか考えていないにちがいなかった。

【巻三　六頁裏・七頁表「饗応逆将義律図」省略】

官軍（清国軍）、広東に到着す、付たり、夷船を焼討する事〈242〉

このようにして琦善は、英将C・エリオットと一旦和睦したとはいっても、きちんと政務を行わず、また法令もきっちりと施行しなかったので、広東・福建の両省のアヘンならびに夷人をめぐる騒ぎは一日も安定することがなかった。そこで人々は中央から派遣されてくる清国軍の到着を、あたかも日照り続きの時に雨雲を待ち望むかのように待った。（一八四一年）三月一二日、参賛将軍の揚芳は、満州兵と湖南兵の一万余人を率いて、広東省の城に到着した。楊芳は、まず自から黄埠という山に上り、土地の形勢を視察し、必勝の計略を考え、それから城内に入って四方の門をさっと開いて、悠々としてのんびりした様子を敵に示し、続く軍勢がやって来るのを待った。

三月二三日、靖逆将軍の奕山が衛兵六人と勇敢な兵五千人を率い、参将（副官に次ぐ武官）の隆文は、河南、貴州、江西、広西などの兵二万余人を率いて到着した。追々、その外の諸州の兵も到着して、都合五万人の兵が広東城の内外に充ち満ちた。

こうした清国軍の集合の状況を見て、広東に上陸した夷人たちは大いに怖がって、素早く船で後退する用意をし、皆々虎門の方へと引き帰ろうとした。将軍の奕山は夷人が引き上げるという情報を聞き、皇帝の命を受けてこの地に来たのに夷人を取り逃がすのではどうしようもない、一人残らず夷人を討ち殺せと命じ、部下たちは喜び勇んで追討に向かった。奕山も自から二千の精兵を率いて、虎門へ退こうとする夷人を包囲し、すぐさま攻撃を始めた。こうなってはイギリスの大砲の出番はなくなり、清国軍はますます元気づき縦横無尽に攻めた。黒人も白人も大混乱に陥り、自分が持った銃剣着きの鉄砲で自分の目を刺す者、胸を刺す者も出て、戦おうとする者はあまりなかった。奕山は部下に命じて囲みの一方をわざと開けさせると、夷人たちは我先にそこから逃げ出した。清国軍はそれを追い、黒人一〇人、白人八百人を討ち取った。討たれずに逃げた者たちは、海岸から小船で逃げようとしたが、参将の楊芳があらかじめ設置した伏兵に道をさえぎられて、また五百人ほどが殺された。沖合にいた二〇艘ほどのイギリスの軍艦は、救援に向かおうとしたが、干潮で近寄れなかった上に、風向きも悪く大砲が届く距離までは近づけなかった。上陸軍に多数の死者を出したものの、どうすることもできず沖合の軍艦はどこへともなく移動していった。

　清国軍はきっとイギリスの逆襲があるに違いないと備えていたところ、やはり（一八四一年）四月一日、蒸気船三艘が大小の軍船四五艘を従え、港を目指してやってきた。英将C・エリオットは使者を遣わして次のようにいってきた。「先月二四日、我々の部隊が虎門の戦いに負けた遺恨は、かぎりがない。今回は不肖C・エリオットが大軍船を率いて、仇を報いるためにやってきた。明日二日、子(ね)の刻（午前零時）ころに最初の合戦の手合わせを行いたい。大砲の玉音(たまおと)に驚かないでいただきたい」と。これを聞いて参将の楊芳は笑って、「最近は大砲の玉音を聞くことも珍しくなった。思うままに撃ちかければいい。それに合戦の手始めということなら、明日を待つまでもないこと、ただ今からでも始めればよい」と返事した。

　参将の楊芳は一里ほど城を離れた花埭(かれい)という場所に五千の兵と陣を敷いて右翼となった。提台(ていだい)（提督の別称）の張必禄(ちょうひつろく)は、西の台場に入り八千の兵を備えて、中堅を形成した。参将の隆文は、東にある台場を拠点として四千の兵をもって、左翼となった。その上で祁宮保(ききゅうほ)は、水勇（水軍の志願義勇兵）四百人を率い、焼えやすい草を満載した漁船二百艘を港のうちに配置し、奇襲用の兵として備えた。

　（一八四一年四月）二日の早天、イギリスの大船は次々に押寄せ、まず祁宮保の船兵を目がけて、大砲数十挺を連発した。祁宮保は水勇に命令して、黒煙をついて風上に乗り廻し、二五艘の焼船(やきふね)に火をかけ流したところ、火のついた船は敵船の中間に流れ着き、その火は帆柱に燃え移り、船より船に燃え広がって火炎天をこがし、黒煙は海を覆い、夷人らは目も明けられず、口も開けられず苦しんだ。祁宮保は、水勇を率いて元の配置に戻った。

イギリス人たちは黒煙のなかで方角を失い、岸辺の近くに寄り過ぎて自在に動き回れなくなった。清国軍は絶好の機会と艦隊目がけて大砲数百挺を撃ちこんだ。その弾丸は大船の舷側を貫き、舳先を破壊し、船尾に命中した。燃え上がる船の火気は猛烈で、イギリス人たちの狼狽ぶりは目もあてられなかった。猛烈な火炎の中にイギリス人たちの悲痛な叫び声が聞こえるばかりだった。しばらくの間に大型船七隻と蒸気船二艘が焼きほろぼされ、イギリス人の死傷者は多数に上った。

C・エリオットはこの状況を見て、自から大船に乗り蒸気船を従え沖合いからやってきて、提督の張必禄の陣地を目がけ、帆柱の上に仕かけた銃砲を筒先を下にして撃ち放たせた。その弾丸はものすごい音を立てて、必禄の陣地の前の土手にあたり、火柱を上げて二丈ほどもめり込んだ。次の弾丸を発射しようとするところを、参賛の隆文は心得たとばかり自ら狙いをつけて、八千斤の大砲で発射準備をしていたイギリス人ども数十人を撃ち落とした。C・エリオットは大慌てで従えていた蒸気船に乗り移り、沖合いに逃げ去った。

さらに別の夷船が岸近くまで攻めてきたが、隆文と必禄の両将の東西の台場から挟み撃ちの十字砲火にさらされ、熱い国の天竺から雇われて来た黒人たちでさえ、その火炎の熱さを嫌って働きもできずに船を戻した。前よりの戦いで水中に身を投げて火を避けようとした黒人や白人たちは、あちらこちらのなぎさに泳ぎ着こうとしたが、祁宮保が指揮する水勇によってことごとく打ち殺され、残る者はいなかった。港口にはなお二〇隻ほどのイギリス軍艦がいたが、死傷者の数があまりに多いのでどうすることもできず、どこかへ引き上げていった。清国軍は二度の合戦に勝って喜び勇んで勝鬨を上げたが、その声は天にとどろき地にふるって、万里の外にある夷国の果てまでもとどろきわたるほどであった。

粤秀山の観音の霊験の事〈246〉

粤秀山は、広東城の東北にあつて、広東第一の勝景地である。その秀山の様子は、決して高いわけはないが、珍しい形をした岩々が重なり合って、滝が頂上から落下しており、松や柏などの常緑樹の緑が美しく、はるかに望める海の水と見事なコントラストを形成している。その風景の佳麗さは絵には描くことができないほどである。大昔から頂上に祠堂を設けて、観音の木像を安置している。参詣の人びとが正しく明るい心をもって祈願すれば、必ず報われるということだ。そのために参詣の人びとがお供えする線香の煙が絶えることがない。このたびの清軍の勝利も、この観音の援助によるところが少なくなかった。

（一八四一年）四月二日の上述のイギリスとの戦闘の最中に、粤秀山の方より一片の白雲が味方の陣に向かって飛んで来たと思うと、雲の中から衣冠を厳かに身につけた一人の老人が現れて、手に柳の枝を持って、敵が撃ってくる砲弾の煙の中に身を投じ、その枝で頻りに火を叩き消した。

また、提督の張必禄（既出）の士卒百余人が、盛り土の前にいて備えていたところ、空中から「危ういかな、危ういかな。早くこの場所から立ち去れ」という声があった。士卒は不思議に思いながら移動したところ、果たしてイギリスのC・エリオットの船から放った砲弾が、盛り土の前にものすごい音を立てて崩れ落ち、猛火を四方に撒き散らせた。すでに士卒らは空中からのお告げを聞いて、その場所から移動していたので、猛火の禍を受けたものは一人もなかった。

また、一人の悪人がいて、イギリスに心を通じて、広東城内の煙硝倉に火を放って、城を焼いて清軍の混乱を引き起こそうとした。悪人が放火しようとするその瞬間、化身の老人が衣冠を正して現れ、前にたって煙硝倉を守った。悪人は心中に畏怖を覚え、火をつけることはできなかったし、数日後には血を吐いて死亡した。

合戦の後で粤秀山に行って観世音の像を拝むと、全身に焼け焦げがあり、お堂の中には煙硝の匂いが立ちこめていた。昨日、現れた衣冠を正した老人は、実はこの観音の化身であり、人びとを救済したいという観音の功徳で、人びとがこの世を焼き尽くすような大火にあう災難を憐れんで、その災難から救い出してくれたのだと知り、ますます尊敬の気持ちを強めた。

【巻三　一一頁裏・一二頁表「段永福(ダンエイフク)焼討夷船図」省略】

道光(どうこう)帝の逆鱗　付たり、琦善(きぜん)が罪科になった事〈248〉

琦善の悪事について、諸省の将士から櫛の歯を引き欠くように次々と報告が上がってきたので、道光帝は大いに憤激して次のようにいった。「憎むべきは琦善の行ったことである。いかに琦善自身がイギリスに対して合戦することを恐れたとしても、私の命令よりも前にイギリスと和睦し、通商・交易を許可し、その上に重要な場所である香港までイギリスに与える必要がどこにあるのか。国体を損傷することはなはだしく、言語に絶することだ」と。先に派遣した奕山、楊芳、隆文らの諸将が広東府に到着した上は、琦善は即刻召還せよとのことで、北京までの九百里の道中の警固を厳重にし、五月中旬北京の都に護送された。

このように皇帝の怒りは大変なもので、刑部の諸役人を左右に列座させ、自から朝廷に出向いて、親しく琦善の罪状を詰問した。

「第一には、お前を広東に行かせたのは、沿海の防備を厳重にして、夷人どもの騒ぎを鎮圧し、人々を安心させ、我が国の武威を世界に輝かせるためだった。それなのに、夷人どもの乱暴や略奪は日々増加しているのに、お前はどうして人形のように黙って見逃し、戦おうとしないのか。

第二には、広東に到着した後、林則徐と鄧廷楨の二人の夷人に対する対応をすべて悪いように私に訴えるだけで、お前はどうして軍事について何一つ諸将と会議や相談をしなかったのか。

第三に、（一八四一年）正月十五日に、蓮花港（れんが）に数十人の妓女（ぎじょ）を招き集めて酒宴を催し、逆将のC・エリオットを始めとして黒人や白人の夷人を招き、供応したのは何のためか。お前は、逆将のC・エリオットと心腹をあわせて、我が国の人々に敵対するつもりだったのか。

第四に、お前が広東で重用している鮑鵬（ほうほう）という男は、もともとは無頼の悪徒であり、かつて広東において法を犯し、山東に逃れた男だと聞いた。お前は今回、山東の地を通り、この鮑鵬を連れて広東の省城に到着するや、夷人たちとの交渉はすべて彼にまかせたとのことだ。罪人の鮑鵬を用いるのは、どうした理由があるのか。

第五に、お前は、広東に出発する前に、私にこういったのではなかったか。香港は南海の咽喉ともいうべき重要な地点である。決して香港をイギリスに与えるようなことがあってはならない。もしイギリスが香港を占拠すれば、必ず我が国の海運を妨げ、戦争を仕掛けてくるにちがいない。こういっておきながら、今回、C・エリオットの要求のままに、香港をすぐにイギリスに与えたのは、なぜなのだ。どうして前にいったことと後に行ったことに食い違いがあるのか。

第六に、外国の者が諸省の長へ書翰を差出してきた場合には、一見した上で、書翰を北京へ進達し、重大なものについては諸廷臣が評議した上で、それぞれに対し適切な処置をすることになっている。お前は、その法令を熟知していながら、広東では日々英将のC・エリオットと書翰を交換しているのに、どうして何一つその書翰を、北京の廷臣に伝達しようとしないのか。

第七に、去年以降、夷人が上陸した場合はもちろん、たとえ船中に留まっている場合にも、薪水米穀その他一切の食物を送ることを禁じた。この禁令の理由は、夷人どもは数万里を航海して来たので、食料にも事欠くようになれば、一日として我が沿海に留まることができず、すぐに引き返さざるを得ないからだ。お前も、この禁令の評議の場には参加していたのに、広東の住民たちに命じて日々食物を夷人に与えたのは、なんのつもりなのか。

第八に、広東城内に以前に備えた大砲数十挺は、錆びて破裂して役に立たないので、お前は、新しく大砲を鋳造したいと要請してきた。そこで必要な費用を渡したのに、今日にいたっても一挺の大砲も完成していないと聞いた。このように武備を怠って、いったいあの金は何に使ったのか。

最後に今回、お前は自分だけの考えで、逆将のC・エリオットと和睦し、我が官軍の士気を奮い立たせ、戦いを実行する機会をも奪った。このために夷人どもは、お前と約束をした虎門や厦門の地を占拠しつづけて返還することもなく、沿海各地で乱暴と略奪を続けている。お前が国家を損なった罪は、この一件だけでも十分だ。まして先に述べたように八箇条もの罪を犯しているのに、何一つ恥じることなく、依然として役職にとどまり辞任をしようともしない。その理由を明白に述べよ」と。

こう皇帝に断罪されて琦善は、このように詳細な状況が皇帝の耳に達していたかと思うと、自分を恥じて一言も申し開きできず、土下座してひたすら罪を詫びるだけだった。

しかしそれでも琦善の罪はなお免れがたいとして、即日、官禄を剥奪し、その家財はすべて没収し、親族一類に至るまで逮捕・捕縛され、官人たちが以後省城に派遣されて、法を犯し軍務に怠った場合に受ける罰の先例とした。

英夷が再び広東を攻める事。付たり、城将たちが和を議した事〈251〉

（一八四一年）五月五日、イギリスの軍船大小四十余艘が、広東の省城の東門に向けて馳せ集まり、大砲数挺を撃ち放った。幸いなことに東門付近の城塁は堅固であり、官兵に負傷者や死者は出なかった。ただ、靖海門の矢倉一か所が撃ち崩された。イギリスは、次々に火矢を大量に放って、城外を焼き払おうとした。その火矢は東門外の人家に燃えついて、黒煙を巻き上げたので、風下にいて台場を守っていた兵士たちは、煙に巻かれて咳き込んでこらえられず、次々に城中へ引き返した。

その虚に乗じて、二千余のイギリス人が上陸し、一方の台場を奪って、台場に備え付けの大砲の火皿をすべて壊して使えなくし、大砲の台車も破壊した。イギリスは、また、あらかじめ募集した関東近傍のあぶれ者百余人を先導として、南岸より続々と上陸しようとした。

四川省から来た兵士たちは、イギリス人の上陸を防ごうと奮闘した。城中からもイギリスの上陸を防ぐために、雨のごとく大小の鉄砲を撃ちかけた。しかし、弾丸はイギリス人にあたることは少なく、かえって味方の四川の兵士たちを多く撃ち殺し、自から敗戦の契機となったのは、お笑い草であった。

制軍の祁塤は、先ほどから台場を奪った敵を追い払おうと戦っていたが、イギリス人たちの鋒先の鋭さに圧されて、城中に引き上げてしまった。

イギリス人たちは、今は破竹の勢となり、泥城という場所からも上陸し、北門に向かって攻め寄せた。この時、官軍は、数多くの砂嚢を積重ねて城門を塞ぎ、精悍な兵士千余人を撰んで城外に出させて、イギリスの侵入を防戦させた。彼ら精兵は、左手に藤でつくった盾を持ち、右手に刀を持って、必死になって戦った。その意気が盛んであることは、一人で十人に当たり、十人で百人にあたるほどであった。イギリス人たちは、精兵との戦いに辟易して、隊列を崩して逃げようとした。その時、湖南省の官兵らは、精兵たちの働きが抜群なのを見て、精兵たちを妬み、密かに城外に出で精兵たちに鉄炮を撃ちかけ、味方討をした。

精兵たちは、思いの外のできごとに出会い、敗走しかけたところに、味方討ちのことを聞きつけて、大北の門外の居民たち数百人が一時に走り来て、精兵たちを救援して、湖南の兵士たちを攻撃した。湖南の兵士たちは、大いに恐怖して、陣形を崩してどこへともなく引き退いた。このようにして精兵たちは、又々、イギリス人たちを追討し、二百人ばかり切り殺した。この時に、諸将たちは、何もしないで城中から精兵たちの戦いを見物するばかりで、城外に出て闘おうとする者はなかった。

そうした諸将たちの中でただ独り総兵の団永福は、西方の台場で部下に命じて、たとえ死んでもこの台場だけはイギリス人に渡すな、と命じた。台場の一〇余挺の大砲の筒先を上向けさせて、イギリス船に向けて発砲した。イギリス船は、団永福の台場だけが大砲を撃ってくるので、その台場だけを目掛けて大砲を放った。砲弾は前後左右に着弾し、永福の全身は砲弾の火気のために焼けただれたが、忠勇を胸に刻んだ永福は残っている士卒たちとともに火焔の中に立って、なおもイギリス船への攻撃を続けた。永福の奮闘を見てイギリス船の人々は、何か奇策があるのではないかと邪推して、船を退かせた。

ちょうどその時、蒸気船一艘が到着したが海中の海珠巌という名の大石に衝突して、船は沈没しそうに傾いた。そこへ永福は、八千斤の大筒を放つと、弾丸は船中の火薬箱にあたり、船は破裂して微塵となって飛散った。ところがどうしたことか城中の諸将は、永福の功績をねたんで、別の人物を永福の台場の指揮者とした。イギリス人たちはすぐにそれを察知し、発砲して反撃した。台場の指揮者は一戦も交えることなく、逃げ去ってしまった。広東の人々はそれを聞いて、段永福のために憤り惜しんで涙を流さない者はなかった。

（一八四一年五月）六日、一万余人のイギリス人たちは、北門を攻撃してきた。朝方から城外で守備をしていた清朝の官兵は、それを見て我先にと城中へ引きあげた。イギリス人らは、無人の地を行くように四方の台場を奪い、それを中心に陣を配置した。イギリス人たちは小高い丘に上って、望遠鏡で城内の動静を見透かすと、数万本の火矢を撃ちかけた。その火矢は、あちらの櫓、かなたの狭間にハリネズミの毛のように突き立った。官軍はその火矢の火を消そうと大騒ぎをしていたが、それを見て将軍の奕山と参将の楊芳は、危機が迫っていると思いこんだようだった。二人は一緒になって一つの箱を携えて、兵卒の中に身をひそめて、城を出て逃げ延びようとしていた。

【巻三　一八頁裏・一九頁表「郷勇戦闘図」省略】

臬司の職の王廷蘭は、それを聞きつけて、将軍奕山の前に出て、諫めていった。「いかに危機が迫っているとはいえ、兵員の数からいえば官軍の兵士は、イギリス人たちの一〇倍以上いる。どうしてすぐにも城を捨てて逃げる算段をなさるのか。私は無能だとはいっても、今城中にいる満州、四川、貴州（四川省の南、湖南省の西）の兵の指揮権を与えて下されば、門を開いて打って出て一戦を交え、イギリス人どもが奪った四方の台場を、奮闘して奪い返すことができます」と固く請け負ったが、将軍奕山たちの心中には和睦するという気持ちしかなく、許可は出されなかった。また他の諸将も同じ気持ちだったので、誰も王廷蘭に賛成する者はなかった。どうすることもできないで廷蘭は座を立って、満城の兵をむざむざ敵が焼くのに任せる悔しさよ、と独り言をいって退却していった。

翌日の（一八四一年）五月七日、イギリス人たちはますます城下に攻め近づき、大筒、小筒、火矢、天砲などを交えながら撃ちかけてきた。城内に爪も立てられないほど充満した諸州の兵たちは、一度に百人、二百人づつ次々と撃ち倒され、猛火は四方に飛び散り、黒煙は上下に起ちこもり、士卒らは皆矢玉を避けて、あちこちと逃げ廻り、何の働きもできなかった。奕山、楊芳、隆文の諸将も、計略をめぐらす能力もなく、舟問屋の伍栄紹という者が、以前からよく敵将のC・エリオットを知っているので、栄紹を敵陣に派遣して、哀れにも和議を願い出ようとした。それで余宝仁という人の体を縄で縛り、城の上からつり下げて城外に出し、密かに伍栄紹の家に到着させ、栄紹に同伴させて敵陣に赴かせた。

余宝仁と伍栄紹の両人は、C・エリオットに面会を求めると、C・エリオットは快く面会を許可した。そこで伍栄紹と余宝仁は、C・エリオットの前に平伏して、城将の奕山よりの和議の申し出を願い出たところ、C・エリオットはその和議の願い出を退け拒否していった。「先月、この地で琦中堂（琦善）と和議を約束し、戦争を中止して諸物の交易を以前と同じように行おうとした。その誓いのことばがまだ終わらないうちに、奕山、楊芳の諸将が府城に到着し、我らイギリス人の商民を殺害した。道理を捻じ曲げたのはお前たちの方である。だから私は戦争をして広東城を落城させ、イギリスの所領とし、積年の恨みを晴らそうとしているだけだ」と。

これを聞いて余宝仁と伍栄紹の両人は土下座して、「この上は清国の諸将はどのようなことであれ貴国の命令に従います。何としても和睦だけは承知していただきたい」と必死に頼んだ。C・エリオットはそれに答えて、「それならばお前たちの要請によって、和睦のことは差し許すことにしよう。ついてはアヘン烟の補償金六百万両、あわせて余姚県（寧波の近く）で昨年（一八四〇年）九月にお前たちが捕まえたイギリス兵数人、女子一人（イギリス女王の妹との誤報があった）、すべてこちらへ引き渡せ」といった。

伍栄紹と余宝仁は一緒にC・エリオットに厚く感謝して、城内へ立ち帰り、そのことを将軍の奕山に報告した。それにより城中の諸将は和議の成立を悦び、虎口の危難を逃れたような気持ちになり、イギリスから国を守るという大義を忘れてしまい、恥を忍んでその日のうちに逆将のC・エリオットと面会して、城下の盟を結んでしまった。

英夷と湖南省からの官兵が乱暴した事〈257〉

昔からのいい伝えで、「始めが良くとも、終わりまで良いことは少ない」というのは、本当のことだ。参賛の楊芳がはじめて広東府に到着したころは、日夜軍務に心を配り、上陸してくる夷人どもを追い払い、広東の人々の生活を安堵させようとつとめたが、二度にわたる合戦に敵に立ち向かう気持ちがくじけ、敵のイギリスの将に和議を求めた上に、口先ばかりの人物の余宝仁が送ってきた美女六人を得ると、それを寵愛し、日夜酒宴を繰り広げ、将軍の奕山と同様に歓楽のみを求めるようになってしまった。上に立つ将がこのような状態なので、まして下の士卒たちは規律を守る気配もなかった。

敵のイギリス人らは、城中の諸将の勇気のないのを侮って、黒人や白人たちは諸所の台場に拠点を設けて陣列を敷き、公然と市中を歩きまわった。一〇人、二〇人ずつ銃剣付きの鉄砲を手にして、近郷の民家に押し入り、金銀米穀は勿論、その他にも家畜類を奪い去って食料とした。ある日のこと、婦人が三〇人ばかり連れ立って船に乗り、川を渡ろうとしたところ、イギリス人どもはこれをことごとく捕えて、年寄りと醜い女性はその場ですぐに水中に投げ込み、年少で容貌の綺麗な女性だけ沖合に停泊している船に連行して行った。とりわけ黒人の乱暴については、言語道断であった。夜毎に人家に乱入しては、老少醜美を選ばず女性であれば輪姦した。こうしたイギリス人たちに汚されて死を選んだ女性は、一夜のうちに五、六百人にもなったという。

　黒人や白人のイギリス人どもが乱暴するだけでなく、湖南地域より募集に応じた官兵たちは、参賛の楊芳の指揮下だったので、命令が行きわたらず、その乱暴ぶりはイギリス人たちに劣らなかった。湖南兵たちもまた昼夜となく城外の人家に押し入り、財宝を盗み女性を犯した。はなはだしい場合には、自分の弁髪を切ってイギリス人たちの間にまじり、城内の味方の情報を漏らし、イギリスの将から高額の報償を得ようとした。

　ある夜のこと、湖南兵たちは数十人で徒党を組んで娼家に至り、一銭の金も支払うことなく娼女を呼びつけ、一緒に寝ようとした。娼家の主人はこうした湖南兵の所業を憎んで、ちょうど麻疹にかかっている娼女が多くいたので、先ずその娼婦をあたえて、一緒に寝させたところ、湖南兵たちは予想通り麻疹にかかって、次の日には発熱し悪寒を感じ、非常に苦しんだ。

　湖南兵たちはどこで聞いたのか、麻疹を治すには人肉を食うとよいといいながら、市中に出向いて、往来する人のうちによく肥えた人があれば、すぐに刀で刺し殺してその肉を切り取って、汁物に仕立てて先を争って食べる始末だった。湖南兵たちの暴虐はとどまることを知らず、広東の人々はそれに耐えかねて職を放棄し、兄弟妻子ばらばらに離散した数は数千万人もあった。広東府の近くの民家からは、飯を炊く煙も上らず、まるで飢饉の時のような荒涼たるありさまになった。

　広東の商民らは、こうした状況が皇帝の耳に達していないことを憂いて、四方の心ある有力な人々に、次のような文章を書いて状況を告げた。

　蓋聞普天之下（蓋し聞く、普天の下）、莫非王土（王土に非ざるはなく）、卒土之濱（卒土の濱）、莫非王臣（王臣に非はなし）。我粤生民（我が粤の生民）、遭兵燹之苦（兵燹の苦に遭ひ）、旦夕之危（旦夕これ危し）。幸得各省大兵（幸ひに各省の大兵）、奉王命以剿英逆効君力（王命を奉じて以て英逆を剿し君力を効すことを得）、以蘇民命（以て民の命を蘇すは）、不勝雀躍之喜（雀躍の喜びに勝えず）。【以下、漢文省略】

【訳】広く天下のすべての地は皇帝陛下の土地であり、その土地にいる人間はすべて皇帝陛下の臣下です。われら粤地域の人間は、兵火に逢って苦しみ、朝夕に生命の危機を感じています。幸いにも各省から非常に多くの兵員が、皇帝の命を奉じてイギリス人どもを滅ぼして皇帝の力を示し、われわれ人民の生命を救おうと動員されていますことは、飛び上がり小踊りするほどうれしいことです。

しかしながら、湖南からの兵たちは（一八四一年）二月に粤（広東）地域に到着して以来、夷人たちを滅ぼすというのは名目だけで、実は民衆を害するのみです。どうかすると功績を上げようとして、良い人を悪い人に変えています。こうした罪悪の例は髪の毛の数ほど多く、堪えがたいものです。今月（一八四一年五月）の二日と三日には人々が慌てて逃げるようなことがありましたが、そうした折にも略奪を行い、婦女に乱暴をしております。男どもに悪事を実行させて、訴えても取り調べません。ついには自分勝手に殺戮を行い、骨を削り肉を食い心臓を割くようなことも行っています。これを耐えるべきでしょうか、いや、誰も堪えられないと思います。

ああ「壮士」というべき者は、兵を助けて敵を防ぐものです。それなのに、兵が壮士を率いて変心させて、夷人を滅ぼす気持ちをなくさせてしまっています。良くない兆候は早くも形に現れています。これでは敵を防御して勝利することができないのは、怪しむべきことではありません。伏して思いますに、楊侯爺（ようこうや）（伝未詳）は国のために人々を愛するのであり、兵員たちが人々に残酷な行いをすることをどうして座視できましょうか。もしも将軍が皇帝の威光に頼るという法に従わないのであれば、明らかにやすやすと悪人どもを養う結果になります。壮士たちの魂は何によって慰められましょうか。商人たちはどうして行く先々で安心できましょうか。ましてよく分かるように明示された命令では、兵員たちはそれぞれ陣営に戻り、民家を占領し居住することは禁じられています。それなのに湖南の兵たちは守ろうとはしません。依然として人々を脅し略奪しています。これから先もこの兵たちがもたらす災難は、どこまで行くかわかりません。こうした恨みの気持は海のように広がっています。残念なことに皇帝にはこうした状況は伝わりません。このために事情を述べて、天下の実力のある方々にお知らせします。願うところはわざわいの雰囲気が薄れることで、これはほとんど切望に近いものがあります。大人たちが城を開いて人々を逃がそうとされますが、湖南の兵たちは城外で待ち構え、人々の荷物を強奪しています。人々は生きているとはいっても、死んでいるに等しいものです。災難はただ単に外国人たちが人々を殺すためだけではありません。まことに悲しいことだと申し上げておきます。

郷勇が英夷と戦闘した事〈260〉

このようにして広東府近くの住民たちは、イギリス人のために住居を壊され、妻や子を奪われ、家に蓄えた金銭や米穀をことごとく奪い取られて、一日も一刻も安心することができなかった。

皇帝の命を受けて派遣された大臣たちは、諸国の兵員を集め、広東府の城に満ち満ちてはいても、最近はまるで臆病神に取り付かれたように、イギリス人相手に戦おうともせず、イギリスの将のC・エリオットに心を通じているようで、すべて彼のいうとおりにふるまった。その上に味方のはずの湖南省の兵士たちは、いたるところで暴虐を行い、人々の非常な苦しみはいつ終わるとも知れなかった。

それで広東府近くの人々らが集まっていうには、「たとえ百万の兵士がいたとしても、皇帝派遣の将軍たちに勇気がないのなら、上陸しているイギリス人たちを追い払い、海岸線を静かな昔に戻すことはおぼつかない。自分たちが力を合わせて、まず数箇所の台場によじ登って、そこを陣地とするイギリス人どもを攻撃し撃退して、皇帝の不安なお気持ちを安心させて差し上げよう」と。そうして集落ごとに「平英団」と三文字を記した大きな旗を立てた。付近の人々はこの大きな旗を見て励まされ、喜び勇んで手に手にありあわせの道具を持って、大きな旗の下に集まってきた。

その数は五千余人にもなり、天地に誓ってイギリス人どもを皆殺しにする決意で、（一八四一年）五月十日の朝霧がまだ晴れないうちに、広東海岸の台場に集まっているイギリス人どもを、四方から取り囲み、すぐさま攻撃した。イギリス人たちは、予想外の敵の出現に大慌てをして、大砲一つを撃つ暇もなく、ただ銃剣付きの鉄砲や手近にある斧などの兵器を振り回し、必死になって戦った。

しばらくは勝敗がどうとも判断できなかったところで、郷勇たちはわざと敗れて退く経略をして、あらかじめ伏兵を設定しておいた場所までイギリス人たちをおびき出し、そこで一緒にイギリス人どもと戦った。伏兵の二千人はいっせいに木陰から立ち上がり、数百人のイギリス人どもを何重にも取り囲んだ。イギリス人どもはどうしようもなくなり、土下座して命乞いをするしかなかった。郷勇たちは一人残さず殺してしまおうとしたが、城中から参賛の楊芳が大急ぎで余宝仁を派遣して、「郷勇はイギリス人たちと勝手に私的な戦闘をしてはならない。先日、イギリス人の将のC・エリオットと和睦をしたからには、少しもイギリス人どもを傷付けるようなことがあってはならない。さっさとイギリス人を解放して、彼らの陣地に戻らせよ」と命じた。

郷勇たちは、その命令を聞いて、激怒し大声で、「いかに皇帝から派遣された将軍の命令でも、何もせずにこのイギリス人どもを解放することはできない。イギリス人どもがここで奪った台場のすべてをわれわれに戻し、今後は誰一人として上陸せず、数十艘の軍船も即刻退却させるなら、命だけは助けてやろう」という。イギリス人たちは、郷勇たちを恐れてその要求をすべて承知した。「イギリス人たちを解放せよ」との参賛の楊芳の命令なので、やむなく解放した。

それでも郷勇たちは、イギリス人の心底は測りがたいと考えて、自分たちの隊を二手に分けて、一隊はすぐに四方の台場に飛び上がってそれを奪還し、自分たちの大旗を開いて一斉に勝どきをあげ、自分たちの勇猛を誇った。他の一隊は海岸線に出ると、イギリス人どもの小船を奪って、本船と陸地の連絡をさせないようにし、それでも上陸する場合には食料を与えないようにするために備え、イギリス人の荷物を運搬する船問屋にはいっさいの食料の輸送を禁止した。

イギリスの将のC・エリオットは、マストの上の見張台から望遠鏡で様子を眺めていたが、すぐに一本の赤い旗を船上に開かせて、広東府の城中の将軍に合図した。その上で嚗嘩(ビッカ)という者を使者として、将軍の奕山(えきざん)のところへ行かせ、次のように告げさせた。「先日、お互いに武器を収める両国の和議を約束したからには、たとえ私の兵卒たちが陸上で不意を襲われるようなことがあっても、本船からこれを助けるためには一挺の鉄砲をも撃たなかった。それなのにどうして私の兵士を攻めて取り囲み、私たちの小船を奪い取って本船との連絡路を断つようなことをするのか。それなら和議を破って一戦をすることは私たちの望むところだ」と。

奕山と楊芳はともに仰天して、使者に対して自分たち清国側の罪をわびて、その上で郷勇たちを諭して、奪った小船を返して、すぐに食物を与えよと命じた。郷勇たちは、止を得ず命令にしたがった。

それでも、イギリス人たちは、郷勇たちの意気が盛んなことを恐れて、もし上陸すればどのような目にあわされるかもわからないとして、一人も残さず本船へ引きあげ、ほどなく数十の軍船は帰っていった。

こうしたことで、広東の地は一時的に静かになり、人々は安堵の思いをしたが、これらはすべて各郷の勇民が一挙に立ち上がった成果であった。城中に満ち満ちている将軍たちは、身に大任を受けて数十万の官兵を率い、敵のイギリス人たちを殺すための武器は、山のように積み備えているのに、進んで戦い功績を立てることについては、各郷から寄せ集めた郷勇たちの義勇には及ばなかった。かえって無駄にイギリスの将のC・エリオットにこびる臣に成り下がるだけのようだった。まったく痛ましいことであった。

海外新話巻之三　終

『海外新話』巻之四

概要

賈人の張鴻が虎尾陣の図を作った事〈264〉

浙省（浙江省）に属する密雲県の賈人（商人に同じ）に、名は張鴻という者がいた。年は四十余歳で、自分の店に古器や古物を置いて、これを売買することを仕事としていた。生まれてから字を習ったことも、武芸を習ったこともなかった。ところが不思議なことに、去年のイギリス人の来襲以来、たびたびの合戦に中国側が敗け続けていると聞いて、それを深く憂いて数日間家にこもって独りで考え込んだ。そうしてついにイギリス人たちに勝つ陣形を考え出した。自分で図に書いて他の人々に知らせようとしたが、もともと不器用なので、考え付いたことを図に描くことができなかった。

それで同じ村の絵の上手な那老三という者に頼んで図を描いてもらい、また書生の趙徳三に頼んで考えついたところを文章にしてもらうと、ちょうど図解の文章になった。文章を書いた趙徳三が、この陣形はなんと呼ぶのかと聞くと、考えついた張鴻が「虎尾の陣」と答えたので、徳三は「虎尾陣図」と題名を記した。張鴻は自分の考えた通りに陣の図が完成したので、文章を書いてくれた趙徳三と絵を描いてくれた那老三に対して、その労苦に厚く感謝をした。この二人もこの陣法はすばらしいとほめて、張鴻のもとを去った。

数日後、張鴻は中国側の陣地を訪れ、総督の裕謙に献上したいと申し出た。総督の裕謙はそれを聞いて奇特なことだとして、すぐに張鴻を召しだしたが、張鴻は図だけを差し出すと、一言もことばを発することなく去っていった。総督の裕謙はその図を開いて見、図解の文章を読むと、イギリス人と対決する陣の取り方の図であり、騎馬隊をもうけ、火器を多数用いる方法であった。その戦法は黄帝の考えた兵法という「握機」、また諸葛孔明が考えた兵法の「八陣」に合致しており、戦闘に臨んで兵を運用することが駿速猛烈であり、虎の尾をいったん踏むと、虎は猛烈な勢いで振り返り踏んだ人を食うというが、その勢いから「虎尾陣」と名づけたのに違いない。孫子の兵法に「勢いは激しく、変化は短く」とあるものの、それを適用した具体的な兵法は記されていない。張本学（伝未詳）という人も「『勢いは激しく、変化は短く』とは陣法の極意だ」といっているが、今、この「虎尾陣」の図を見ると、それにまさに合致している、と総督の裕謙はしきりに感心した。

さて、張鴻の考えた陣形というのは、三重の円形の陣で、一番内側の円陣は直径三百間、円の長さ九百間、歩兵二千七百人を配して、大小の鉄砲を混ぜながら配備する。中層の円陣は直径六百間、円の長さ千八百間、外側に向けて八の門を設け、門の間ごとに騎馬隊を千人ずつ設け、合わせて八千人の騎馬兵とする。一番外側の円陣は直径九百間、円の長さ二千七百間、歩兵八千百人に大小の鉄砲で武装させる。

外周の円陣の外側にさらに三か所の陣を作る。各陣は百間で、三百人ずつの精兵を選んで配置し、さまざまな火器を備えさせる。各隊の大きな火器にはすべて台車をつけ、移動しやすくした。さらにその外側には堀を掘り、堤をめぐらせ、数か所に門を設けた。

元来、この陣法は三の数の円陣を作り、四の数の層を形成するものである。三の陽数と四の陰数を含んでおり、変化する隊と正々堂々の隊とが自在に入れ替わりうる配備である。敵と戦う時には、敵と接している部分が正々堂々たる隊として中心となり、それ以外の部分が奇襲などをする変化する隊となって手足のように動き、変幻自在の攻撃をする。攻守を兼備した陣形といえる。

ああ、非常にすぐれ陣法だ。あるいは、天上の神が、清国の将たちがしばしば敗走するのを憐れんで、一人の商人の手を借りて、このすぐれた陣法を作り出したのであろうか。

璞鼎査が再び定海城を陥れた事〈266〉

すでに今年（一八四一年）の春のいったんの和睦によって、イギリスは定海（舟山島）地域の島などを清国に返上し、上陸していた夷人たちも次第に船に引き揚げた。しかし、広東におけるアヘンの貿易は許可されず、和睦を破って戦闘もしばしば行われたので、イギリスのヴィクトリア女王は、新たに璞鼎査という者に命じて、C・エリオット（義律）に代えて総大将とした。軍艦の数も増加させ、清国の土地を奪おうとの計画であった。このことは清国側にも伝わり、清国側は揔兵の職の葛雲飛をはじめ、その他の諸将を定海に派遣して、防備を固めて待っていた。

（一八四一年）八月一三日の昼にイギリス人たちの船一三艘が、竹門山という場所にやって来た。さらに蒸気船二艘と非常に大きな軍船が加わったが、この大きな軍船には大将のポッティンジャーと、軍師のモリソン（馬利遜）が乗り込み、諸船の指揮にあたっていた。さらに沖合にひかえた船は数知れなかった。

清国側の城将の葛雲飛は、諸将士に下知して、海岸一帯の台場にきちんと準備の手配をし、その上、城の内外に士卒を配置して、旗などは伏せて火器を備えさせ、静まりかえって合戦を待っていた。そこへイギリスの一艘の船が、港に向かって飛ぶよりも疾く侵入してきた。それを見て葛雲飛は、台場に駆け上ると、士卒に下知して八千斤の大筒八挺に強い火薬をこめ、砲口を並べて撃ち放った。その砲丸は、すべて敵の船を撃ち貫き、火薬の箱に火が移ったように見えたとたん、一瞬の間に敵船は破裂して海底に焼け沈んだ。

ポッティンジャーは、これを見て非常に憤激し、翌一四日の朝早く二十余艘の軍船を侵入させて一文字に並べると、葛雲飛の陣地を目がけ数百挺の大砲ををいっせいに撃ち掛けた。その砲弾の落下する数の猛烈さに恐れて、清軍の兵員は一時にさっと散らばって、あちこちの岩穴に一〇人、二〇人と集まって身を隠したので、さほどの傷も負わなかった。

この時にイギリス人たちは、数百艘の小船に乗り竹嶼山から上陸しようとした。たまたま処州（浙江省の一部）の総兵の鄭国鴻が三千の兵を率い、この地に到着したところであったが、イギリス人たちの上陸を見て、すぐに士卒に下知して、刀や槍を取って攻撃し始めた。夷人たちはまだ全員が上陸したわけではないので、清国の兵士たちはいわゆる「半渡を撃つ」（準備不足のところを攻撃する）の利を得て、敵は水と陸が応援する手段がなく、散々に攻めたてられ、手と足がばらばらにされた者も多かった。

このように清国兵の気勢はますます盛んになったので、イギリス兵たちは、非常に攻撃しにくくなり、とても容易には攻撃できそうにもないと、少し離れた五奎山に一夜の間に陣屋を建てならべ、持久戦に持ち込もうとした。

鄭国鴻が下知していうに、「敵は、五奎山を盾にすると、味方にとっては大きな害になる。すぐにも打ち払うべきだ」といって、士卒に土手の蔭から筒先を仰向かせて撃ち懸けたところ、イギリス人どもは、そこの陣屋を棄てて退去した。

（一八四一年八月）一六日になるとイギリスの兵士どもも二千余人は、吉祥門から進んで、東港浦を攻めたてた。迎え撃つ鄭国鴻は、また大筒を次々に撃ちかけて、この攻撃を防いだ。鄭国鴻軍の放つ弾丸は、大きな雷が激しくとどろくように着弾して、イギリス兵の隊列を乱し、弾丸の発する火の気は地上をはいまわり、少しも休むことがなかった。イギリス人どもは、これに嫌気がさして、一歩も進むことができずに引き返し、暁峯嶺と竹門山の二か所だけを攻撃した。そこへも鄭国鴻は、またまた大砲を撃ちかけて防戦し、黒人・白人の敵五百人ばかりを撃ち倒した。

翌日になると、イギリス人どもは蒸気船一〇艘を集めて、葛雲飛の陣所に向かって攻め寄せた。葛雲飛は、自分で震天雷という火器をあやつってイギリス船に向けて撃ちかけ、敵船三艘を焼きほろぼした。此時、イギリスの将のポッティンジャーは、連日の戦闘に負けて、何とも攻め入る手段が見つからず、軍師のモリソン（馬利遜）の計略を用いて、三〇艘の軍船を三手に分け、一は五奎山、一は東港浦、一は西面の暁峯嶺から攻め上ることとした。

やがて、暁峯嶺を攻撃していたイギリス兵が一番に上陸したので、寿春県の総兵の王錫朋は、先陣となって三千五百の勇兵を率いて、これに対応した。イギリス兵は、連日の戦いに負けていることを、深く恨みに思っていたのであろうか、猛烈に大砲や銃を撃ちかけて攻撃してきた。清国兵たち数百人は、少しの間に血煙りをあげて撃ち倒された。しかし、ここ一戦の戦いだったので、何のためらうこともなく死人の上を踏み越え乗り越えて、イギリス軍に迫っていった。

このように敵味方とも、鉄砲を激しく撃ちながらの戦いで、なかなか勝負の決着がつくようには思えなかった。清軍では兵を交代させる暇がなく、銃の連発を続けたので銃身は紅色に焼けただれ、今度火薬を装塡すれば、その熱で暴発することになり、味方に損害を与えるだけだと思われた。清軍の将兵は、これ以上銃に頼るわけにはいかないので、全員討ち死にを覚悟して、イギリス人たちが雨のように撃ちかけてくる鉄砲の弾丸に身を投じ、三百人余りが手に刀を持ちイギリス軍に攻撃をかけ、あたるを幸い刀を振るって切りまくり、黒人・白人の夷人どもを四〇人ほど切り殺した。

王錫朋は、士卒の先頭に立ってイギリス兵と戦い、深手を負って流れる血は泉のようであったが、さらに白人を一〇人、黒人を八人切倒して、敵の鉄砲四、五発を受けて見事に覚悟の討ち死にをした。王錫朋に付き従った士卒はこの様子を見て、同じように討ち死にをした。

英将ポッティンジャーは、五奎山より竹門山に攻め上った。鄭国鴻は力を尽くし数刻は防戦したものの、もう今は数日の戦闘に疲れ果てて動くこともできず、しばしの間、刀を杖につき息を整えていた。そこに天砲が鳴り渡って、すぐ傍に落ちて砕けた。鄭国鴻は、全身を天砲の火力に焼かれて地面に倒れた。士卒が一人、走り寄って国鴻の屍を取り収めようとしたところへ、また天砲の弾丸が落下し、国鴻の屍と一緒に打ち砕かれてその場で死去した。

葛雲飛も、東港浦より城に向けて攻めてくる敵と合戦をし、手勢の一部は逃亡し、一部は討ち死にして、今はただ一騎になってしまった。もはや敵を防ぐことはできないと、東嶽廟の傍の池に身を投じて自殺した。

徐桂馥という人物も身に重傷を負って、残った士卒をまとめて、城中に入って四方の門を閉じ、玉数を惜しまず防禦したが、いよいよ防ぎきれないと分かると、典史の職の鄧鈞に命じて、食糧費の残り九百両、県の長官の印章一つを渡し、ひそかに海を渡って鎮海府へ行かせた。徐桂馥は、城が陥落した時、首をくくって自殺した。

今回の合戦を振り返ると、はじめの数日間は清軍が勝利することが続いたが、兵士の数の上ではイギリス側が上回っており、加えて海に浮かんだ島を舞台にしたから、清軍への援軍はこなかった。それで清軍内でも忠勇を誇った将士たちが、一挙に討ち死にし、清国にとっては咽喉元にも等しい重要地を、再び敵の手に取り戻されたのは本当に悔しいと、状況を聞いた者たちは歯ぎしりし悔し涙を流さない者はいなかった。

諸葛孔明が建てた碑石を掘出す事〈271〉

河南の汲県に一つの寺院があった。三、四年前から四方の男女が老幼貴賤の別なく、この寺院に集まり、昼も夜も通して念仏し香を焚いていた。今年になってそれはますます盛んになり、すでに自分の家業を捨ててしまい、数十日もその寺院に泊まり込んで、自分の家に還らない人々も出てきた。

そうした評判が広東の役所にも届いたので、きっと怪しげな僧侶や邪悪な占い師たちが煽動しており、人々から金銭を奪おうとしているのではないかと、役人を汲県に派遣し、よくよく事情を調査するようにと命じた。役人たちはそこへ出向き調査したものの、老若男女が千余人も寺の境内に集まって、それぞれが念珠を手にし、高らかに仏号を唱え、寺の本尊を礼拝しているだけであった。数日間にわたっていろいろ調べたが、何もおかしなところを見つけることはできなかった。役人は広東府に戻って、調査結果を総督に報告した。

総督はまた別の役人に兵卒数百人を率いさせて汲県に派遣し、寺僧をはじめ集まっている人々を全員逮捕し、その寺院を破壊し平地とせよ、と命じた。派遣を命じられた役人は、すぐに数百人の兵卒に武器を持たせ、汲県に行きその寺院の門に入って見ると、境内はまったく静かで誰一人おらず、二、三日以前にはすでに退散してしまった様子であった。役人をはじめ兵卒たちは不思議に思ったが、それでも総督の命令により、まず寺院を破壊し、建物を次々に壊し、仏像や諸道具なども一緒に焼きはらった。寺の後には池があったが、これも埋めて平地にしようということで、傍の堤を壊してその土で埋めようとした。その時に堤の中から碑が出てきた。

碑の背面には「諸葛亮建」（諸葛孔明が建てた）の四字が彫刻されていた。その碑の石質はきわめて堅いもので、また長年土中にあったので碑文の文字は磨滅しておらず、しっかりと判読することができた。しかし、文体は現在のものではない古いもので、文章もおかしな点が多かった。「謎の碑文」ともいうべきもので、意味の通らない解釈できない文章も多かった。その碑文の文面は次のようなものであった。

細々紛々不見天　細々紛々、天を見ず
　憂愁空在一九年　憂愁、空しく一九年に在り
三光上辺無日月　三光上辺に日月無く
　十月山中埋銅銭　十月山中、銅銭を埋む
五四方知五四歳　五四、方に知る五四歳
　両地方知両山河　両地、方に知る両山河
三七才郎三九病　三七の才郎、三九の病ひ
　二八姣娥二八歌　二八の姣娥、二八の歌
無病老者分世界　無病の老者、世界を分ち
　前水後水打破鑼　前水、後水、鑼を打破す
狗猪之年還猶可　狗猪之年、還猶可
　鼠牛之年没奈何　鼠牛之年、奈何ともする没し
来騎江水三千里　来て江水に騎す三千里
　東魯衣冠染血舗　東魯の衣冠、血を染め舗
群生要見同姓事　群生、見んと要す同姓の事
　壬虎之年定干戈　壬虎之年、干戈を定む

林朝聘、大義を諭して夷船を退る事〈273〉

浙江省余姚県の住民たちは、去年以来、夷人の乱暴に恐怖を感じ、夷船の帆影を見るとすぐに、妻子を連れて家財を運び出し、県内の人家はほとんど無人になってしまうほどであった。ちょうど春もたけなわの頃なので、桃や李は爛漫として東風に咲き乱れているけれども、誰

一人としてその花々を楽しむ人もなかった。唐の詩人の嘉祐（七五〇年ころの詩人李嘉祐）が、「野の桃の花は、流れる水に空しく花を開き、水辺に舞う燕は戻ってきたけれど、それを見る人とていない」と詩に読んだが、それは安禄山の乱の後の寂しい風景のことであるが、今さらながらその寂しい風景はこのようであったかと思いやられた。

さて、道光二二（一八四二・日本の天保一三）年二月二一日、今まで見たこともないような大きさの軍船が三艘、白帆に風をいっぱいに受けて、飛んでいるような速さで港に入った。それを見て兵卒はもちろん、諸将帥までも皆々顔面蒼白になった。このような大艦を相手にしては、どのようなつらい目に会うことになろうかと、城中は大混乱を起こしながら心配しあった。

その時、代理の県事（県の長官）の林朝聘は、奮然として諸将に向かっていった。「敵の夷人の軍艦がわずか三艘ばかり港に入ったからといって、今さら驚くことはない。私が自分で彼らの船に乗り込んで、敵将に対面して大義を諭し、この港から退去するように説得しよう」と。水上の戦いになれた勇士二人と、通訳を連れて、波打ち際から小さな船に乗って、櫓を漕がせ楫を取らせて、敵の大艦につけて側面の縄梯子をよじ登り敵艦に乗り込んだ。船中を見廻すと、黒人や白人の夷人どもが数十人、銃剣付きの鉄砲の火ぶたを切って、いざという時には一斉に発砲しようとしてあちらこちらで準備をしていた。また帆柱の上を見ると大砲が乗せてあり、頭上からすぐにも攻撃するのではないかと思われた。その外、剣とか槍とかの武器類を数千本も立て並べ、厳重な警戒の様子だった。

敵艦に乗り込んだ林朝聘は、敵将と対面したいと申し出たところ、夷人は今、下の甲板で新たに造らせた大砲を試射する準備をしているので、しばらく待ってほしいと答えた。朝聘は、それをあえて聞かず、自分で敵将の居間と思われる処に向かった。すぐに脚の下で先ほどの大砲の試射が行われた。その砲声は大雷が轟くようで、船中が振動し、海面に響き渡って、両足は浮き上がって二丈余も体が空中に踊るような気持ちがした。このような時でも、朝聘はすこしも動ぜず、勇気凛々として敵将の居間へ入っていった。黒・白の夷人どもは、手に汗を握り、いかなる珍事が起こるであろうかと、遠巻きに見物をした。

朝聘は、座に着くと容儀を正して、大義を挙げて夷人どもの将を諭した。「汝らが、西洋という辺境に生れ、仁義など五常の道を知らないのだから、私が、いくらことばを費やしても、何も伝わらないだろう。それでも、汝らは、獣ではないのだから、私心を取り去ってよく聞くがよい。元来、なぜ戦闘になったかを考えてみると、お前たちが中華に向かって理由もなく侵犯してきたからだ。

すでに乾隆・嘉慶（一七三六～一八二〇年）年間に、しばしばアヘン煙草（鴉片烟）を禁止したのに、お前たちの国の悪賢い商人どもが、禁止令を破って持ち込むので、その根源を絶つことができなかった。だから去年（一八四一年）林則徐は、広東で乾隆・嘉慶年間の例に従って厳重に取り締まり、数万函のアヘンを焼き、法令の正しい適用をしたのだ。もし、百年前に禁止令を出した日から再び持ち来ることがなければ、どうして我が国の人民がアヘンを喫食するであろうか。もちろんアヘンの損害金などというものもなかったはずだ。

今日のアヘン以外の貿易の利益が十分ではないことを理由に、種々のいいかげんなことをいい、ふたたび中華の財宝を奪おうとして軍隊を動かし、船が堅固で、大砲などの発達していることを頼んで、罪もない人々を傷つけたり殺したりしている。事の理屈を知らないこと、甚だしいものである。

去年（一八四一年）、伊里布の計らいで、広東の地で清国の琦善と、英国のC・エリオットとが共に和睦を約束したけれども、その後、一か月たたないうちにお前たちの国の夷人どもは、我が国の福省（福建省）の厦門を拠点に、再び浙江省の定海（舟山島）を陥れ、我が国の沿岸沿いの海運を妨害した。お前たちの国王の暴逆は、いちいち数え切れないほどだ。今また、この広東の地に数艘の軍船を差し向けたのは、何のためなのだ」と。雄弁は風を生じ、頭髪は冠をつき上げ、返答しようものなら一撃にしようと手を剣に添えて、居丈高に告げた。

敵将は、その林朝聘のことばに理があることに伏し、一言も発せず、顔をを赤らめただけであった。

朝聘の勇気は大船に充満し、「私のいったことばを忘れてはならぬ。すぐに帰ってお前の国の王に告げよ」といって、すぐにその座を立つと、傍の黒・白の夷人どもには目も懸けないで、又また小船に乗って、難なく城中へ帰ってきた。

夷人どもは、初めのうちは、浙江省余姚県の将士たちを軽んじ、数艘の軍船で一撃にしようと思っていたが、林朝聘の勇気凛然たる姿に恐怖して、三艘の軍船は一時に帆を開いて、何処へともなく退去していった。嗚呼、諸省の兵を指揮する大臣たちは、敵の夷人どもを虎であるかのように畏れ、ややもすれば戦闘を避け、和議を以て事を終えようとしている。そうした中で林朝聘は、国家のために自分の身を忘れ、三寸の舌を振るって、鉄城の如き敵の堅船数艘を退けたのは、実に宇宙間の快事ではないか。

鎮海の生員の王師真が夷船を焼討ちした事〈276〉

去年（一八四一年）八月、イギリス人どもは、再び浙江省の定海城（舟山島）を陥れると、そこを拠点とし、定海から東北の海岸一帯を攻撃し、少しも静まる気配はなかった。とりわけ鎮海県（寧波市近傍）のごときは、定海とさほど離れていないので、イギリスの大軍船が一〇艘、二〇艘づつ常に港内に入って碇をおろしていた。それで住民たちの騒動は、一日として沈静することはなかった。巡撫の職の劉韻珂、同知の職の枻堃らは、ともに一心に考えて、夷人を討ち懲らしめ、再びこの近海に船を寄せることがないようにと相談を重ねていた。

そうした折に、ここ鎮海県の生員（科挙の最初の関門に合格した人）に王師真という者があり、夷船を焼討ちにする奇策を枻堃に提案した。枻堃はそれを見ると、きわめて素晴らしい方法なので、それを劉韻珂に提出した。劉韻珂は、また非常に喜んで、すぐに王師真を召出し、その策を実行せよと命じた。

そこで師真は、まず郷勇二百人、水勇三百人を募集して選び、これを小船数十艘に配分し、別に焼船一二艘を仕立てた。この焼船というのは、一種類は船中に柴草を満載し、火薬を袋に入れて柴草の所々に埋め、太い竹の節を貫いて火薬の袋のある所に向けて縦横にまた長短を按配して突き刺す。その竹筒の中に導火線を通し、導火線の最後を一つにまとめ、さらにこれを樋の中に通して、船の船尾まで導いた。使う際にはその最後に束ねた部分に火をつけるのである。また別に一種類の船を造り、この船には火薬を瓶に入れ、また椀に灰を盛ってそこに炭火を埋め、その椀を火薬瓶の側に半分を出して埋める。さらにその椀には仕掛けを設け、椀から舷を超えて長く外に横木を突き出す。敵船が迫りその横木の端に触ると、椀中の火種が瓶内の火薬に触れて直ちに爆発する。以上のような船を設けて二隻をくくりつけて一対とし、六段の配置とした。

昨日から港内に停泊していた夷船が七艘いたので、まずこれを焼討ちしようと二月二五日の夕日が西山に没し、水上に靄がかかるのを待って、王師真は諸船を率いて漕ぎ出した。二五日のことなので、夜に入っても空にかかる月はなく、水面はぼんやりとして船の影もはっきりしなかった。想定通りに夷船に向かって近づき、上流から第一段の焼船に火を掛けて、敵船七艘の中ほどに向けて流した。ちょうど引き潮の時間なので、その流れに従って自然に夷船に流れ着き、舷側から突き出した横木に当たって、数十の火薬瓶は一時に爆発し、その音は百雷をあざむくほどで、火光は雷の稲妻が走るように流れ、たちまち夷船二艘に燃えついて、帆を焼き、帆柱を焼き倒した。

黒・白の夷人どもは、この船を救おうとして、猛火の中で叫び喚いたが、手を焼きただれさせ、足を焼き焦がす火の勢いにどうすることもできず、水中に逃れようとして飛び込むだけだった。

それを見て、王師真は、鐘を鳴らし鼓を撃って、大軍が押し寄せたような雰囲気を作った。夷人どもは、これを聞いてますます慌てふためき、残った夷船は碇を引き上げる時間もなく、数十艘の小船を投げおろして、それに乗って逃げようとした。師真は、第二段の焼船を流した。夷人どもは、その船が焼船であることを知らずに、これを奪って海水を船に注いで、柴草を湿らせようと考えて近づいたところ、舷（ふなべり）から突き出した横木に触れたので、積んでいる火薬が爆発した。夷人どもはかろうじて逃げ出そうとするところへ、水勇、郷勇たちは、刀、槍を取って、三百余人を殺害した。水勇や郷勇たちの上げた勝鬨（かちどき）に、イギリス人どもの大船は、水上の仲間を救おうと沖合いから向かってきた。しかし、潮水は既に引き潮で、大船では進退の自由がきかなかった。

師真は、次に第三段の焼船の導火線に火をつけて放った。夷人はこの小船を打砕こうと、数十挺の大砲を連発した。しかし、どのように誤ったのだろうか、自分の船の中に蓄えた火薬に火が移って、清軍の焼船が接近するまでもなく、大船は一瞬の間に破裂して、木っ端微塵（こっぱみじん）に飛散した。

その余の焼け残った大船はなお港を退かず、必死になって戦闘しようと火焔の中でも無二無三に大砲を撃ち放った。しかし、火焔は水面を覆うばかりの勢いだったので、大砲の照準も不確かになり、その弾丸が清軍の兵船にあたることはなかった。この時、師真は、数十艘の小船を四方にさっと漕ぎ開かせ、敵船を中に囲み入れ、虚砲を多く撃ち放ち、鐘や鼓を打って鯨波（とき）の声を上げた。夷人どもは、火焔の中で状況もつかめず、勢力の多少も、船の配置の見分けもつかず、どこに向かってどのように戦うべきかも分からず、危うくも港から脱出していった。

このように王師真は、前もって計画した焼き討ちの一策が、見事に的中したことを喜び、夜明け前の暗さに乗じて諸船に配分した水勇や郷勇をまとめて引き上げ、人数を点検したところ誰一人欠けていなかった。

数時間の合戦で敵の大軍艦を四艘、小船を四〇余艘を焼き滅ぼし、夷人の死傷者はその数を知らずというほどであった。一〇余日程後に、夷人の屍骸や焼け残った船の一部、武器の類が漂着して、港の内の七、八町は陸地と同じようになった。王師真は、戦功が莫大であるので、新たに六品の官爵を授与され、官帽の飾りに藍翎（らんれい）をつけることを許された。さらに又、水勇や郷勇らにいたるまで、それぞれ厚い恩賞が与えられた。

【巻四　一五頁裏・一六頁表「王師真焼討夷船図」省略】

官軍（清国軍）が定海の夷人を退治した事〈280〉

この頃、イギリス人どもの大船が、鎮海県で不意をつかれて焼き討ちされ、大敗したので、その恨みはますますつのっていた。そのために崇明（上海の北方の長江河口の崇明島）、乍浦（上海の南西の平湖市）、上海、招宝山（寧波の近傍の杭州湾岸）などの諸地に向かって攻撃をはじめようとした。定海（舟山島）から敵は軍船を出すとのうわさがあり、清国軍の諸将は合会議をしていった。「敵がそのような行動を取るのであれば、定海に残っている夷人どもはそう多くはないであろう。敵が出発をした虚をついて、急いで定海の城地を取り戻し、敵の陣地を一掃しよう」と、前の処州の総兵の職の鄭国鴻の子　校把検所大使の鄭鼎臣に命令して、一万余人の兵員を率いて定海に行かせた。

鄭鼎臣は、大いに喜んでいった。「夷人どもが去年（一八四一年）の八月に定海を陥落させた時に、私の父の国鴻は、大砲の弾丸の下に戦死した。幸運にも今回の命令が私に下ったので、今度こそはこの地で夷人どもを一撃のもとに成敗し、気持ち良く父君の仇を討ちたいものだ」と。即日に、数百艘の兵船を率いて、海門県（江蘇省海門市、上海の北の長江の北岸）より発船し、定海に向かった。

（一八四二年）三月四日、梅山港（寧波の一部、舟山島の対岸）に到着した。まずここで柴草を刈り取り、三〇艘の船に満載し、油を柴草の上に注いで、焼船に仕立てた。又、斥候を出して、敵の夷船の有無を探らせたところ、紅毛港、蝦峙の両所に、数隻の大軍船が碇泊しているとのことなので、早速これを焼き打ちにしようとした。十六門という場所まで進んで、兵船を七段に分け、紅毛港の三艘の夷船を目掛けて、風上から焼船一〇余艘に火をつけて流した。

夷人どもは、これに驚いて碇の綱を切って、大船を水車のように旋回させ、清軍に向けて大砲を連発した。このために清国の軍船は、敵船に近づけなかったものの、敵船の砲撃の煙にまぎれて焼船を流しては、砲撃の外へ逃れた。そうしている内に、前に流した焼船は、敵船に流れ着いて、その火は帆や帆柱に燃えついて、たちまちに船上に黒煙を巻き上げた。

夷人どもの狼狽はことばに尽くしがたく、ただただ小船を投げおろし、我先に逃げようとした。それを武挙（武官の科挙合格者のことか）の蔣忠晴は、小船でまるで飛ぶように追いかけ、火罐（火薬をいれた容器）を投げつけたので、それを避けようと敵の数十の小船は互に衝突し、夷人ども三百人ほどは自ら海中に飛び込み溺死した。

その時、又また一艘の敵船が進んで来て、清国軍の船陣を目掛けて、激しく大砲を撃ち掛けたが、その弾丸は清国軍の兵船の前に備えた焼船の柴草に転げ落ち、兵船までは届かなかったので、負傷者さえも出なかった。その様子に夷人どもは残念がって、なおも船を旋回させて大砲を撃ち掛けたが、大砲自体が破裂して自分の船を目掛けて砲弾を撃ち込み、大船も忽ちに海底に焼け沈んだ。

幸運にも生き残った黒・白の夷人どもは、端舟で竹門山の方に逃げようとするところを、水勇の長の袁高栄が全員を捕えて海中に投込んだ。子の時（真夜中）に蝦峙に停泊していた最大の夷船一艘が、救援のために駆けつけてきた。これを見て千総の職の韓端慶と王延鰲、さらに水勇の長の李世茂らは、火攻船二〇余艘を率いて、いっせいに進み、風に乗じて火を放った。

しかしながら夷船は、あえて火攻船を恐れずに、さらに進みきたって、火攻船を攻撃し海底に沈めてしまおうと、外輪船の外輪を精一杯に回転させて、火攻船の過半を乗り切ったが、とうとうその火は帆柱に張られた縄梯子に燃え付いて、夷人どもはこれを消す暇もなく、清国軍に大砲を四、五発撃つことしかできなかった。火のついた帆柱は倒れ船体は裂けて、夷人どもはすべて海中に溺れ沈み、大魚の餌食となったに違いなかった。

軍功頂戴の詹成功、把総の羊大升の二人は、前日から定海城のあたりに兵を率いて待ち伏せ、夷人どもがもし上陸してくれば、それを討ち取ろうと待機していた。海上のあちらこちらに火の手があがったのを見て、夷船はすべて焼亡し、清国軍の勝利は疑いないと考えて、それではいよいよ城外の夷人どもの陣営を焼き払おうと、処々に火をつけ黒・白の夷人ども数百人を生け捕りにした。

翌日（一八四二年三月五日）、鄭鼎臣は諸船をまとめて、定海城に到着し、詹成功と羊大升の二人に出会って、海と陸が同日に勝利を得たことを祝い、酒肴をもうけて大いに兵士たちをねぎらった。後数日を経て、城北の江奎山に夷人どの屯営があることを聞くと、諸将士ともに山上に登って、夷人ども二百人余りを生け捕りにし、万国地図や西洋の兵書ならびに大・小の鉄砲百挺を接収した。この度の合戦で焼き打ちにした大船は四艘で、端舟は三〇余艘であり、夷人どもを殺害した数は数え切れないほどであった。しかるに清国側の死傷者はわずかに三〇人に過ぎなかった。

乍浦の落城、付たり、夷人の乱妨の事〈282〉

乍浦（上海の西南で杭州湾の北岸）城内の将士たちは、すぐにもポッティンジャーとビッカ（嘪哋）の二人のイギリスの将軍が、大軍を率いて攻めてくると聞き、いかなる臆病神が取りついたのか、鶴の鳴き声も、風の音もすべて敵軍が押し寄せた音かと思い、びくびくしていた。諸州の兵士たちも同じことで、城の内外に充満してはいたものの、その旗色も弱々しく、大声で騒ぎたてているだけだった。

（一八四二年）四月朔日の早朝にイギリスの蒸気船が一艘、港の入口を目指してやってきて、小船を下ろして、水底までの深さを調べ、暗礁があるかないかを測量した。住民らは、夷船のこの様子を見て、妻子を連れ家財を運び出し、夜中をかまうことなく、何処へともなく逃げ去った。四月八日、恐れた通りに山のように大きな軍船六艘と蒸気船六艘の都合一二艘の船が、港に向けて次々と入ってきた。

イギリス船の入港を見て、城中の兵士たちは、慌て騒いで我先に逃げようとして、道路は人の上に人が重り合うような混雑で、手や足の骨を折るだけでなく、捨てさった武器や諸道具は数知れず、馬の蹄の巻き上げる埃をかけられる始末であった。少しばかり恥を知っている将士たちは、海岸の台場に着いて敵船に向かって数十挺の大砲を撃ったが、その心の中はものすごく動揺していたのであろうか、敵船までは届かないと分かっているのにどんどんと撃ち続けた。

この時には夷人どもは、帆柱の上に登り、望遠鏡で城兵の逃げる様子を見て、これを嘲ける者もあり、届かないのに空しく撃ち続け、弾丸と火薬を浪費することを咲う者もあったが、この日は合戦にまではいたらなかった。

翌（四月）九日の早朝には敵船はいっせいに岸近くまで攻め寄せ、二重三重の鉄砲狭間から黒煙を巻き起こしながら撃ちかけてきた。その弾丸は、岸の上の台場を撃ち砕き、百雷が轟き渡るほどの大きな音で、空に鳴り渡り、金色の蛇が地に這うようにも感じられ、上は天国から下は地獄の底までも、聞えるだろうと思われた。これを恐れて、城内の将士たちは誰一人として、進んで戦う気配さえ示そうとはしなかった。

ただ、副将の港公（後文には「供公」とある）は、満州の兵二百人を率いて、城を出て陸家街の傍に兵を伏せ、夷人どもが通りかかるのを待って決戦しようとした。果たして逆夷ども五百人ほどが、唐家湾から上陸し、城の南門に向かい、攻め入ろうとして陸家街を過ぎようとした。時に、副将の港公は、今こそ絶好の機会と、夷人どもを左右から挟んで、急に一斉に打ってかかった。夷人どもは慌ててしまい銃剣付き鉄砲を撃つ暇もなく、満州兵の槍につき倒されて二百人ほどが殺された。

しかし、いつの間にか夷人の一隊は城の北の山上に登り、大きな旗を一本開いて合図を送っているように見えた。すると又また、本船から数十人が手に大小の鉄砲を持って、飛ぶようなすばやさで上陸し、港公の兵に向かって攻撃を始めた。この夷人どもは新手なので、その勢いは潮が押し寄せるごとくで、これを押し止める手立てはなかった。満州兵たちは新手の夷人たちを恐れてざわめきはじめたところへ、副将の港公は、「敵は新手とはいえ、西洋の片田舎の者どもだから何ということはない、一人残らず殺してしまえ」と命じた。満州兵はこの命令に、気を持ち直して踏みとどまり、目の覚めるほどの戦いをしようではないかと、それぞれに討ち死にの覚悟を決めて、当たるを幸い切り落とした。

　夷人どもはこれにこらえきれず、まずはいったん後退して、鉄砲を連射して進もうとした。満州兵は先ほどからの戦闘に力を使ってしまい、夷人どもの後退するのを追いかけることができなかった。しばらくは満州兵も夷人どもも一息つこうとしているところへ、夷人たちは天砲を撃ちかけた。その玉は、満州兵の頭の上で破裂し、四方に飛び散ってその硝煙は耳や目を破壊し、百余人の満州兵は一時に打ち砕かれて、その骨や身は微塵になって空中に飛び散った。同時に港公も半身に火焔を浴び、焼けただれたものの、勇気に満ち満ちて残っている士卒四、五人を引き連れて、多数の敵兵の中に突入して最期をとげた。

【巻四　二二二頁裏・二二三頁表「黒白夷人乱妨図」省略】

城内の清国の兵士たちはいずこへともなく逃げだしており、敵の夷人どもは東門から城内に乗り込もうとしていた。

　水師副都統の長喜、同知の韋逢と張恵、周恭寿たちは、わずかに残っている士卒たちをまとめて、乗り込んできた夷人たちの隊列を混乱させようと、馬に乗って駆けまわった。

　夷人どもは馬を隊列に入れさせまいと、鉄砲の先の剱を垣根のように並べた。このために馬は隊列を乱せず立ち往生したが、周恭寿はまっさきに馬に鞭をあてて、馬を隊列に乗り入らせ、夷人どもを踏みつぶしたり蹴散らしたりした。大軍の中に二度、三度と馬を乗り入れ、隊列が乱れるところを長喜、韋逢、張恵らの諸士が刀や槍を持って列に切り込み、必死に戦って百余人の敵を討ち取った。

　周恭寿は敵の撃った鉄砲に左の肩を射抜かれて、馬から下にどうと倒れて地に伏せた。しばらくはそのままで息絶えたかに思われたが、又また立ち上り、攻めてくる敵を相手に白人を二人、黒人を五人切り倒したものの、終に力尽きて死亡した。他の諸士も敵を追い払おうと心ははやるものの、兵卒たちもみな深手を負っておりこれ以上働くことはできなかった。その上に味方の兵力は、たとえれば九牛の一毛、あるいは大倉の一粒のようにごくわずかでどうしようもなかった。その場をなんとか逃れて、残った将士たちは一緒に胡芦城に逃げ込んだが、城内に入ってみると、都統の徐雲はすでに自ら首をはねて死んでいた。将士たちはこれを見て同じように徐雲のそばで自殺した。

　このようなありさまで、夷人どもは城を乗っ取る一方、満州兵たちの陣営を大砲で撃ち砕き、南門外の人家に放火した。その火はたちまちに延焼して、北は吊橋から、南は水陸財神廟、飲馬池衖、火神衖まで焼きつくした。

　こうして逆将ポッティンジャーは、一戦のもとにこの城を攻め取った喜びから、直ちに城に入り、部下の兵士たちの死傷者を点検し、勲功を褒賞して、数日間この城にとどまった。その滞在中の黒人や白人の夷人どもの乱暴ぶりは言語道断であった。同月（四月）十一日には銅役所に押し入り銅をすべて奪い取り、近傍の港に停泊していた交易の商船二艘を破壊して、船中の品物をことごとく奪った。

　さらに可哀そうだったのは天慶寺の静室和尚である。夷人どもは天慶寺に入ると、静室和尚に揚子江や黄河の地図を出せと強要し、そのような図はないと和尚が答えると、夷人どもは激怒して和尚の袈裟を破り衣を剝いで丸裸にし、両手を縛って夷人どもの中に連行し数日飲食を許さずに嘲笑を浴びせた。

　また河定香という人の家に押し入り、家人を捕まえて海塘という場所の天后廟に連行し、定香には薪や水を調達するように命じ、定香の妻、妾、三人の娘を五人の夷人に配分して白昼これを奸淫させ、定香を呼びつけて傍でこれを見学させた。

　また黒人の夷人は不潔ということを知らないのであろう、日々民家を襲っては米穀を盗んでは、それを炊いて半生半熟状態のままで、船中で馬の大小便を入れるための槽に盛り、その傍に集まり座って、匙も箸も使わずに直に手づかみで食べていた。清国人の婦女子数百人を捕まえて来て、料理を担当させ、夜には彼女らを輪姦した。彼女らの泣き叫ぶ声は悲痛で聞くに堪えなかった。彼女たちのうちで輪姦に耐えきれず死ぬ者があれば、死体を路上に投げ捨てた。死骸は山となり、夜には青い燐光が燃え、昼には生臭い地獄の風が吹いて、目も当てられぬ惨状だった。

　さて、ポッティンジャーは揚子江沿いにさかのぼり、諸城を攻め取ろうとして、清国兵が捨てて逃げた大小の鉄砲やその他の刀、槍、弓矢の類をはじめ、米穀金銭などのすべてを本船に運び込んだ上で、同月（四月）十九日の早朝に牛を犠牲にして天を祭り、船を祭り、砲を祭って、黒人も白人もすべての夷人どもを引率して、この乍浦の地を離れていった。

烈女の劉氏の事〈288〉

烈女の名は七姑という。平湖県学の稟生（秀才第一の者で政府から米などを支給されている学生）の劉心葭の娘で、乍浦の城内に住んでいた。性質は聡慧かつ温和で、容色もまた美艶であった。幼年より読書を好み、人倫五常の道を悟り、裁縫の腕も人に勝れ、余技として算法を学んで家政をよく助けていた。四月九日に乍浦城が落城して以降、家々の婦女子は乱を避けて逃げようとする途中で、往々にして夷人どもによって捕まえられて姦淫されるなど、夷人どもに汚辱を受けた者は数知れずあった。

劉氏の親族たちが乱を逃れて逃げていっても、七姑は逃げ出そうとはせず、運を天に任せ門を閉じて戸を塞いで、じっと家に籠っていた。夷人どもは、既に劉七姑の容姿の美麗さを聞いて、これを手籠めにするために、黒夷の数十人が劉氏の門外に来て、竊に家の内の様子を探っていた。

その時に七姑は、戸外の靴音の慌ただしいのを聞いて、夷人どもが侵入してくるに違いないことを察し、刀を持って喉に当てて自殺しようとしたが、父母がそれに驚き泣き叫んで自殺を押しとどめた。七姑は「生きて父母にお仕えするのは、もとよりの願いです。しかし不幸にしてこのような乱世に出会ってしまい、私の身は今にも夷人に捕まえられ、どのようなことが起こって、父母兄弟を辱める結果になるか見当もつきません。むしろ自殺した方が安心できるのではないでしょうか」といい、父母と一緒に涙にくれた。そうしているうちに家の背後の垣根が破られる音がし、そっとのぞくと黒人の夷人が数人、手に手に銃剣付き鉄砲を携えて、破った垣根から侵入しようとしていた。

それを知って父母は、娘七姑を連れて西隣の徐氏の家に逃れた。少しすると夷人どもはそれを察知して徐氏の家に侵入しようとした。父母と七姑はさらに西隣の陶氏の家に移ろうとした。この時になって七姑は、父母と一緒に逃げようとしたものの、夷人どもがいよいよ追い迫っていて逃げられないことを覚り、徐氏の家の井戸に身を投げようとした。その時に「女子は垣根を超えてはならない」との教訓に気づいた。他人の家の井戸は自分が死ぬべき場所ではないと、自分の家の井戸へ向かって走ろうとしたが、父母のことが気がかりになり、進もうとしても進めなかった。陶氏の家の方を見ると、父母はすでに数人の黒人の夷人に捕まえられて、酷く殴られていた。

七姑は駆けよって父母を助けたいと思ったものの、婦女子なのでその力もなかった。思わず不意に「どうしようというの」と声を上げてしまい、「私の父と母です、お助け下さい」と叫んだ。夷人どもはことばは理解できないものの、遠くに七姑の姿を見ると捕まえようとして父母を放して走り寄った。七姑はそれを見て、急いで自分の家に駆け込むと井戸に身を投げた。夷人どもは七姑の身投げを見て、どうしようもなくどこかへ立ち去った。

七姑の父母は、先刻から夷人どもに殴られて、身体がひどく痛むので一時は困惑して地上に伏せていたが、すぐに七姑のことが気にかかり、身体の激痛を押して転んだり這ったりしながら自分の家にたどりついた。あちらこちらと娘の七姑の姿を探したが、見つけることができず、たまたま井戸を覗いて見ると、雪のように白い肌が少しだけ見え、紅の衣服の袖が水に浮かんで、まるで芙蓉の花が雨に打たれているようであった。年はまだ十九歳、まだ婚約もしていないのに、女子の節義を守って死んだのはあまりにも可哀そうでならず、父母は井戸の縁にすがりついて娘の名を叫び続けた。

親と子の情愛が通じたのであろうか、いまだ息が絶えていなかったのであろうか、頭を持ち上げるそぶりで、二、三度ほど父母の声に低く返事をした。この井戸は思いのほか浅い井戸で、身投げをしても沈んでしまうほどの深さはなく、顔面だけが水に沈むので大量の水を飲んで苦しみぬいて死んでいった。

嗚呼、義に殉じて生命を棄てるのは、男の中の男であってもなかなか出来るものではない。まして婦女子の身であって、父母兄弟を辱める結果になることを恐れて、少しも生命を惜しむことなく死に臨むとは、本当に古今に並びない烈女子ではなかろうか。

海外新話巻之四　終

『海外新話』巻之五

陳化成軍配　付討死事　并図（陳化成の軍配。付たり討ち死の事、并びに図）〈179・291〉

鎮江府落城事（鎮江府、落城の事）〈182・294〉

都統海齢妻投身火中事（都統の海齢の妻、火中に身を投じる事）〈184・298〉

欽差諸大臣奏和議事（欽差の諸大臣、和議を奏する事）〈185・301〉

両軍和睦事　付和約条目（両軍の和睦の事、付たり、和約の条目）〈187・304〉

同図（同じく図）

概要

提督陳化成、軍配。付たり、討死の事〈291〉

霜をもたらす風が吹けば、どれがそれに堪える強い草であるかが明らかになり、(『詩経』に政治の乱れを歌う板・蕩の編があるごとく)政治が乱れれば、誰が貞臣かが明らかにされる、とかということだ。天下泰平の無事の時代には、それに応じた悪い慣習によって、才能のない普通の人間が高い位に登り、邪悪な心を持つ人間が権力を握り、忠臣や義士は民間社会にひっそりと暮らし、その才能も力量も発揮することができない。

ここで扱う陳化成は、道光一九(一八三九)年にイギリスが起こした軍乱により、一般の兵員の中から新しく選ばれ登用されて、福建の水師督という役職に任命され、しばしば軍功を重ねた。

翌二〇(一八四〇)年には江南の守に任命された。日夜、軍務に力を尽くし、士卒と苦労も喜びもともにし、規律正しく業務を遂行した。同年四月に定海城が陥落したと聞いて、呉淞口(上海を南から北へ貫流する黄浦江と長江の合流点付近の南岸)に急きょ出向くと、新たに八千斤の大砲六〇挺を鋳立てて、東西の台場に分け備え、東は敵の上陸を防ぐため、西は敵の大船を撃ち砕く用意をし、その他、城や砦を築き、刀・槍を磨き、兵粮を蓄え、軍人にも民衆にも安心感を与えた。このために士卒らは、陳化成の徳を仰がない者はなかった。イギリスの夷人どももまた、陳化成の勇名を聞いて、「江南の百万の兵は怖くないが、唯一人陳化成だけは恐ろしい」といいあった。

同二二(一八四二)年の春、イギリス兵どもが上海南方の乍浦を始め、上海の近海の諸城を攻め取り、その勢いは破竹の如くであることにより、陳化成はイギリス兵どもがすぐに攻め寄せてくることを察知し、士卒に命じてますます防禦を厳重にさせた。果たして五月七日、敵のイギリス船がやって来て、猛烈な勢いで侵攻を開始した。この時、味方の清軍は数が少ない上に援兵も到着せず、十分の防禦をしかねることを覚悟した。

陳化成は、士卒に向かって次のように大義を諭した。「この度の合戦で私は全力を尽くして必死の覚悟で、国が今までに私に与えてくれた大きな恩に報いようと思う。お前たちも私に援助して国への忠節をつくしてほしい」と。士卒らは非常に感激して、地に涙を注ぐほど大泣きしない者はいなかった。陳化成は一人一人に一粒ずつの丸薬を配りつつ、「戦いになったら各自、この丸薬を口に含め、そうすれば胆気が非常に強くなるぞ」といった。士卒らは大いに喜んだ。

翌五月八日(一八四二年)、子の刻(真夜中)に大小のイギリス軍船がいっせいに攻撃を仕掛けてきた。陳化成は士卒よりも早く西の台場に登り、新鋳造の大砲に強い火薬をつめて、大船に向けて発砲した。同時に敵船からも大砲を放ち、その玉は化成が造らせた堤の前に砕け落ち、清国の兵たちは少し動揺した。そこで陳化成は、「敵船の大砲の狭間から白い煙が出れば、玉は打ちだされていないので、怖がることはない。黒い煙が起った場合は弾が発射されたので、全員、地に伏して玉をやり過ごせ」と命じた。士卒等、心得て陳化成の命じた通りに対処したので、死傷者も手負いになるものもなかった。

陳化成は、別に一つの計略を考え、敵船を誘き寄せるために、わざと台場を下りて堤の蔭に隠れた。敵は陳化成がいなくなったのを好機として、大船を続々と寄せて攻撃してきた。陳化成は、この時を失ってはならない、と士卒を引率して台場に登ると、数十挺の大砲を一度に撃ち掛け、大小のイギリス船一〇余艘に火災を起こさせたり破壊したりして、黒人や白人たち二千余人を焼き殺した。また同時に東の台場からも連続して発砲し、敵の上陸を防いでいたが、敵の船の帆柱の上からの砲弾に撃ち倒されて、兵士の数が次第に少なくなっていくのを見て、陳化成は一群の兵を援助に向かわせようとした。

ところが敵はすでに千余人を上陸させて、陳化成のいる西の台場に向かって押し寄せた。陳化成の危機を見て一人の士卒が一匹の馬を引いて傍まで来て、陳化成に「この馬に乗ってここから脱出してください」といった。陳化成は「私は国恩に報いるために戦っているのだ。夷人どもに背を向けてここを逃げ出しては、まったく面目がたたないことになる」といい終わらないうちに、敵の天砲(ぽんべん)が鳴り渡って、陳化成の傍に落ちるとその火気が激発して、陳化成の全身を焼き尽くした。それでも陳化成は堤の上に傲然(ごうぜん)と立って動かず、残った士卒に「一人でも多くの敵を殺して、気持ちよく討ち死にをせよ」と命じた。

こうしている時に、東の岸から上陸してきた数百人の夷人どもは、銃剣付き鉄砲の筒先を並べて陳化成に迫った。その鉄砲から撃ちだされる弾は雨の降るようで、筒先の剣の光は霜を置いたようであった。陳化成は左右に敵に攻められ、火傷は体の内部にもおよび、もはや防戦する力は残っていなかった。自分でも最後と覚ったのであろう、北京（首都）の方に向かって再拝し、地面に頭をつけて敬礼し、息を引き取った。士卒数十人も同じように討ち死にを遂げた。

その場所に武進士(ぶしんし)（科挙の武科の合格者）の劉国標(りゅうこくひょう)という者がいあわせた。劉国標は、陳化成の屍を敵の手に渡すことはできないと、道端の葦などの茂みに隠して、なんとか自分は包囲を切り抜けてその場を脱出した。一二日を経て劉国標は戻ってきて隠した場所から陳化成の屍を出すと、その顔の色はまったく生きているときのままであった。嘉定(かてい)県（上海の北西、現在は上海市嘉定区）の城外に埋葬した。上は王公から下は庶民に至るまで、陳化成の戦死を聞いて涙を流さない者はなく、棺の通り過ぎる家ごとに香を焚いて路上で陳化成を祭った。

江蘇の巡撫の程矞采は、陳化成の忠節を慕って、役所で文武の官僚を集めて、陳化成を祀った。その時に皆、痛哭して声を失った。このことが皇帝に耳に入り、帝の悲しみは深かった。陳化成のために朝夕の食物を減じ、数日の間、涙で衣の袖を潤され、陳化成を祀る祠の建立を命じられたということだ。

【巻五　五頁裏・六頁表　「陳化成討死図」　省略】

鎮江府、落城の事〈294〉

鎮江府（南京の東の長江沿いで、上海から南京への三分の二程度南京寄り。大運河と長江の交差する物流の要地）は、揚子江に面した大都会で、（長江と北京・杭州大運河の交点に位置するので）清国の咽喉元の場所ともいえる重要地点である。もしこれをイギリスに奪われれば、敵にとっては四方へ乱入する便宜を得、清国にとっては南北の通路を絶たれるので、非常な災いとなる。

そのために皇帝は文武の百官を集め、朝議して諸州の軍勢を狩り集めて鎮江に向かわせ、城の内外にびっしりと陣営を構えさせた。陣営にひらめく旗は山から吹く風にひるがえり、砲台は折り重なるように揚子江（長江）に面し、その厳重な備えは西洋一二か国の同盟の兵士たちが一時に攻めてきたとしても、容易には陥落するとは見えなかった。

（一八四二年）六月十三日の午の刻（正午ごろ）ころに、蒸気船一〇艘が白い煙を吐きながら走り来ると見ている間に、大軍船八〇艘が引き続いて逆巻く波を押し分け、遠くに見える府城に向かって船と船を綱でつないで戦陣を作った。一見すると船体の横に銃眼がぎっしりとつながり、蜂の巣を集めたように見え、船をつなぐ綱はクモの巣の糸よりもさらに多いように見えた。

翌（六月）十四日、朝霧がまだ晴れないうちに、二千余の夷人どもはすでに上陸し、府城の西門に向かって攻め込もうとしていた。城外に配備された官兵たちは予想外の慌てぶりで、防戦せずに二万余人がいっせいに逃げ散った。ただ、城の上からは大砲を撃って夷人どもを防ぎ、黒・白の夷人五百人を撃ち殺した。

この時に東南の岸上に配備された官兵は、敵船を打ち砕こうと台場に駆け上ったところを、逆に数十艘の敵船からいっせいに大砲を撃ちかけられ、その玉は官軍の陣営を焼き、台場を粉砕し、士卒等百人、二百人も一度に撃ち倒され、空中に血煙りが起って物の影もはっきりとは見えないほどであった。その玉音は百雷をあざむくほど猛烈で、地軸もこれによって破壊されるのではないかというほどであった。

少しの間に五万人余の官兵が焼け死んだ。幸いにして生残った者も敵の猛烈な砲声にうんざりし、耳はつぶれ目は目つぶしを受けたようになり、足腰が立たない様子になった。それを見透かしたかのように夷人どもは、数千の小船を投げおろし、それに乗って二万余人が飛ぶかのような勢いで上陸した。

夷人どもは二手に分かれ、城の東西から攻め寄せた。城外の官兵たちはどこへともなく逃げていったので、夷人どもは思うがままに攻めて来て、まず城を焼き落とそうと火矢を放った。その火矢は城の櫓の隅の狭間に、ハリネズミ（蝟）の毛のように突き立って燃えるのを、官兵たちは竿の先につけた綿に水を含ませて、あちらこちらと走り協力して消して回った。

城将の斉慎は、士卒に命じて、矢や石を惜しまずに敵を防いでいたが、しだいに敵は城に迫り、皮の梯子を城壁にかけて、城中に乗り込もうとした。さらに騒乱に乗じて、敵は城の背後の北固山に大砲数十挺を運び上げ、山上から城楼に向かって撃ちかけた。その玉は、集まり落ちて石正門を焼き砕いた。

そこから敵は直に城に入ろうとするのを、斉慎は海齢とともに、満州兵の強壮なる五百人を率いて、石正門の傍の鼓楼岡に上り、鉄砲を連発して、侵入しようとする敵を撃ち崩そうとした。しかしながら敵は、山上から次々と大砲を発砲したので、敵を止めることは困難であった。すでに城下には黒・白の夷人どもが蟻の如くに集まり、我先に城中に乗り込もうとしていた。

その時、北門を攻撃していた敵は、十字の旗印を押し立てて、一番先に乗り込んだように見えたが、驍騎の職の祥雲は、これこそ大事な戦いと士卒に命じて、大いそぎで攻撃し五百余人を打殺した。しかしながら白夷を倒すと黒夷が進んで来て、黒夷を殺せば白夷が救援に向かった。加えて南門の敵も大砲で城門を撃ち砕き、そこから潮が満ちるように城内に乱入した。

城中はすでに色めき立って、すぐにも落城するように見えたので、城将の斉慎は今は身に深手を負い流れる血を押しぬぐい、天を仰いで痛哭し自殺しようとした。そこに士卒が一人、駆けいたって諫めていうには、「只今、将軍御一人が自殺されたといっても、これら大勢の敵は退くはずがありません。まして将軍には八〇を過ぎた御母堂がおられるのだから、日々辛いことのみをお聞きになることになりましょう。忠と孝の二つを同時にまっとうしがたいことは、古くからの習いです。ここはいったん、多数の敵にまぎれてこの場所をお逃げください。再挙して敵を皆殺しにする計略を実行なさることこそ、大事なことでしょう」と。そういい終わるが早いか斉慎を脇に挟むように守り、混乱に乗じて丹陽県（鎮江の東南の近郊）まで逃れ、古廟の中に横たえ薬を与えるなど治療をした。

一方、城中では四面から攻め入る敵を相手にして、満州兵たちは今を盛りと必死に血戦していた。中でも都統の職の海齢は、手に二本の刀を持ち、金剛夜叉が荒れ狂うように、当たるを幸い、切って廻り、黒・白の夷人ども二〇人を討ち取った。驍騎の祥雲もまた、敵の手にかかって殺されるのを恐れ、堀に身を投げて死去した。僅かに生残った満州兵たち百余人も、こうした諸将の最期を見て、我も我もと城中に討ち死にを遂げた。まことに哀れなことであった。

こうしてイギリス兵どもは、一戦して揚子江に臨む重要な土地を攻め取ったので、喜び勇んで勝鬨をあげた。その上に満州兵の逆襲もあるだろうと準備をし、十三門外や府学の東門のあたりに夥しく地雷火を埋め伏せ、船中に載せて来た大砲類を城の上に配り備え、清軍が攻め寄せれば一戦に撃ち砕きたいと気勢をあげていた。

その後、数日して逆将のポッティンジャーは、北固山に上り味方兵卒の死傷を調べさせると、千八百二人を失ったという。そこで鎮江府の近郷の百姓を捕まえて来て、その不足の数を補い、陣営を設けさせた。西は甘露寺より、東は金山寺の辺に至るまで、黒・白の夷人どもはまるで碁石を散らしたように満ち満ちて、退く時など来ようかと思われるほどであった。

都統の海齢の妻、身を火中に投ずる事〈298〉

海齢は、府城の南門におり、将軍の斉慎とともに士卒を率いて、攻めて来る敵を防いでいたが、北門の矢倉に火の手があがったのを見て、引き返して、士卒に命じて打ち消そうとした。しかし火勢は益々猛烈で近寄る方法もなかった。

その時に海齢は自分の館の前を過ぎ、ふと妻子のことが気にかかって、館の中へ立ち入った。妻は三歳になる乳児を膝に抱き、いっこうに恐怖する気配もなく、自分の部屋の窓辺に座り、筆と硯を取り出し、何かを書いている様子だった。海齢はすぐに近寄って、子のうちの年長の子がいないので、その子はどこへ行ったかを問うと、妻は答えて、先刻、丹徒県（鎮江の東南側近）へ落ちのびる武者に背負わせて、子細の事情を書いた文を持たせ、親類の家に託すために出発させた。ご案じになる必要はございませんというので、海齢はさらに詳しく情勢を説明して、「もはや官軍の勝利は覚束なくり、既に逆夷どもは城下に迫り、北門の矢倉を焼き滅ぼした。事態は切迫しているので、お前もこの家をいったんは立ち退いて、煙に隠れ敵にまぎれてどこへなりとまず逃げ延びよ。死生は天が決めることなので、生命あればまた出会うこともあろう。別れを惜しまずとにかく逃れ出よ」と促した。

それを聞くと妻は両眼に涙を浮べ、「どうしてそのように儚いことをおっしゃいますか。このような重大な局面なのに、なぜあなたは妻子のことなどを気になさるのですか。私がこの家を出ればすぐにも夷人に捕まって、どのような汚辱を受けるかも知れません。それを考えれば城中で自から死ぬのが私の本意です。二人の子のうち年長の子はすでに縁者に託しましたので、それが生長すれば必ずや帝の御用に立ちましょうし、家の再興もできましょう。年少のこの子のことは私にお任せください。余りに情ないこととはいえ、あなたは士卒に命じられ、一日でも片時でもこの城を固く守り、絶対に敵の手に渡してくださるな」と、涙に暮れながらいった。

これを聞いて海齢は、我が妻ながら義烈の心が強いことに感激し、それならば敵と最後の血戦をしようと館から外に出ようとするのを、妻は鎧の袖を引き止めて、「しばらく御待ちくださって、私の最期を御覧になり、心を後に残さないでください」と、三歳の乳児を脇に抱き込むと、懸命に北門に向かって走り去ると見ている間に、可哀そうに猛火の中に飛び込んで、夫の海齢に先立って自殺した。

海齢は妻の自死を見て益々感激し、「憎き逆夷どもかな。今はただ国家の敵というのみならず、我が妻子の仇なれば、一人も多く討ち取って冥土の土産話にしよう」と、生き残った満州兵四、五〇人を一手として、群がる敵に突き入って、右へ左へ移動しながら切り倒し、必死の勢いで戦った。すぐに敵三百余人を打ち取ったので、敵はこの勢いに辟易して、四方に颯と退いた。海齢は思案して、「いや逆夷の手にかからぬうちに、速やかに最後を遂げよう」と、一方を切り開き、北門の矢倉が焼け落ちたものの火勢が未だ衰えない中に身を投じ、夫と妻は同じ処で自から焼死した。

程なく皇帝の叡聞に達したので、皇帝は両江総督の奕山に詔して、丹徒県に残された海齢の一子に厚く禄を賜わった。また、夫妻の忠節を以て処々の門閭（海齢の家と村の入口の門）に碑を立てて手柄をたたえさせたので、古今未曾有のことだと、見る人々で感涙を流さない者はなかった。

欽差の諸大臣、和議を奏する事〈301〉

逆夷どもは、圌山関（鎮江の東の郊外）を破り鎮江を陥れ、その勢は益々盛んで、すぐにも南京の省城に押し寄せようと、数百艘の大軍船が瓜州、京口（ともに鎮江付近）の辺に集まって碇泊した。これを聞いて揚州（鎮江の西）や江寧（南京の別名あるいはその一部）は勿論江西（浙江や福建の西）・安徽（南京の西で江西の北）・

河北（河南の誤りか、河北は黄河の北）などの住民の騒動はきわめて大きかった。

【巻五　一一頁裏・一二頁表「清英両将和約図」省略】

欽差大臣の耆英、乍浦副都統の伊里布、両江総督（江蘇省・安徽省・江西省の総督）の牛鑑、江蘇（東は海、南は長江、省都南京）巡撫の程矞采らは、会議をして次のように決めた。

我々は皇帝の大命を奉じて、逆夷を退治するためにこの地に派遣された。日夜、心を軍務に配り、防禦の手立てを施しても、一つもその効果はあらわれず、次々に肝要の城や地域を敵に奪われてしまい、人々は一日たりとも枕を高くして休むことができなくなった。たとえここで力を尽くして一戦に及ぶとしても、もし官軍が敗走するようなことになれば、かえって夷人どもの侵略の勢いを増す結果になり、国家の害毒を増やしてしまうことになる。戦いを避けて敵を恐れているような態度と似ているとはいえ、とりあえず皇帝に奏聞していったんは逆夷どもの請うところにまかせ、和議を取り結び、万民の命を救いたい、と。

諸大臣は、次のように皇帝に奏上した。

臣らは、身に大任を受けながら、夷人どもの巻き起こした辺境の塵を清めることができませんでした。空しく逆夷どもの軍の勢を伸ばすことになり、国体を損傷する罪は、もはや今にいたっては免れることはできません。しかし現在の危急にあたって空しく死ぬよりは、各々の卑見を陛下に説明申し上げ、その後に自分たちの身は陛下の斧鉞（刑罰）に委ねるばかりです。謹んで夷人どもの侵犯の理由を考えてみますに、次の三か条の他には思いあたりません。

第一はアヘン烟を没収した欠金（補償金）と、船団の軍事行動に用いた費金（費用）を合わせて二千一百万両ですが、この金を受けて後に和睦を結び、兵船を退去させることを望んでいます。

第二は、香港、厦門、寧波、上海、定海などの地に商館を設けて、さまざまな夷人どもがそれらの場所に永年にわたって住み、万国と諸物を交易し、その大きな利益をつかみ取ることを望んでいます。

第三は、英国の貿易船の船長や責任者などが、中国の官人と一緒に会議をする場合には、お互いに平等の礼で会議を進め、少しも身分の尊卑高低がないようにすることを望んでいます。

彼らが懇望する事柄は、このようなものに過ぎませんので、時代の風潮もありますから、しばらくは彼らの望むところに従って皇帝がご決断の上御許しなされば、海から攻めてくる問題はきっと収まるに違いありません。

もしも中華の威武を誇りにして、夷人どもを討伐しようとすれば、庶民はその戦争のための苦しみから逃れることはできません。現に昨日、何者が声明したのかはわかりませんが、安徽省寿春県の勇兵を募って、近日に英夷と戦闘するということだった。夷人どもは、これを聞いて即刻、鐘山（南京の東郊外）の頂上に大砲数十挺を運び上げ、これらの大砲で省城（南京城のこと）を撃ち破ろうとした。さらにまた、船の上に紅旗を推し立てて、銃眼を開いて合戦を挑もうとする動きがあった。

揚州（江蘇省）の住民らは以前から軟弱な風習なので、こうした戦争準備を見て老少男女の別なく、省城の門外に相集まっていうに、「我らは、如何なる不幸なのだろうか、こういう時節に出逢ってしまうとは。今に合戦がはじまれば、逆夷の放った大砲のために、自分の一身は微塵に撃ち砕かれることの悲しさよ。願わくは欽差大臣さま、この苦難をお救いください」といいながら、諸民の泣きさけぶ声は少しの間も休むことはなかった。この光景は、実に心胆を寒くさせるものでした。

こうした時にあたって、兵を起こして災いを呼び込み、罪もない人々を死に追いやるよりは、ここは逆夷どもの要求するところに任せ、時期に合った方便を考え和交を結び、通商を差し許され、さらにアヘン没収の損害に会った広東の一三商人の欠金と、夷人どもの船軍の費用合せて二千一百万両を返還してやってくだされば、実に臣民たちの大きな幸せになります。

臣らは、職を失い、国体を損なった罪などは、あえてこれを避けません。各々の犯した重刑に従って、その罰を受けますので、伏してお願いいたします、と。

ここにいたって欽差の大臣らは、防禦の術を施すに力なく、とうとう和議の一条を以て怒りをこらえ恥を忍び、皇帝の前に奏上した。その心中ならびに苦心の程こそは、実に察するに余りあることだった。

両軍、和睦の事、付：和約の条目〈304〉

諸臣の和議の奏聞を一覧して、皇帝は猛烈にお怒りになったけれども、孫氏の兵法の「五事七計（五事は、道、天、地、将、法、七計は、主、将、天地、法令、兵衆、士卒、賞罰の計略）」に照らして、彼我の形情をじっくりと比較なさった。

その結果、今日の時勢はいかんともしがたく、中華の勝算はそれほど多くはない。まして将士は、命令に即して奮闘し非常に疲れている上に、さらに強いて戦闘を求めたところで必勝の利はなく、かえって中華の武威を損ない、天下万国の物笑いになるだけだ。されば諸将の奏議に任せて、時期に合った方便で和睦を許し、人々の塗炭の苦しみを免れさせる以外の途はない。このように考えられて悲涙を流して、詔して次のように命令された。

広州（香港の西北）、福州（福建省の省都で寧波と厦門の中間）、厦門（福建省で福州と香港の中間よりやや福州寄り）、寧波（浙江省。舟山の大陸側）、上海の五か所に商館を設け、諸物の交易を許すことにする。しかし夷人が妻子とともに来て、常住することは禁止する。もっとも、定海の舟山島、厦門の古浪嶼（厦門近傍の小島）の二か所は島であり内地につながっていないので、しばらくは妻子を連れての居住を許容する。なお、英夷が請求する欠金（補償金）および英夷が海軍での戦いに用いた費用については、その額が莫大になるので、ポッティンジャーと同席する会議で年度分割とし、その利息を加えて償還することとする。諸事については熟考の後に取り扱いを決め、去年広東府において琦善や揚芳らが、漫然と逆将の気勢を恐怖して、事ごとに英夷の要求の通りに扱い、その場限りの対処で終わったようなことを再びしないようにせよ。

諸将は江寧（南京）に集まって、この詔を受けて、即日、夷船に至って、英将と出会って和議の条約を定めた。その条約は、次のようなものであった。

ここに大清大皇帝と大英君主は、近来の不和の始まりを解き、戦争を止めることを欲するによって、このために議定して永久の和約を設立する。

ここに大清大皇帝派命欽差便宜行事大臣として太子少保鎮守広東広州将軍宗室の耆英と頂戴花翎前閣督部堂乍浦副都統の伊里布と、大英伊耳蘭等国君主特派欽奉全権公使大臣として英国所属印度等処三等将軍世襲男ポッティンジャーとは、公の場で会合して、各々が奉じるところの上諭便宜行事および勅賜全権之命を相互に校閲して、ともに間違いないことを認め、すなわち議して左に陳列する各条を確定した。

一（第一条）、今後、大清大皇帝と大英君主は、永く和平を存し、所属する中華と英国の人民は、お互いに友睦し、各々、他国に住する者は必ず当該国の保護と助けを受け、個人と住居の安全をはかることができる。

一（第二条）、今より以後、大皇帝は恩恵として、大英国の人民が家族や関係者を同行して、寄居大清の沿海の広州・福州・厦門・寧波・上海の五か所の港に、貿易通商のさまたげなく居住することを許す。また大英君主は領事、副領事などの官を任命派遣して、当該の五か所の城邑に住ませ、商売などのことを管理し、各々の当該の地方官と公文をやり取りし、英人に下の条文のように税やいろいろな課税費用を納入させる。

一（第三条）、大英の商船は遠路に洋を渉るので、往々にして損壊し修補の必要ある場合がる。船舶を修理し、それに用いる材料などを保守するために、まさに沿海の一所を給わりたい。【以下の部分は原文に欠けている重要な部分である『今、大皇帝は准将香港一島を給予大英君主とその後継者たちに与える。英国君主と後継者は、常に長く支配して、法を制定してこれを治めよ。

一（第四条）、欽差大臣らが道光十九（一八三九）年二月の間に、英国領事官と英国民らを広東に抑留して死罪をもっておどし、生命をあがなうためにアヘンを差し出させた。』ここまでが原文に記述のない重要な部分である】、今、大皇帝は准以洋銀六百万元をもって、原価を補償する。

一（第五条）、すべての大英国民の広東における貿易は、先例では商館内に定額で設立した商会が公行（こほん）（官許の外国貿易ギルド）と称し請け負うことになっていた。今より大皇帝は今後はこの先例に照らすことなく、すべての英国商人がそれぞれの当該地域に赴いて行う貿易は、どのような商人との交易かを論ずることなく、ひとしくそれを認める。さらに先例の定額で設立した商会の内には、英国商人にはなはだ多くの負債があり完済できない者がある。商人の損失の額を洋銀三百万元と議論して定め、中国の役人よりこれを償還することを許す。

一（第六条）、大清の欽命した大臣が、大英の官民人らに対して、不公正なことを強弁し、そのために軍隊を発して公正を求めさせることになったことによる水陸の軍費を、洋銀千二百万元と議し定め、大皇帝はこれを補償することを許す。道光二十一（一八四一）年六月十五日以後に、英国が各城の補償金として受け取った洋銀の額は、大英全権公使が上記の額から控除する。

一（第七条）、以上の三条で約束した銀二千一百万元については、分割で支払う。その分割は左の通りである。すぐに六百万元。癸卯（一八四三）年六月に三百万元、十二月に三百万元、計六百万元。

甲辰（一八四四）年六月に二百五十万元、十二月に二百五十万元、計五百万元。

乙巳（一八四五）年六月に二百万元、十二月に二百万元、計四百万元。

壬寅（一八四二）年から乙巳年までで計二千一百万元。

もし、期日に未納の額があれば、百元につき五元の利息を加えることを議し定めた。

一（第八条）、すべての大英国人について、本国・属国（インドなど）の軍民を論ずることなく、今、中国の管轄する各地に監禁されている者は、即座に釈放することを大清大皇帝は認める。

一（第九条）、すべての中国人にして、以前に英人が住んでいた地域に居住する者、英人と往来のある者、あるいは英国の官人に仕えていた者については、ひとしく大皇帝が詔勅を天下に降して恩により免罪し、すべてのかかる中国人のうち、英国の事によって捕まっている者については、恩により釈放する。

一（第十条）、前の第二条については、英国の商民が通商する広州など五処に関して、輸出・輸入の税は公議により定めて明示し、英国商人はこれにより納付することとする。今また、英国の貨物はある港で納税の後は、中国商人が広く天下に運送する。それについては途中に税関を通っても、再度税を課さない。ただし、値段を考慮し若干を加えることはできるが、両方を加算して一定限度を超えないこととする。

一（第十一条）、中国に居住する英国の惣管大員（代表者）と、京の内外を問わず大清の大臣とは、文書を往来するには「照会」の字を用いることを議定した。英国の代表者の属員が「陳」の字を用い、大臣が命令して返答する時は「札行（箚行）」の字を用いる。両国の属員同士は必ず平等の書式とし、もし商人が官憲に上申する場合にはこの限りではなく、「稟明」の字を用いるのが望ましい。

一（第十二条）、大清大皇帝のこの和約条約の各条の施行の許可と、六百万元の支払いをまって、大英の水陸軍は江寧（南京）や京口の江面を退出し、中国の各省の商人の貿易を妨害しない。鎮海の招宝山からも、退出する。定海県の舟山島と厦門の古浪嶼嶋については、議定した清国が支払うべき銀の全数の支払い後、また前に議した各場所が開港し英人が通商できて以後、この二処から軍隊を撤退させてふたたび占拠することはない。

以上の各条は議定した要約であり、大臣らはそれぞれ大清大皇帝と大英君主に奏上し、それぞれが朱筆で署名し批准した後、すみやかに交換して両国が一冊ずつを持ち、お互いに順守することを明らかにする。また両国ははるかに遠く隔たっており、すぐには往来できないため、別に二冊をつくり、まず大清便宜行事大臣らと英国欽奉全権公使がそれぞれの君主のために事を定め、関防の印を用いて作成する。それぞれがもつ一冊を典拠として和約条約に記された条文を参照し、妥当かつ滞らないように施行するために、この和約を定める。

道光二十二年七月廿四日　すなわち英国紀年の一千八百四十二年八月廿八日

英国全権　ポッティンジャー（璞鼎査）　印　〇

大清欽差大臣

便宜行事　耆英　関防 □
両江総督部堂　牛鑑　関防 □
江蘇巡撫部院　程矞采　関防 □
乍浦副都統紅帯子　伊里布　関防 □
（○や□は印鑑を示している）

右の条目で両国の和睦が成立し、二千一百万元の金子のうち、約束の通り先ず六百万元を、英将ポッティンジャーに差し出した。ポッティンジャーは、その金を受けとると即日に、江寧（南京）から船を戻した。これを見て鎮江、京口、瓜州（すべて鎮江付近）などに碇泊していた諸軍船は、追々揚子江を出発して、本国のイギリスに還る船もあり、印度の諸地方に帰る船もあった。

このときにポッティンジャーは、暫くは広東の地に来て、この後の通商交易のことなどを取り決めた。郭士立〈士立はイギリス生まれで、幼年から清国の天津の地に住んで、中国語の読み書きを学んで二〇余年を過ごし、その後にまたイギリスに帰った人物という〉は、定海に留まって、通商のことを管領した。

このように海辺に住む人々は、連年の騒乱を避けて四方に離散し、道端で泣き暮らしているような状態の者が多かったが、ここにいたって初めて安堵の気持ちを持つことができ、それぞれ元の生活の土地に帰り、壊された家屋を修理し、荒らされた園地を掃除して、それぞれの仕事に戻って太平万歳を唱えた。かつまた朝廷では、諸将士の功勲を褒めて賞し、有罪については処罰を行った。ここに士気は大いに復興し、沿海の防備は最も厳重に整えられた。さてイギリスからの外患があることにより、このようにして、清国の二百年来の承平柔惰の風習を一変したことは、かえって国家を長久に保たせる基本になったともいうべきかもしれない。

海外新話巻之五　大尾

影印『海外新話』

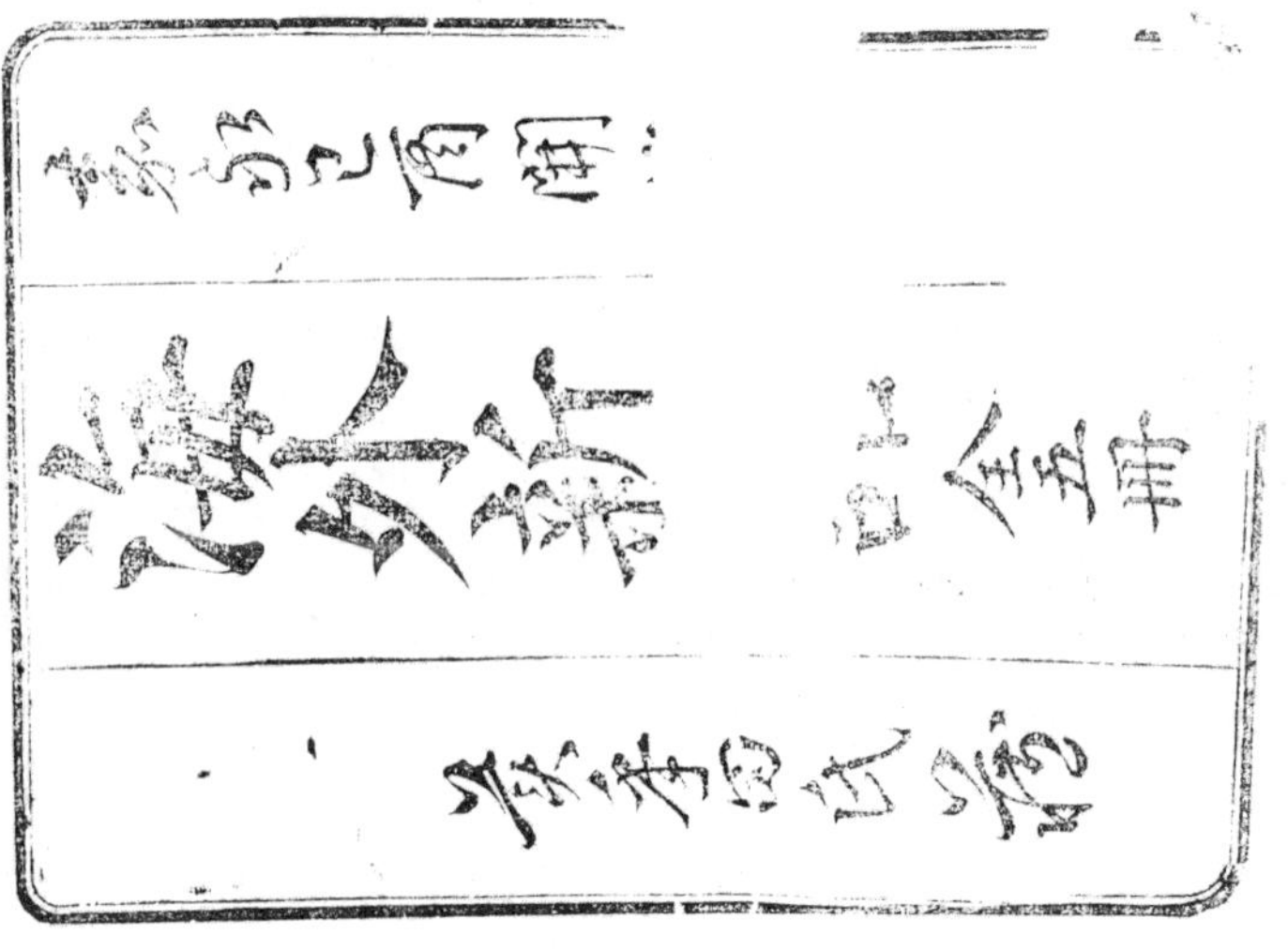

巨礮震天堅城摧。虜船進港
漢軍走。風鶴心寒況船礮。咽
喉之地棄不守。誰招寇者林
尚書。海疆新令電激如。寛猛
二字失擧措。毎事都出憤懣
餘。鴉片煙消起土匪。終見長
鯨掉其尾。陣雲慘澹日無光。
家家亂入黑白鬼。十圍松櫟
風凄凄。死骸横路怪鵰啼。邊
將空起望洋嘆。封關建議令
噬臍。宸廷泣降和戎詔。北俞
南戚無人肖。哀哉百萬講和

金。往買庚脅一朝咲唯我
神州屹海東。四沿清涵蒼波
中。天賜前鑑非無意。婆心記
事亦徹衷。嗚呼海國要務在
知彼預備嚴整恃有待。雖無
神風覆萬艦。復遣生還三人

二

耳。

嘉永己酉春三月題於澀
上寓居。時絲管沸樓。遊塵
漲空。生遇太平寔可樂也

楓江釣人

例言

一此編ノ記事之ヲ夷匪犯疆録ニ原ヅク然レ圧犯疆録ノ一書南北諸省ノ将士奏議策論及ヒ戦闘間目撃ノ記得ルニ従ヒ雑集メ編ヲ為スモノナリ依テ年月時日ノ次序ニ至テハ侵犯事畧ニ據リ猶又謬誤アル者ハ他書ニ就テ改正ス陣化成ノ陣亡五月九日誤テ同月十二日ノ條ニ記ルスカ如キ是ナリ

一犯疆録ノ紀載道光二十年皇國天保十一年七月二日英夷定海縣ヲ攻陥スルノ事ニ始ル依テ鴉片

海外新話巻一　三

煙流毒及ヒ林則徐廣東ニ於テ厳酷ノ禁令ヲ設ケ終ニ夷人ノ侵犯ヲ招ク其濫觴ヲ知ルヿナシ今且ク經世文編隠憂録乍浦集詠清武記等ノ諸書ニ據テ變亂ノ縁由数件ヲ前ニ増載ス脱誤或ハ少ナカラス識者ノ訂正ヲ俟

一行文ノ体裁ハ盛衰記太平記總テ皇國古来軍籍中ノ套語ヲ用ユ童蒙ノ士トイへ圧一讀メ記誦シ易カラシメンカ為ナリ

一英人ノ官爵姓名共ニ漢譯ノ字面ヲ用ユ「スコートベイナクト」官名ヲ水師提督「ホテンチヤ」人名

ヲ僕閃査ト記スカ如シ

一 礮臺ヲ臺場火槍ヲ劔付鉄砲ナド譯シ天砲ノ如キハ直ニ漢譯ノ字面ヲ用ヒ猶又蠻語ヲ以テボンメン」ト傍訓ス彼是譯例ノ一定セザル者ハ只ニ時人稱謂ノ便ニ従フノミ

一 英人ノ戎装及ヒ軍艦ノ圖ヲ掲ルモノハ彼國万里外ニ在テ我ト重洋ヲ隔絶ス故ニ其人物ノ形状器械ノ製造ヲ知ル者少ナシ依テ和蘭船載ノ圖ヲ摸寫メ以テ本篇ヲ讀ノ一證ニ備フト云フ

雋 識

總目

巻之一

巻之二

林則徐奉命掌廣東政務事

於虎門燒燬鴉片圖

暎國使節到廣東府事

楊靖江於穿山洋襲夷船事

英吉利王命義律發船軍事

奓模河發船圖

英夷陷定海縣城事并圖

袁兆魁探定海夷情事

出青田縣怪獣事并圖

海外新話巻一

五

巻之三

英將義律到天津江事

琦善於廣東私議和事

於蓮花港供應夷人圖

官軍到着廣東付燒討夷船事

粤秀山觀音靈驗事

道光帝逆鱗付琦善行罪科事

英兵攻廣東付參賛楊芳議和事

段永福發大砲擊碎夷船圖

英夷并湖南官兵乱妨事

郷勇與英夷戦闘事 并圖

巻之四

賈人張鴻製麁尾陣事 并圖

噗鼎査嗎利遜再攻定海事

主錫朋血戦圖

掘出諸葛孔明所建碑石事

林朝聘諭大義退夷船事

鎮海生員王師真焼討夷船事 并圖

官軍退治定海夷人事

乍浦落城 并夷人乱妨事 并圖

烈女劉氏事

巻之五

陳化成軍配 并討死事 并圖

鎮江府落城事

都統海齢妻投身火中事

欽差諸大臣奏和議事

両軍和睦事 并和約條目

同圖

目次終

英吉利國紀畧

イキリス ハ歐邏巴（エウロッパ）洲西方ノ海中ニ在ル一大島國ナリ 漢人譯シテ英機黎暎咭唎諳厄利亜㮇厄利亜等ノ字面ヲ用ユ近來又省稱シ英國英夷ト云 此島北方ノ地ヲ思可齊亞（スコシヤ）ト云フ古昔ヨリ獨立ノ主アッテ此ヲ領セリ然ルニ暦數一千七百零七年英國ノ女王盎那（アンナ）ノ世ニ當テ其地ヲ從有シ且又西方ニ在ル意而蘭土（イールランド）ノ一島ヲ得之ヲ總稱メ大蒲利丹尼亜（ブリタニヤ）ト云フ即チ地ヲ分ッテ五十二州トナシ是ニ六十二ノ諸候ヲ封ス其南方ハ「カライス」ト云ヘル海峡ヲ隔テ和蘭佛狼西ノ兩國ト對

海外新話巻一　二

ス中間相距ルヿ僅二十二三里便風ニ帆ヲ開寸ハ一日ニメ往還スベシ斯テ四沿ノ海岸巖石聳立暗礁海ニ迸リ風潮ノ險悪實ニ恐ルベキノ地ナリ依テ近隣ノ敵國トイヘ𪜈窺覦ノ念ヲ茲ニ絶ス既ニ那波礼翁勃奈跋兒的（ナポレオンボナパルテ） 佛狼西國ノ倫帝 ノ如キ天下ヲ席巻スルノ英傑トイヘ𪜈亦此ノ海險ヲ恐レ敢テ兵船ヲ侵入スルヿナシ古來其國王或ハ男或ハ女一定セズ當今ハ即チ女王ニメ名ヲ城喇ト稱ス即位ノ後二年屬國ノ二王子ヲ請テ之ヲ夫壻トナス女王朝ニ臨ンテ政ヲ聽寸ハ二

王子モ亦其左右ニ侍坐セリ諸侯朝勤スル時ハ女王ノ前ニ接近シ跪テ掌ヲ王ノ膝(シツ)下ニ出ス時ニ王手指ヲ以テ親ク掌心ニ点ス諸侯其手指ヲ嗅テ而ル後ニ退ク是英國ノ重禮ナリ都府ヲ嗹頓(ロンドン)ト云フ參摸河(テイムスカ)ノ上ニアリ家屋櫛比人民𣴎湊ス此河ニ跨テ大橋アリ長サ百八十丈幅四丈三處ニ燈臺ヲ設ケ夜間コレニ火ヲ点メ以テ行人ニ便ス又岸上ニ砲臺ヲ築キ外冦ニ備ヘ數處ニ互市場ヲ置キ土産ノ毛絨穀物錫鐵其他苧麻大麻等ノ品ヲ以テ万國ノ商人ト貿易ス其商船河口

ニ相集テ危檣林立水面陸ノ如シ府下ノ人口凡一百零五萬餘大學校ニ在ル所ノ生徒平常數萬ノ多キニ下ラズ土人女子ハ頗ル情慾深クメ貞烈ノ操無シ嗹頓(ロンドン)ノ俗毎夜酒筵ヲ設テ歡樂ス婦女相爭テ其筵ニ預ルヿヲ希フト云男子ノ性極テ伶俐狡黠然レ𪜈事業遠大ヲ期シ大船ヲ製メ万國ニ航海シ諸物ヲ交易メ巨萬ノ利ヲ計ル其商船ノ數二萬八千八十艘船上ニ使役スル所ノ者十八万五千人國王ノ予船大砲四十挺ヨリメ百二十挺ヲ備フル者八百余艘船上ノ徽号皆十

字ヲ畫ク赤青白ノ三色アリ就中赤色ヲ以テ貴重トス印度所領ニ備ル軍船一百二十四艘本國ヨリメ其地ニ留在ノ官吏凡四千人且又民兵ヲ撰フニハ七十ニメ一ヲ取リ十八ヨリメ四十五歳ニ至ル者ヲ限ル隊陣編束ノ法ハ三人ニ初ル之ヲ祿多ト名ヅク祿多十六ヲ合メ設幾丁ト云ヒ設幾丁二隊ヲ合メ工巴偓尼ト云ヒ工巴偓尼四隊ヲ合メ抜臺龍ト名ツケ抜臺龍二三隊ヲ合メ列細綿多ト云フ夫ヨリ細比支列以傑兒格尓布斯等ノ大隊陣アリ最各隊ノ中加比丹滿底酒多

格魯涅熱涅剌尓等ノ官アツテ之ヲ指揮セリ其戎裝ノ如キハ近年火砲ノ技盛ニ行ハル、ニ依テ古昔ト大ニ一變シ務テ進退輕便ニ從フ故ニ鉄鎧金甲ヲ廢棄メ之ヲ用ヒズ唯重騎兵ノミハ胸甲ヲ用ルナリ其火器大ナル者ハ迦礮忽礮一耳礮臼礮アリ其小ナルモノハ重手銃火槍邊銃ノ諸器アリ且又火箭隊ヲ設テ敵ノ城營ヲ焼燬スルノ用ニ備フ兵勢ノ勇猛峻烈ナルヿ西洋ノ諸夷其右ニ出ルモノナシ弱國アレバ直ニ之ヲ併有シ强國アレバ術ヲ以テ漸クニ之ヲ疲弊セシ

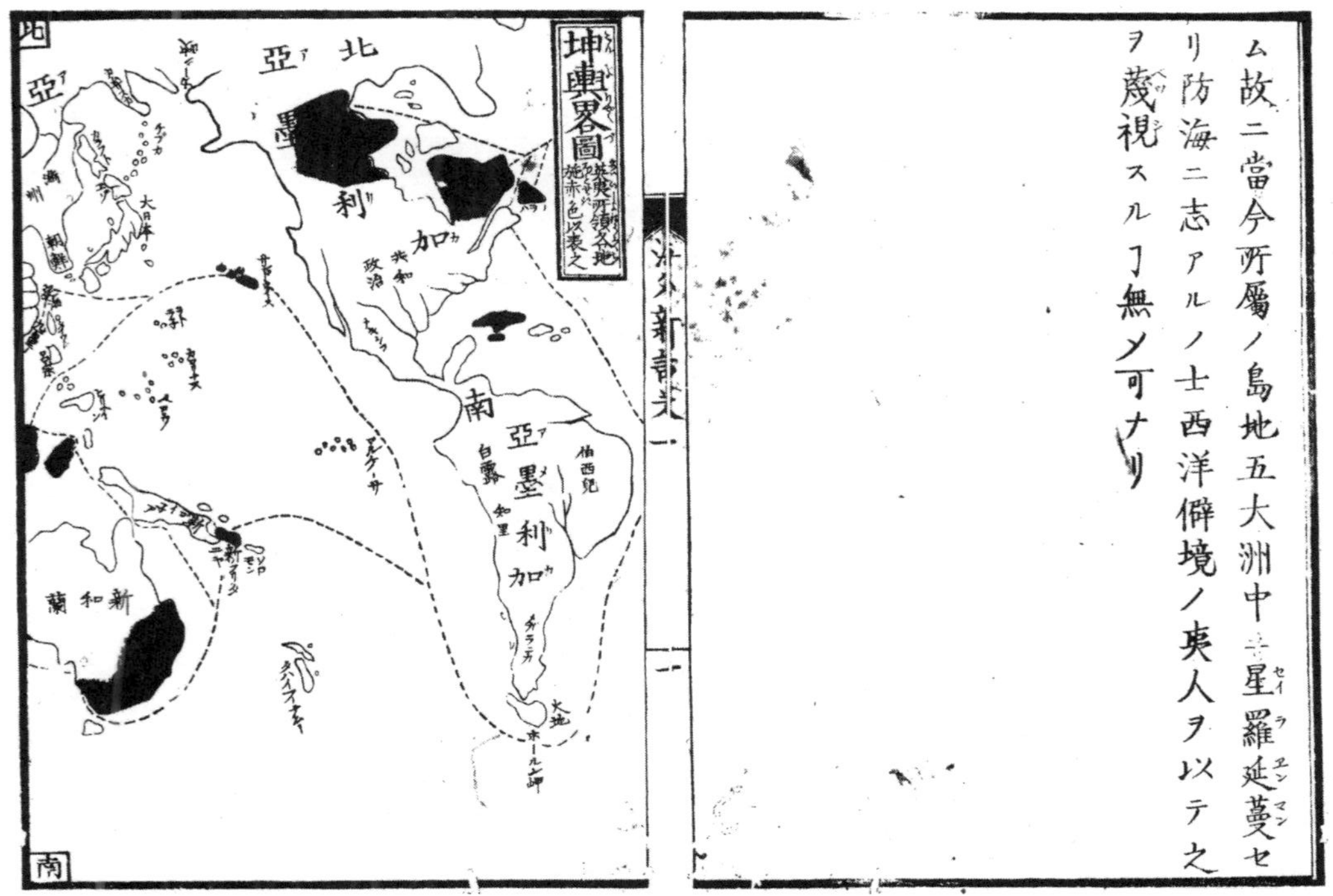

ム故ニ當今所屬ノ島地五大洲中ニ星羅延蔓セリ防海ニ志アルノ士西洋僻境ノ夷人ヲ以テ之ヲ蔑視スルヿ無メ可ナリ

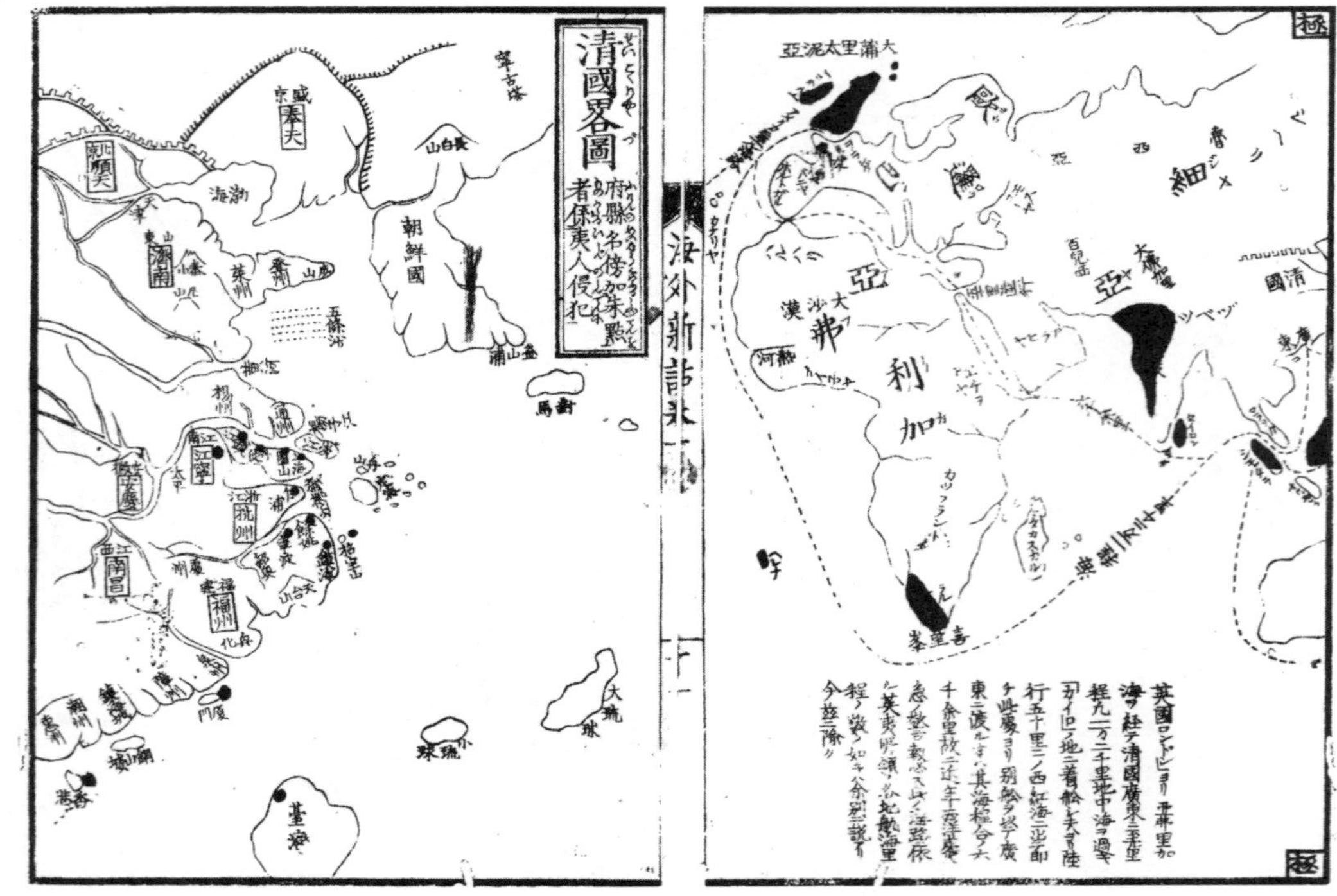
清國畧圖
府縣名傍加朱點者係夷人侵犯
海外新話
朝鮮國
臺灣

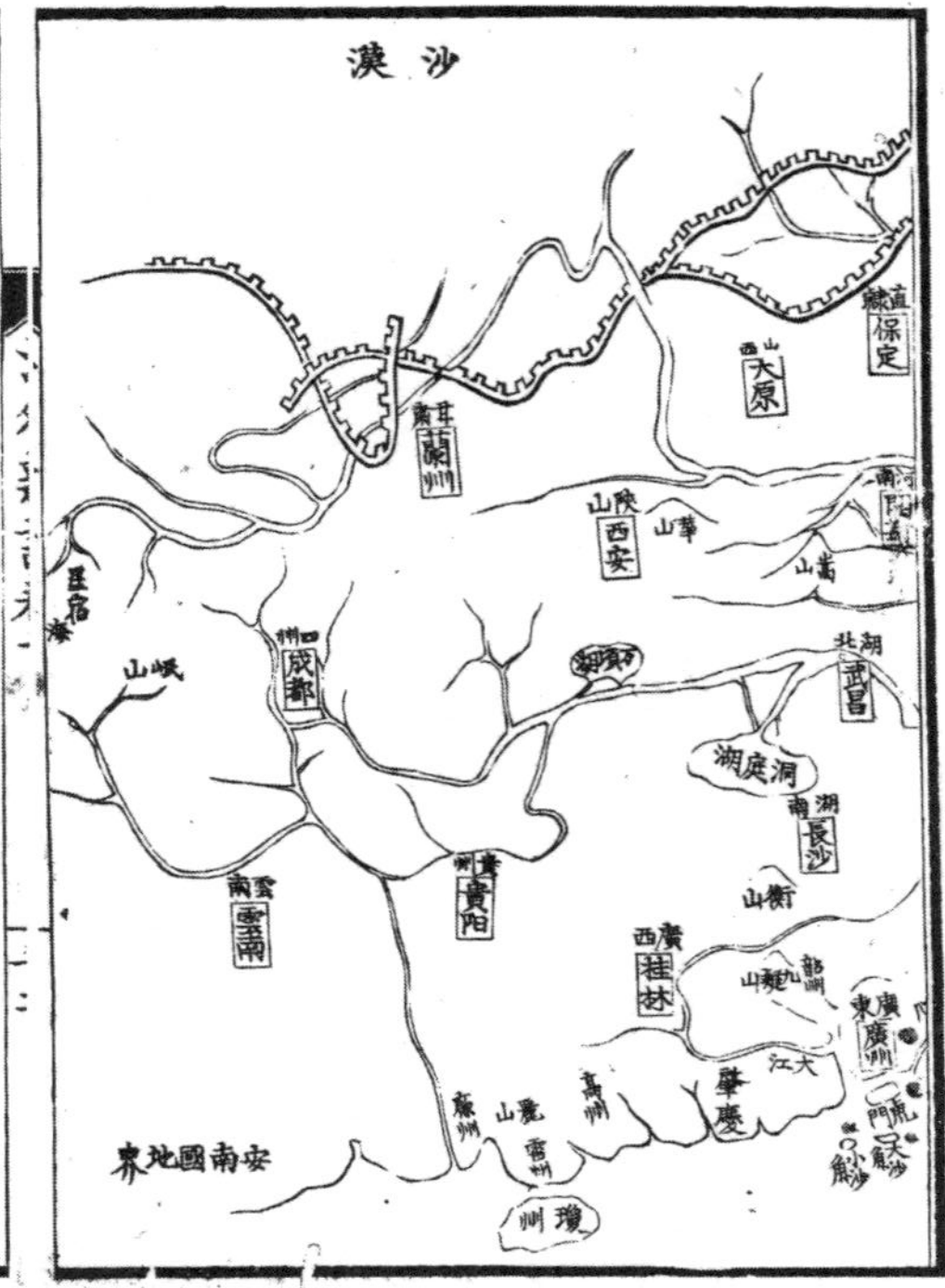

沙漠
保定
大原
蘭州
西安
華山
成都
武昌
洞庭湖
長沙
衡山
貴陽
雲南
桂林
廣州
肇慶
大江
高州
雷州
廉州
瓊州
安南國地界

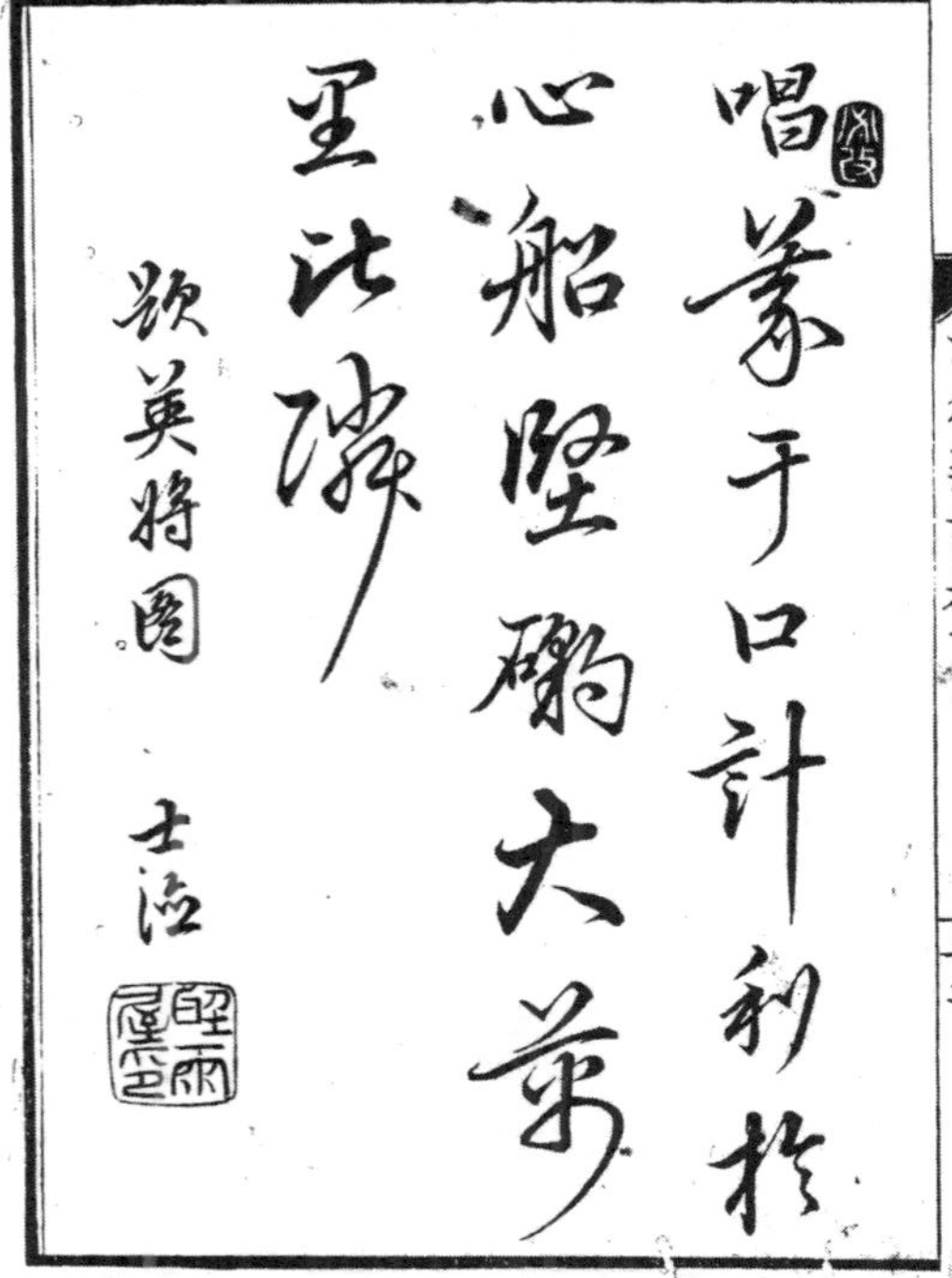

唱棄于口計利於
心船堅礮大英

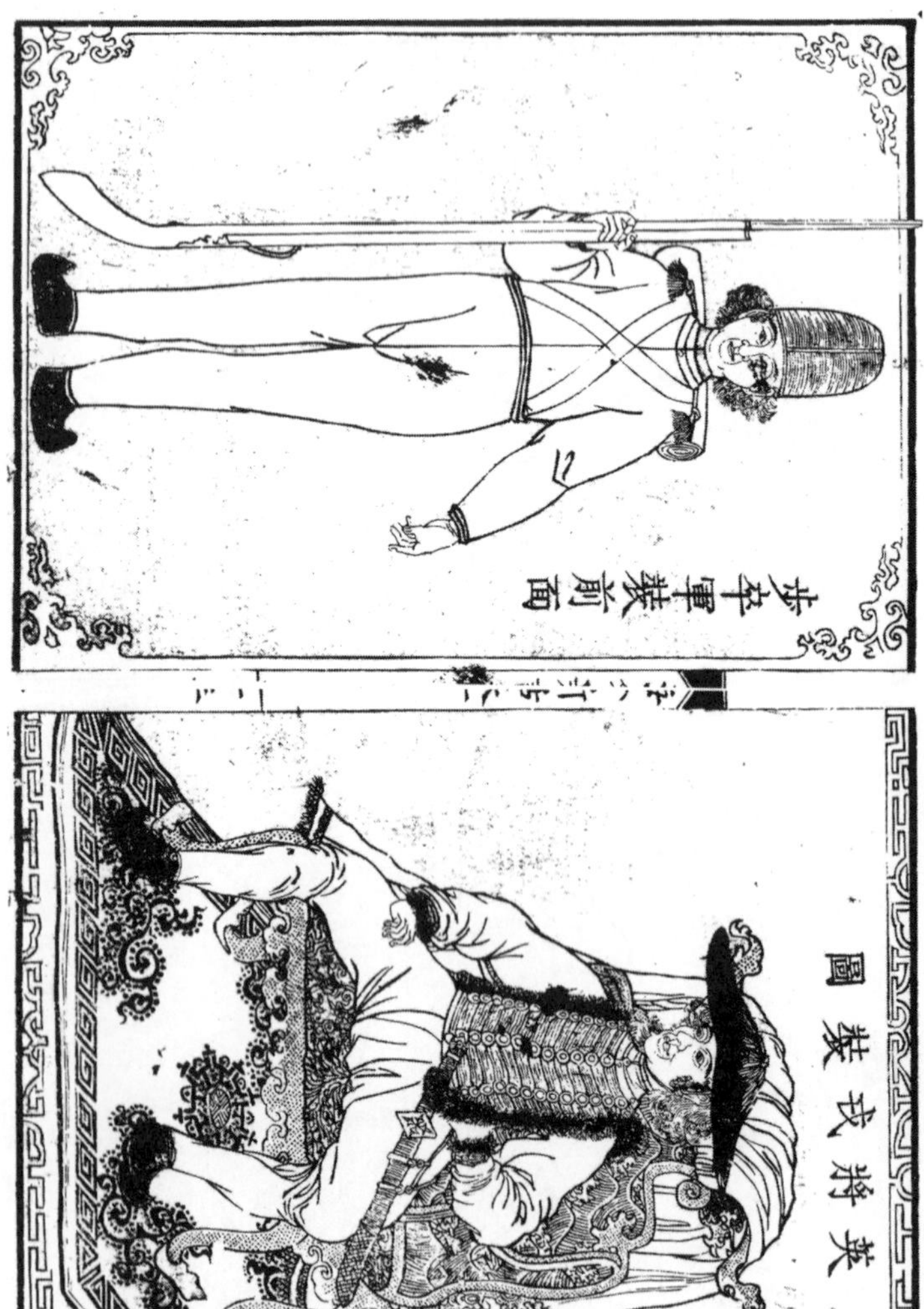
英夷將戎裝圖
步卒軍裝前面

同側面

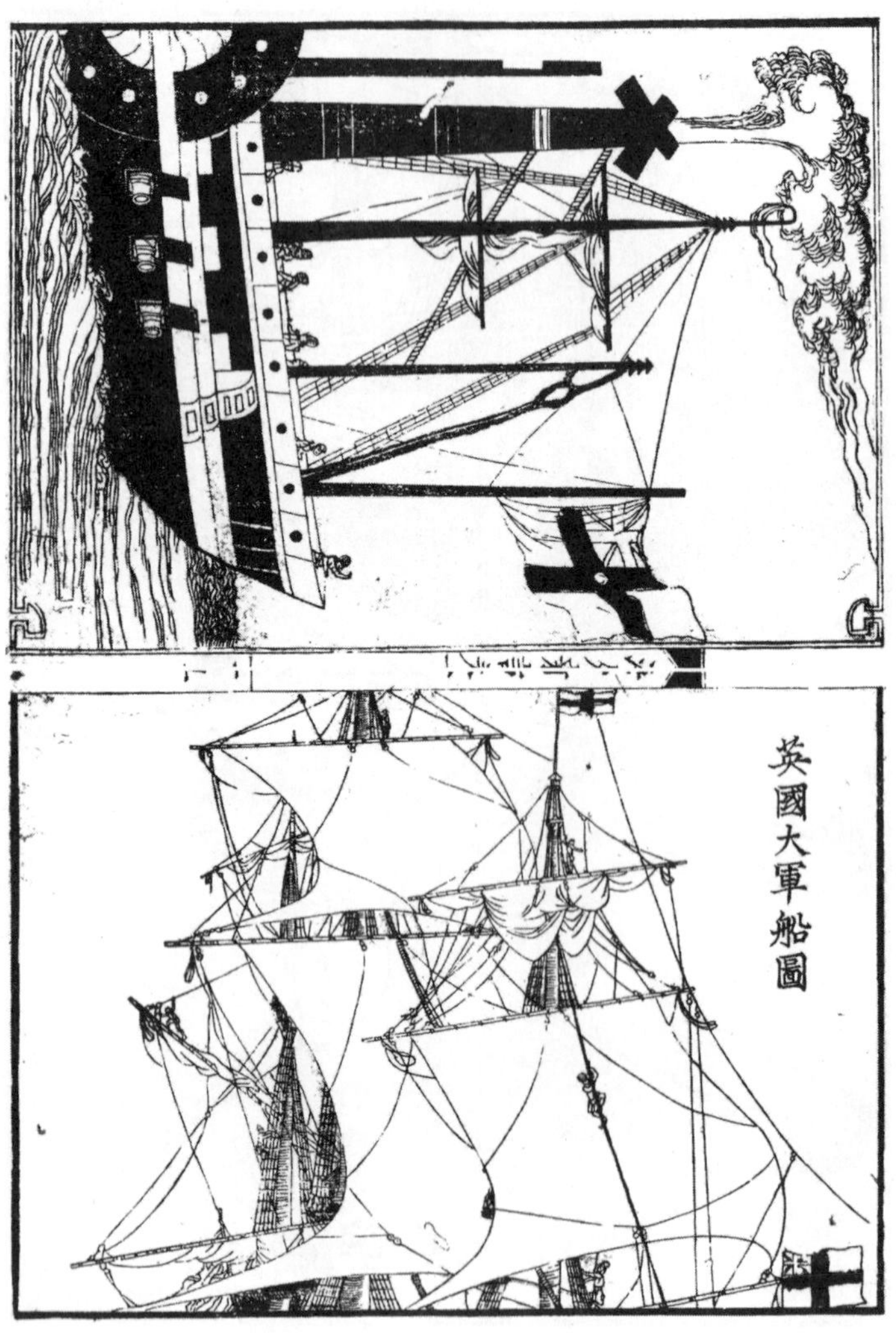
英國大軍船圖

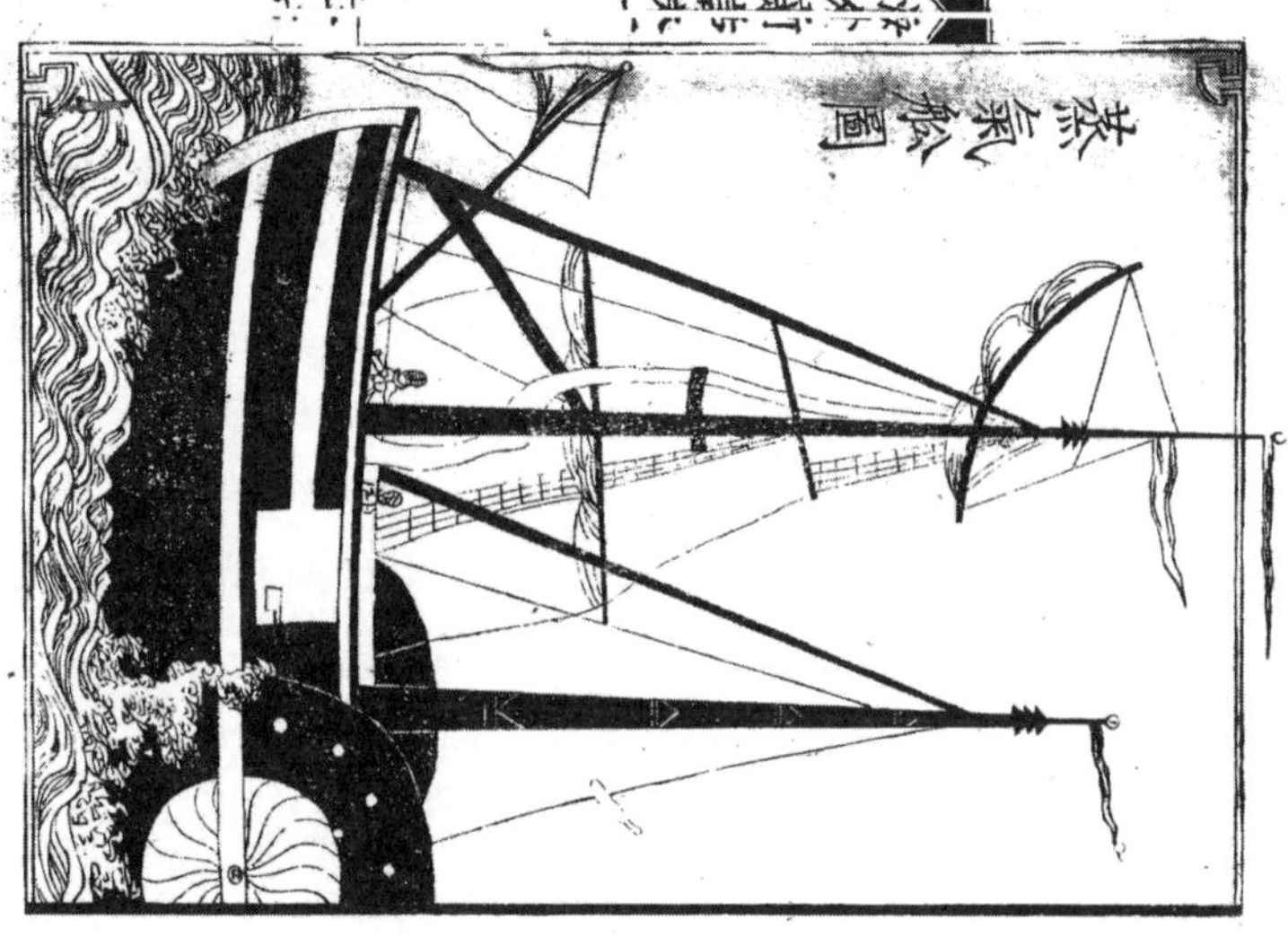
蒸氣船圖

海外新話巻之一

鴉片煙流毒付黄爵滋上書事

爰に鴉片煙流毒の縁由を考ふるに今を距る事凡そ三百年前亜臘比亜及び印度の地方より初めて中國に渡来も其ころハ粤省海濱の人民のみ是を喫吸し猶未だ世に行ハれざりしが此物無味の中に至味ある故以て一度喫するときハ終身忘られず人頻悶鬱結する時ハ當りてこれを用ゆるときハ其悶を消し其鬱を散じ心氣和暢あざらも微醺を帯るが如く故に漸く盛に流行し上王公より下庶人に至まで嗜好せざるハなし此に於て夷商己が欲する所を得て年々夥く廣東に持来り專ら漢土の金銀交易し其理を得る事莫大なり元来鴉片の物たる烟氣人を害も常にこれを嗜むときハ精神を耗し血液を損し終に百疾を招き救薬すべからざるに至る依て乾隆年間既に禁止の令を設け有る所の鴉片一千函を焼且法律を犯もの罪を定む内地の商民鴉片を販ぐ者あれバ枷を着ると一月杖一百と加へ三年の間邊疆に遣りて戍卒に充つ侍衛の官人といへども之を犯すときハ其職を革め枷二月これまさ一

海外新話巻一　二

〈133〉

百の杖を與ふ或ハ三千里の遠きに謫し或ハ奴となし諸役に驅使まで罰の軽重に従ひ各嚴科に處せられさり此を恐れ一時鴉片を賣買する者なかりしが何時となく其法弛みて諸民又喫まるを旧の如し嘉慶二十年再び鴉片三千余函を焼前律に因り之を禁止すといへども其深習深くして除き難く殊に海邊の奸民遥なる沖合に舟を出し英吉利船の來るを待て鴉片煙を請ひ求め諸物と交易し私に之を國中に敗く國中の者も亦これを買得て暗室無人の地に喫食せり如此なれバ其根源を絶こと能ハず今の帝道光七八年のころに

嘗り英夷又禁止の令降らんことを恐れ先廣東に留在まる所の諸官人に多少の賄賂を送り己れ禁を犯すとするの方便をなし公然として鴉片を持渡る諸役人等も又徃々賄賂に心を奪われ敢てこれを制せず近年に及んでハ交易第一の品此に過る物なし故に持渡る所の數六千万斤の多きに下らずとなり同十八年山東の黄爵滋なる者あり鴉片の國家に大害あることを深く憂ひ之を帝に奏し近年中國の金銀不足して人民疲弊する所以ハ全く鴉片煙の流行するによる従来豪富の輩ハ固有の財を散しこれを買求め貧窮の者といへども嗜好の甚きに

より家財を典し田畝を賣き其金を以て鴉片烟ふ
換へ終ふ己が産業を衰への故ふ遊民無頼の悪徒日々
衆多ふして制すべからざるふ至る誠ふ流弊如此ふして
これが今日ふ禁ぜずんバ後必ず中國の財宝万里外
夷人の爲ふ奪ひ取られ殆ど尽るんとす況や鴉片を
製するハ金銀を製すると其功労孰れか難く孰れか易
き焉んぞ難く且貴き物を以て易く且賤きものふ交
易するの理あらんや一日禁ぜざれバ一日の害あり一月
禁ぜざれバ一月の患あり然れバ國家の一大事ふして先
ふ嚴りて速ふ禁断あるべきよし忠肝を吐露して奏し

海外新話巻一　十九

されバ帝大ふふ其奏を可とし給ひ即ち諸廷臣ふ命
ト評議せしめ給ふふ愈禁断の義然るべしと評議
これふ一決を遂ふ其制を定め十人をもつて保と名づけ
此を一組合とあし若一人法を犯せバ十人の者尽く
罰を受く專ら鴉片を畜藏するのみならず煙具
を所持する者も罪死を免れず既ふ法を犯を
者ありて官吏これを見のがし罰正さざるときハ又官吏の
職を奪ひ同く罪科ふぞ行ふる而後廣東留在の英
商ふ命ト令館内及び船中ふ有所の鴉片烟數萬
悉しく持去るべし再び持渡ることあるべからざるとの由

なり命を聞て夷人皆今日より交易の大利を失ふ殊の外甚だ愁歎す然れども厳禁の上ハ如何共詮方なく不日に数十の商船尽く廣東の湊を退帆せり

海外新話巻之一終

海外新話巻之二

林則徐掌廣東政務事

黄爵滋の上書ありしに依て鴉片禁止の趣益厳密に其沙汰ありといへども、これを嗜好するの徒一日喫せざるときは飢渇を支ふるより最苦き心地なりければ、海辺の土民等猶禁を破りて休まず。奸商其機を察し私に畜蔵する所の鴉片烟を以て彼に鬻り此に販ぐ程なく此事叡聞に達せしかば、帝憤激し給ひ如何にもして其根源を断ち去るべきの政法を評議せしめ、ある廷臣奏して曰、邇今國内に残り有る所の鴉片家毎に蔵し戸毎に積といへども、廣東の交易を厳禁し一塊の烟土をして此方に入ざらしめば、其根源自ら消滅すべし。今日に於て根源を断げる所以は、人猶私に持来ることを疑ひあり。先相應の人を擢び其任を授くべし。誰か可なると尋ねるに、林則徐と云者あり。公明正直事を處するに頗る果敢なり。これぞ総督の要任を授け、専ら廣東の政務を掌らしむべしと。朝議是に一定し、依て林則徐に廣東總督の命を賜る。林則徐は衆人の中より抜擢せられ其身に大任を受られば、君恩肝に銘じ、此度こそ鴉片烟の根源を断ち塞ぎ永く中華の財宝を富有せんと、天に誓ひ地に盟ひ、道光十九年 皇国の天保十年

〈136〉

の春北京を發足し遥ふ九千里の道程を歴て廣東府
ふ着よける依て先夷館の内ふ入り如何なる事やあると
巡察まるふ去年歸帆せし夷商等も又々渡来し既よ館
中ふ充満せり夫より出て湊口を見渡せバ二十四艘の英吉
利船帆柱を連ねて滞泊まも尚又廣東の奸商等頻よ
彼の館中ふ出入し夷人の為よ周旋し私ふ鴉片煙を
賣り扱くの模様なりけれバ林則徐容易よ禁令の行
はるまじきを察し鄧廷楨と同く會議なして其嚴禁の法
を設け先内地の居民を招き諭して曰く鴉片賣買の
事ハ去年禁令下れる如くなれバ益その令を固く守り

聊ゥ違犯あるべからず元来鴉片の毒物なる事夷人能是を
知れり故ふ自國の者ハ嚴ふこれを吸食まることを禁ずれど
却て我中華の人民を騙く汝等久く其騙欺を受け
烟毒の身を害まることを悟らず譬バ猶猩々の酒を嗜を
蛾の光りを好むが如し其嗜好まる所の物よ依て終ふ己が
身命を亡ふを智のあらざるなりや以後違犯するものあらバ決
して容捨なしと而して後よ又商館の夷人ふ向ひて若や
今年持来る所の鴉片烟あらバ其數を迷して今日
より三日を限り此方へ差出すべきよし嚴重よ達しぬれ
ど夷人等兎角ふ自ら法を犯その罪を恐れ三日を

逃れども有無の返答に及ばず林則徐は大に怒り憎さ
夷人どもは去年禁止の令下りしにも憚らず又々竊
に持渡り中華の財宝を貪り取んとせし愈その鴉片を
出さずば汝等を尽く殺戮し一人も許し還す事やある
べき幸和蘭陀佛朗西米利加等の諸蛮夷當地にあつ
て他日法を犯せ者の戒めにせんと即ち数百人に干戈を
執しめ英吉利の商館に押寄る夷人とれにみて大に辟
易し一千二百十七函の鴉片を即時に差出せし林則徐
[illegible]らく思ふに其数猶不足なり依て又再三これを責ると
いへども夷人言辞を飾り百計秘し蔵して聊も出さゞ

る林則徐又一策を設け兵士に命じて湊に繋げる檣舟
を奪ひ夷人等本船の通路を断ち截り土人に令し一切
の食物を夷館に入ることを禁ぜ且館内にある彼が
為に日傭をなせる者をこと〴〵く館外へ出し置夷人をし
て坐ながら疲弊せしむ如此なすこと数日にして夷人大に
當惑し飢渇を待より外なけれど如何とも詮方なし
て見へけるされ林則徐そと其情を察し又告て日傭なる
所の鴉片烟四分の一ツを出さば日傭の者を給せん半を
出さば食物を与へん四分の三を出さば交易旧のごとく許容
なすべしと夷人今は飢窮に迫り計策を運らすに力

るゝ竟に有る所の鴉片悉く差出し且深く法を犯
せし罪を謝せり則徐北京へ早馬を立て此趣を奏聞
しけるが帝其功を賞び給ひ彼が出せし所の鴉片烟其地
にすて是を悉く焼捨べしとの沙汰ありけり林則徐ハ命を
奉りて直にこれを焼んとしけるが重て思案するに縦
令焼とも其灰猶食ふべしと聞けれバ則ち仕方
ありとて先これを焼燬して後其灰を塩及び石灰に混じ
数百人をしてこれを地上に踏踊せしめ而るのち海中に
棄ぬ夷人国より禁を犯せし罪自らこれを知るといへども
条り林則徐の所為峻酷猛烈なるを見て心中怏々として

於虎頭門焼棄鴉片煙土圖

総て夷舎を館内に立る数百の夷人即日此地を退去し夫より印度諸島の商館并に府城等に往て其由を訴へされバ面在の軍官を始め商賈の輩に至るまで林則徐鄧廷楨の二人を悪まざるハなし猶又軍官の者より蒸気船を馳せ本国の女帝（名ハ城咧時ホ歳二十一）に奏進しぬ此清国の人民命を火砲の下に損し沿海の城地往々夷人の為に奪ひ取られ百億万の国財を費し徒に和睦を請求め其事を了るの濫觴なり　呈含章曰必欲断鴉片根源在絶其人不與交通貿易其害滛而後絶之兵連禍結非数十年不定而沿海奸民素貪其利将陰為彼

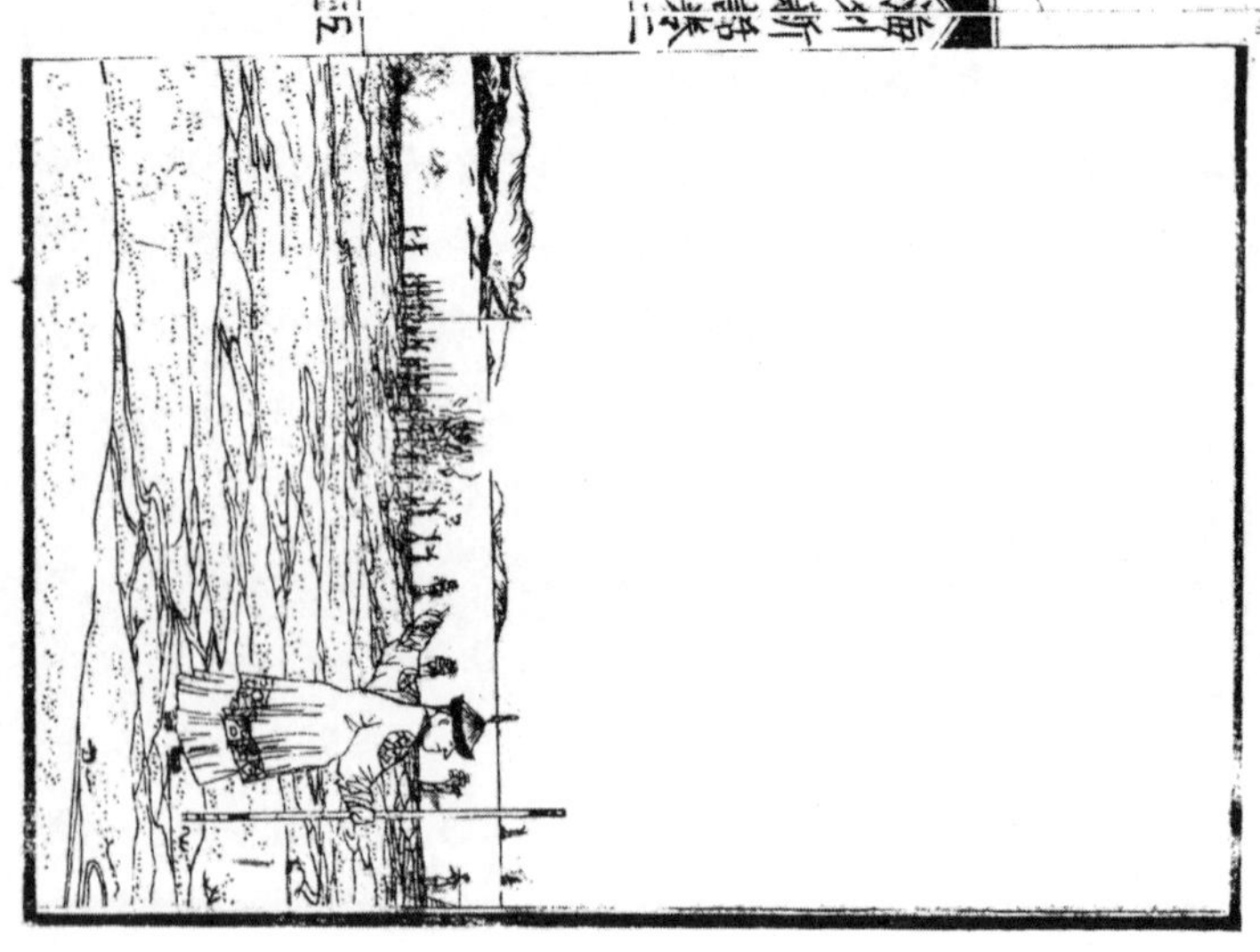

用且勝負ハ兵家常但令中國小挫敗則淫啄紛乗羣起而攻之矣と如此事ある旨に説きけりしが甚先見の明ある事今さら思ひしられたり

暎國使節到廣東事

廣東總督の政事甚だ嚴酷にして交易通商の事禁止しとありしが英人等本國に立帰り又ハ印度近邉の諸島に留り皆々大に憤激し英吉利帝に請て宿怨を雪めんと欲すれども國帝これを制し止て旧仇讐を報ずるを遂さしめず不如これまでの如く兩國戰の有無を通じ數多の商舩を来往し年々その利潤を得て國民を害すること萬一の事なれ此度ハ各々憤怒の心を忍び会を起すべからず此方より廣東總督の者へ先づ一封の書翰を遣し以前の如く親交を結び且鴉片の欠金千千五百六十万両を償ハしめん若盡く金を以て之を償ひ難くハ廣福両省の茶を以て其半をなさしめて可之兎角干戈を動かし國財を空く費すことなかれとありけれど即ち一封の書に子細をしるし載せ門て使節に付し使節ハ多々舩に打乗り万里余の海程を歴て道光廿年二月十五日廣東の港に着舩し十七日府城に到り右の書翰を以て林則徐に進達す則徐ハこれを一閲し大

〈138〉

は不憤り元来鴉片禁止の一條今に初りたるにあらず既に乾隆嘉慶の間に於て屢これが禁止ありといへども汝が國の奸商若窃に持渡り内地の商民を紿き金銭と交易し其時に當りて若持渡ることなく何ぞ我に欠金あらん今其欠金を償ることいへども聊か與ふべきの理なし又何ぞ両省の茶紙を以て金の半を償ふことをせん汝が國王元来婦女子にして事の是非を辨へず耻辱を忍び公然として書翰を我等に投ることいへども以後交易通商の義は決して容赦あるべきことは居丈高になりて罵りける使節はこれを聞といへども君命の重きを以て黙止し唯々恭敬を尽し林則徐に向ひて返翰を請ひければ則徐即ち衆賓の者に命じて其文を書せしむ文内に載る大臣在此尓小國不吠之犬膽敢遣使進内索取烟洋本大臣要斬尓國来使以正　大清國法令念使者無罪放回告汝等知悉本大臣威鎮三山五岳計取四海九州兵精糧足如尓小國不守外夷臣節本大臣即申奏　聖朝提神兵率猛将出関下洋殺尽尓國片甲無存と此等の暴慢なる語をのべ其返翰を綴りこれを使節に渡せり使節はこの上もなき耻辱を受け既に則徐を一剣にせんと思へども君命拘

ぜしむるこそ不忠なれと張りさく胸を推鎮め他日必ず此
恨を報ひんと心に誓ひつゝ退船し閩都蘭嶼にぞ歸
着しぬ

揚靖江於穿山洋襲夷船事

欽差尚書祁嶲藻侍郎黄爵滋の両人ハ命を奉じ閩
省の海岸を巡見ありて英吉利の防禦あるべきの由なれバ
其属目々に厳なりけれども夷船猶洋上に在て運
漕を妨け又内地の奸商遁るゝ沖合に船を出し鴉片
烟の交易してやまず此に於て諸將會議ありて同く今
より以後夷船近海に碇泊せバ直にこれを襲ひ焼討ち

もて懲らすべくもなきぞと專ら其用意せり
爰に同知顧教忠なる者あり已が宦俸を損して水勇三百
八十人を傭ひ募りこれを商船十二艘に分配し以て水師
提標揚靖江に託せり靖江ハ大に喜び猶又郷勇三百
人を撰び加へて右の商船へ水勇と同くこれを載せ一
人も兵器を知らせしめず皆く商人の形状に仕立て
武具を以て悉く船底に蔵し置き沖合に出て夷
船を探りしが四月二十一日果して英夷の大船一艘穿
山洋上に在て碇泊せりこれを見て諸船漸く近付
きに夷人ハ真の商船なりと思ひ敢て驚怖する氣色

〈139〉

あり揚靖江ハ此時旅発へべかりざりて李茂松に命し
十二艘の船を二すじに分ち一正一奇の法を以て左右よ
り押寄せ急に火罐を敵船へ投懸る夷人ハ事の不意
に出る故以て石火矢一挺放つに暇なくして狼狽しける
が水勇ら又噴天烟といへる火器を放ち夷船の帆檣を
焼んとす夷人益恐惶し其火を打消んとて騒ぎ惑し
額を爛し自ら海中に投し溺死する者多し靖江又
下知して碇をきらしめ敵船の帆ある揖處に引懸ける
所の船を駐むる時に水勇の長陳育なる者己が前に
ありし悍を執りける者の肩の上より両脚を縦しまず

海外新話巻二　十

濯ハしく夷船に乗移るこれを見て水勇ら我先にと
争ひて二十余人乗込と見へしが掊刀を抱て船中を
廻り黒白の夷人を嫌ハず当る幸ひ切て落し或ひハ帆
綱を断ち又ハ器械を奪ひこれを海中に抛擲む甚働
きの駿速なるを譬るに物なし黒夷八人白夷十余人
を切殺す此時偶南風大ひに吹起る夷人如何がありけん
れん鉄をいかく作れる所の碇綱を打砕て船上の戦ひも
揃ハず急に帆を開らく大洋に馳去んとし水勇ら今
ハ敵味方船の相隔る故恐れ尽く海中に飛入て魚の
水を泳ぐが如く味方の船につかまりイ時に銅山営の

參將陳縣生數艘の兵船を率ひ勠力を合せ夷船
を追討せんとて十里余も追蒐るが夷船は深水大洋に
馳去て帆影遥になりぬれバ其甲斐なくして十余艘の兵
船を一時に引回す翌日水勇并に郷勇等の死傷を
点検するに僅八人を損ずるのミ閩省の將士これを聞
初て洋戰の擸用ゆべきを喜ぶ就中陳化成の如きハ
専ら水戰の法を繰練なせしとなり

英吉利王命ニ諸將ニ發船軍事

暎吉利國王ハ廣東總督の返翰を一覧ありて大に激
怒し給ひて曰く只に使者に對し無礼をなすのミなる

らず如此暴逆無道の語を以て朕に返答なせしことやある
自ら中華道徳の國と称し有ながら其所為を見る
に全く禽獣に異ならず元来我を欺き百万函の鴉
片を奪ひ取り其代金をも償ずして漫りに我商
民を困苦せしむ今は朕坐ながら是を視るに忍びず早速
軍船を進發し印度緒島の兵卒を召募り大軍を
挙て先清國干要の地を奪ひ要に據りて足溜りと
なし海邊數千里の間風潮の勢に任せ朝に掠め夕に
劫し或ハ沖合にて北京へ運漕の米穀を奪ひ取り彼
國の兵士をして奔命に疲弊せしめハ必ず計策の

海外新話 巻之二 二

〈141〉

海外新話巻二　十一

出る所なく終に和睦を我に請んのみ此時鴉片烟の
欠金船軍を出しける貴金ともに日を刻して償はしむ
べし林則徐鄧楨廷二人の首を切りて商民の心を慰
むるを亦難に非ざるべく発船の用意あるべしと第一総大
将義律第二陸路総兵官布爾利第三水師将帥
爵子伯麦第四督理機師三才炮第五副軍機
師竜潭なんど始めとして其他の諸将士鉄城の如き
堅船又は飛ぐごとき蒸気船に打乗り其船を以て水
火木金土の五行に分配を各船の糸粮玉薬幾億
万斛なることを知らず二十余丈の高き檣天を刺して

参模河發船圖

海外新話巻之二　二十三

立並べ紅白の旗印ハ返翻として風に揚りいと美々
しく出立ありとれ〃見物する者蘭噸河の両岸ハ勿
論虹のごく横りたる石橋の上まで爪も立ざる程充満
せり斯て祝砲の声喜き渡り蒸気船の吹出す烟り
空に靡き船の大小を組合せ奇正の妙変を備へ次
序を乱さず碇を揚て乗出せしハ実に数万里外の清
國に於て必勝の軍あるべしと覚る計りなり既に大西
洋を乗廻し日夜となく満帆の風に打信せ福島なん
ど外夷に見せて亜布利加洲の海邊をすぎ難なく喜
望峯まぞ着たる此處ハ英吉利所領なれバ雄猛の

兵數千人を召募り猶又舩を進めて十膸國の傍ら
なる咭嚀埠へぞ到着き此島の人民近年殊の外困
窮し生産に事欠されバ英將の金銭を出し兵を募る
と聞て黒坊とも我先ゆと馳集るかゝるに去年以来廣
東にありて法を犯し流落して十膸國に逃れきたる無
頼の者ども此事を傳へ聞き我等とて清國に生れ海
邊の形勢事情よく知りたれバ敵地の案内し或ハ漢
字の文書を讀奉らんとて數百人集り来る英將ハ大
いに喜びこれぞ幸の卿間なりと言て同く兵卒の中
に差加へ都合數万の軍勢大舩五十余艘小舩數を

海外新話巻三　十三

しかるに五月十日早朝に鑼を鳴し鼓を打ち先清國
咽喉の要地を攻取んと此處より出帆し遂に定海
縣へぞ向ひける

英夷陥定海城事

抑定海の地たるや浙省の所屬にて銭塘江口に對
する一孤島なり東南の諸省より北京への海運並に
交易の商舩必ず此地に碇を寄せ風潮の順逆
を考へ而るのち渡海す清國接近の要地これに過ぎ
たるはなし故に英吉利の將長先此島を攻取り爰
に據りて己が意を縦にせんとぞ然るに縣主兆公鎮

〈142〉

台長朝發ハ夷船まづ此地へ押寄すべしと努々知
らず甚用意なくしてありけるが道光二十年（皇国天保十一年）六
月二日二十六艘の軍船湊を指て馳来る忽ち又半ば
引別れ十三艘ハ直ニ入津し餘ハ何くともなく往けり
此船の到るを見るや否定海の居民ハ大に恐れ皆々
舩に乗て上海乍浦の地方へ迯去んとす縣主兆公ハ
先ヅ子細を尋ねむやと兵卒少く引携へ英夷の大船に
乗入り將師伯麦の前に坐し一礼をのべ事の由を問
ゐるに伯麦ハ殊に倣慢なる体にて目を怒らし肆然
張り高声に答へて此定海の島地ハ従来我英國の所

順あり既に百余年以来商館を建置き我國王より
これが支配を然るが近年故なくして之を奪ひ我
商民の到るを許さず今國王大に震怒し我に
命じ此地を復せしめんとす其の一簡ニ委細の事を書
載せられば心を静めて披見せよと差出しける就て兆
公これを披閲するに漢字を以て書る左の文面也

大英國特命　水師將師爵子伯麥　敬啓
定海縣主老爺知悉現奉
大英國主命率領大有權勢水陸軍師前往到此
特意登岸如有佔據定海並所屬各海島王該嶋

居民若不抗拒本國將軍大英國家亦不欲加害其身家產業也夫粤東上憲林鄧等於旧年行為無道淩辱大英國主特命正領事義律曁英國別民人故不得不然占據弁法現今須要保護本國船隻弁兵一均妥當是以老爺必須即便將定海所屬各海島其堡臺一均投降故此本　將帥統領招老爺安全投降致免戰但不肯投降本　將帥統領自應即用戰法以奪據之且遞書委員惟候半個時辰啓覆此時完了而老爺不肯投降並咨覆本　將帥　統　領　即行開砲轟擊島地與其堡台及率

兵丁登岸特此啓　定海縣主老爺閣鑒　一千八百四十年七月初四日即道光二十年六月初五日

兆公ハ讀了りて大に驚き直に其書を懐中して去りこれを鎮台朝發に示す朝發性急迫の人なりければ一讀して周章し深く思慮を回らし敵を防ぐの計策をも為さず唯兵士を招き集て城の内外に出て陣を張らしめ又湊に繋ぎある商船漁船取り雑へ是に數多の火器を載せ六月八日朝發自ら右の火器船を卒ひ敵に向ひて一戰を挑む敵心得たりと大船十余艘一文字に推並べ未だ官兵の打懸ざるに早石火矢數十

捷一齊に打出しければ朝鮮の率ゐる所の火器舩を打砕き百雷の崩れ落るがごとく山海に震動し數十の火器舩微塵となりて飛散り士卒の死傷數を知らず朝鮮の乗る舩も今は危く見へけるが是なと援んと岸上の臺場より大なる石火矢に強薬込め敵舩に向ひて打放つ其玉舩を貫き檣を砕き其猛烈なること譬るにものなし然れども朝鮮は敵舩に攻近づくべき力なくして漕戻せり其餘岸上に彼へる諸將士も負死人の多きに恐れ皆く城中へ引退く此機を窺ひ逆夷數百艘の端舟木葉の風に

吹散るごとく投錨しこれに乗て千余人飛より疾く上陸せ官兵城门を打砕かれて叶ふまじと數多の米俵を以て積重ね城門をぞ塞ぎける敵既に上陸るし城近き處の臺場を奪ひ此ぞ天の険る所なりと海に臨める石火矢の巣口易く城の方へ向直し思ふ侭に打懸けり其玉城中に碎落ちかしあの矢倉なくの舘を打崩し士卒これを見て我先に迯落んとし鎮台朝鮮も王万年。羅建功。龔酟道。の諸將と共に城の後门より竊に逃行んとせし兆公全福教諭相共に残れる士卒に下知して曰さまなし　諸將の振舞る万里外の夷人ごのふ背を見せ逃延て何ません攻入敵を相手どり扶く討死すべしと士卒ハこれに気を得て踏止り防戦し暫時の間に敵百余人切倒せり唯如何せん敵の天砲頭の上より落来り更に凌ぐべき様なし黒煙城中に吹篭り物の影もさだかならず茲に於て夷人の一隊又北門より攻入て鉤付鉄炮を繁く打放つ士卒必死を極め闘ふといへども今ハ衆寡敵し難く白夷を殺せバ黒夷進ミ黒夷を倒せバ白夷援ふ如何せん官兵力尽き知県姚公ハ城溝に身を投し教諭ハ敵の為に胸腹を断割られ典史全福も其身黒夷のために束縛せらる

然れども聊屈伏せず飽まで敵を罵りてぞ死しける恰る有様なり斯て英将ハ掌を返すが如く容易に城地を攻取されバ此度の合戦は初めより海陸同時に勝囲あげ更に定海県の名を改めて安定県となし遂に清国海辺の諸城へ攻入るの計を為せり

袁兆魁探定海夷情事

嘆夷定海の地を攻め取りされバ城中の諸将士相共に虎口の危難を逃れ鎮海城に引退く其後ハ誰一人定海に到り逆夷の動静を伺ひ探らんとする者なくして空しく日を送りけるが爰に右営外員袁兆魁なる者

〈145〉

あり鎮臺張朝發の前に至り命を奉じて自ら定海の夷情を探り来らんと欲し請ふ鎮臺これを聞て大ひに喜び早速探り得て歸報すべしとありければ兆魁先其身に簑笠を着け漁人の体に仕立て小舟に帆を掛け三十餘里の海程一晝夜にして定海の盤倉庄といへる處に着船し夫より上陸なし縣城西南の方に至り見けるに僅一月をも經ざるに甚風土大ひに變じ中國接近の島地とも覺へず實に万里外の蠻國へ身を投ずるの心地なり其故如何となれば土民ら乱を避けて四方に離散し唯に黒白の夷人のみ相連りて

海外新話巻二　十八

市中を徘徊し又は處々に牛の生皮を以て張つめたる陣屋多く建並べ晝夜となく夷人十人二十人宛隊を成し鉄砲筒を肩に荷ひ陣屋の内外を巡廻して非常を警固し四方の城門には本國より持来る所の大石火矢を備へ尚又湊々に臺場を築づき是又大筒數百挺を備ふ官軍攻来らば一戦に打倒さんと欲するの勢なり城東の紅毛港といへる處より城内に向ひて新たに河道を開鑿し其邊に商館を設け衆夷爰に在りて万國と交易通商し其利を攫せんとするの模様なり兆魁はこれ等の事を目擊し又夷人の所為を聞んやと竊に土民の家に

海外新話　巻二　十九

止宿し主人に向ひて事の由を問ふるに英人暴逆残
忍なるに勝て数ふべからず日々民家に押入り牛豕雞
犬の類を奪ひ去り又ハ婦女を捕へその老少醜美に
択ず輪淫せし十日以前に逆将義律の下知に因つて縣
中の者より早速数万俵の米穀を差出すべきの由なれバ
土民驚き是非なくしてこれを出しぬ若出さゞる者あれバ直に
其姓名を以て籍に加入し頭髪を前刈り唖菜を飲しめ
黒夷と同じくこれを駆使せり目もあてられぬ有様之変に
最も悪むべきハ定海の書生陳之賢なる者年十七歳に成
なる娘あり此娘性質柔和にして容貌殊に美麗なる之賢

定海落城圖

めとより家貧しうして米穀を多く蓄へて納ハざれバ罷を英将に得んとて恐れ已が娘を携へ城隍廟内にある所の水軍師布尓里に獻ぜ布尓里ハ喜悦し暫時も側を離れしめずして寵愛せり爵子伯麦この事を聞て心中に羨ミ布尓里の留守を窺ひひそかに城隍廟に入り右の娘を挑んとす娘ハこれを見て又も夷人に身を汚さるゝその恐ろしさに逃出んとせしが伯麦ハ直に迫まり娘の手を執り神像の前に伴ひ至り衣服の汚穢なるを悪とされ脱せ神像の服飾を剥ひで娘に着せ思ふ侭に奸婬せし此娘一度ハ父之賢の罷を得んとて畏れ布尓

海外新話巻二　二十

里の為に其身を辞せしかども今又伯麦の為に奸婬せられ屡汚辱を受るに忍びず恰むべし此夜ひそかに廟外の井中に身を投じて死しぬと兆魁が此等の事を残りなく聞探り又〻東北なる海岍の馬香小沙大沙大展扎悍岑港なんどいへる地を探廻し逆夷の状情尽く探り得て再び漁舟に打乗り難なく鎮海に帰着して数日見聞する所の事ども逐一鎮臺の前に覼吾まで鎮臺へその功を大いに感じ早速この由を北京へ進奏せり表兆魁の如きハ深く細间の術を得る者と謂べし

出青田縣怪獣事

此頃世间に不思議の事ありき中に處州府青田縣の山中より一ツの怪獣顕れ出て此方彼方と走せ廻り或時ハ樹の梢に攀ぢ登り又ハ巖窟の内に身を蔵隠し雨に嘯き風に叫び若くハ夜间城市に到り家〻の門戸を敲き人の睡りを覚ますその丈凡そ二丈余両頭層り合ひ上の一頭に雙目を開き下の一頭に三目を開く二手両脚共に四ツの指ありて其爪利き事錐の如し且ツ上の頭頂に巨口ありて青烟を吐き出すこと人この煙気に觸るときハ日を歴ずして必ず死す處州の土民毒気を受け死するもの数百人に及べり全

海外新話巻二　十八

〈146〉

体に緑色の鱗甲有て剛堅なる事金鉄といへども及ぶべからず　一勇民獣の出るを窺ひ刀を把てこれに迫り撃殺さんとせしが獣魏然として動かず其刀の身に及んとする時忽ち青烟を吹出し形をその中に隠し何處とも無く逃去りぬ後また一人あり鉄砲を以て打懸たり其玉尽く獣身に中るといへども聊か穿入せること能はず獣猶地上に於て跳舞戯嘲す依て鎮臺より軍民等に令して能此獣を捕へ獲るものあらば千金の褒美を与へんとありしかども軍民等青烟の毒氣に觸れん事を畏れ敢てこれを捕る者なし　康熙四十九年

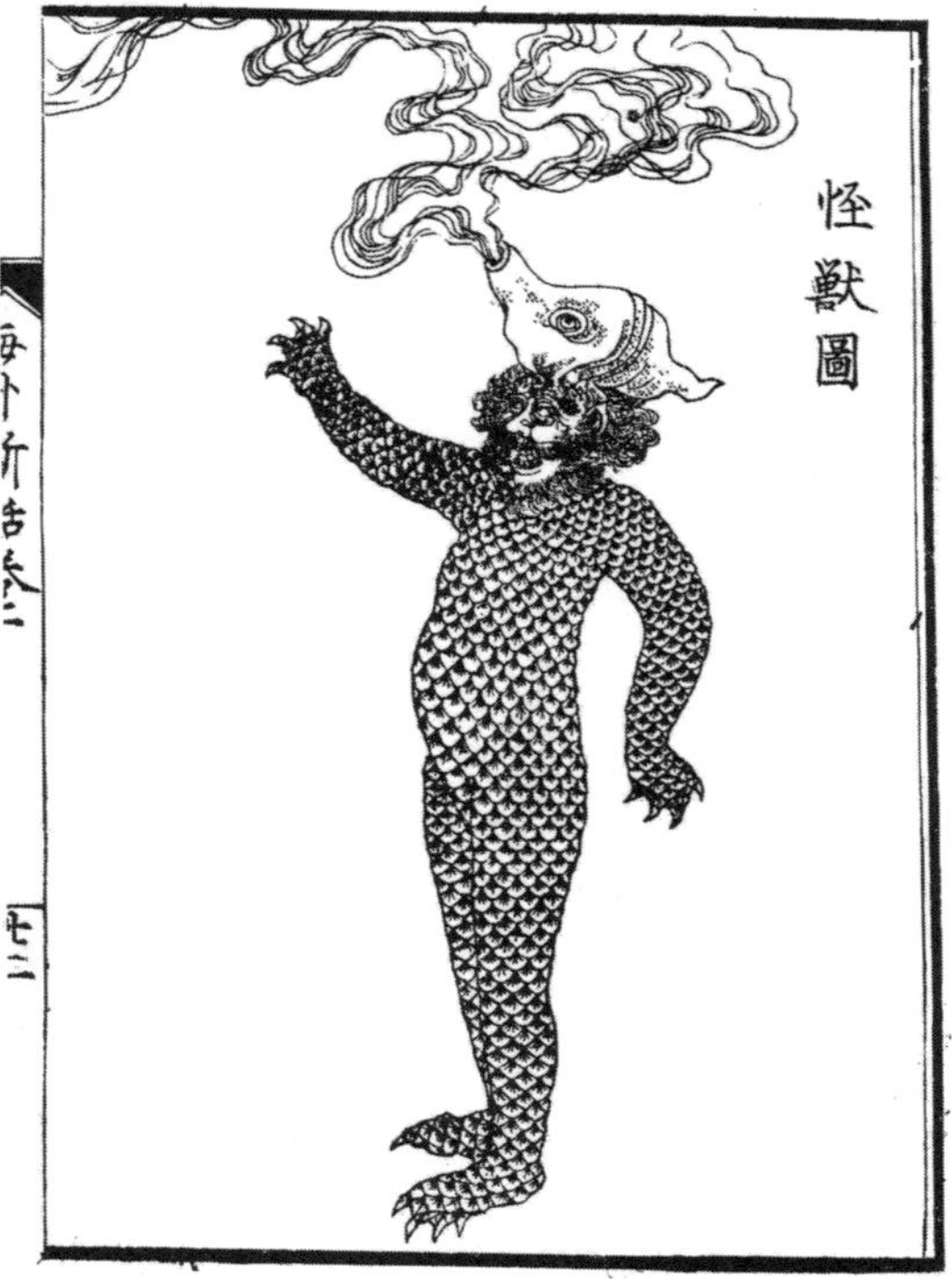

は此獣粤省の海邊に出しかども此度の如く人民を傷ふこと
絶て無く終に海中に身を投ぜし時に其声雷霆の響くが
如く數百里外に振動せしとなり

海外新話巻之二 終

海外新話 巻二　七三

海外新話巻之三

英将義律到天津江事

英夷定海の島地を攻とり是に佔據するのミかハ
ぞ迫須廣省の虎門福省の厦門をも奪ひさる
よし北京に注進ありけれバ帝深く宸襟を悩され
先に諸廷臣の評議に任せ林則徐をして廣東総督の、
官を去らしめ伊里布琦善の両大臣ハ廣東福建浙
江の諸省に下向して防拒あるべしとの沙汰ありて英将
義律が定海に来て早くも此事を傳へ聞き喜で曰我
恐む處の林則徐官爵を奪ひ去られしよし清國の猪
将士更に忌憚する者なし我自ら北京にのぼりて
天津江に到て進め入直に都城に到り親く清主
の前に於て和議を請求め既に此方へ奪ひたる所の
定海及び虎門厦門の三處をも差返しこれによつて
廣東諸物の交易以前の如く取組ひるべし我英吉利國
の大利ならずやと義律即ち大船に乗り英気紅
一艘を後に随ひ七月中旬定海の湊を発し遥に成山岬
を乗廻し天津の湊をさして着船せし此時伊里布ハ浙江に
到らんとする途中に於て是由を聞き逆戻り北京に入附へ
國の一大事なりと驚きその地より引返し両日を歴ずし

海外新話巻三

〈147〉

て天津に至りけるが大船一艘蒸氣船一艘入津し其内より
伊里布ハ早く義律に出會し其の子細を尋ぬるに義律
答へて我ハ京に到り皇帝の前において奏進いたし度と
ある願くハ此地より上陸せんと是を聞て伊里布ハ始より
思案ありしことなれバ今彼等が京に至りなバ都下人心の騒
動大方ならず縦令其の天津なりとも帝城を去る
事咫尺の地なれバ一日も早く退船せしむるに如ずと
即ち義律にむかひて我不肖なりといへども天子此大命
を蒙りて此の地に下れり何事も拘らず願ひの筋あらバ
我に告給へと云ければ義律とりあへず御邊ハ

服言よし語るべし元来此度貴國にむかひて數百艘
の軍船を出し候ハ去年廣東の地において林則徐の總
督支那暴逆無道なるよりして英國の人民を殺せしゆゑ
故に我等命をうけて大軍船を發し貴國海邊の諸
城を攻撃し終に林則徐の首をきりて國民のあたを
報んと欲するなり今則徐官爵をさられ御免ありしび
に琦善の大臣廣東浙の總督巡撫せらるゝいれ
我等別に遺恨あらねバかく親交を結び廣東に
おひて諸物の交易許容あらバ我に棄へ至る所の定海
ならびに虎門廈門等の地のうち早速返還し數百

艘の軍船直に帰帆すべしと云ければ伊里布まづ
各々願ひのごとくなれバ我今より北京に上り奏聞なせ
ばにおいてハ定めて許容あるべし然れども其の天津の湊
に外国の使船碇泊のことハ決してあるまじ依て急ぎ出帆し
広東府に到り命の下るを待ち給ふべしと既に琦善彼
地へ下向せしにより委細返答の義におゐてハかゝる
らず貴人より申達すべしと告ければ英将義律
まづ兼ねて約束の期日其の湊を退船し遂に広東府
へぞ向ひける

琦善於広東私議和事

海外新話巻三　〇三

斯て伊里布ハ天津より急ぎ北京に立帰り英将義
律が願ひの趣き逐一奏進す然るに帝の御気色
よろしからずして宣く逆夷英国より貢献に来りしと
なくして信義を守らずよりて朝に和交を結べといへど
夕べに諸侯背くハ必定なり不如諸有の将士をもつて
を遣して逆夷を退治しもつて清国海辺の塵埃をきよむ
べしとて兎角にその許容なし猶又広東に軍馬を立
て琦善に命じあらく同義律その地に到り和睦を請ひ交
易通商を求むるといへども此段決して許容なすべからず
彼若上陸なすにおいてハ其油断せる所を見遁し是

〈149〉

を生捕り早く北京へさし誅べし他の夷人どもこれを忿懐激
して乱妨におよびなバ此又尽くうち殺し聊容捨あるべ
からずと琦善かねてより義律の威名を聞き心膽畏懼せ
しかバ此令を受て大いに当惑し英将義律の私
かに今や入津せバその所置如何せんと案じ煩ふところに果て
十一月下旬数十艘の大船を引ひて到来せり斯て義
律ハ琦善既に有司にありと聞て即ち使者を遣わして
對面の事を乞しかバ琦善これを阻むるに由な
ければ許せり義律よろこバ城内に入って對面せんと
其日の出立ち緋羅紗の服に白き色の股引を穿ち

海外新話巻三　四

黒皮の深履をはき帯剣の外に八人の合従の夷従ハ各手
胸の前に金の二十ぜ星のごとく其め国の世に名ある英
吉利国の銃を手に携ひ持つ與兵ハ膝より佩剣卒数十人
引く銃附鉄砲を荷せ綻こと上陸し城門より向ひ入て実
に数十万人私軍の総大将とぞ見えにける斯て琦善に對
面あて同去月天津の湊に於て伊里布にて交易通
商願ひ出候抑定めて許容ありやと問けれバ琦善恐怖の甚
しき問ぐ一身戦慄し君命の重きをも顧ず私の所存を以
て和睦を結び諸物の交易旧のごとく免許しぬ義律ハ
一面の下に琦善の心服怯弱なる畏るに足ざる事を

察し即ち同称ぐ〻ハ香港の地ぞ長く靖支度ふ高服を
望んと欲すれの我詳容あし知やりのと問ひ玉ひとれ
まさ埼君ハ即着ふ一詳せり所謂懲沸湯者吹冷薤
傷弓之鳥畏曲木とかや埼君ハ危角ふ義詳が桂姫を
換せんと思のみ思ヒ明ヒハ道光廿一年皇国天保十二年正月谷
者識迎へ蓮花港と云へ所ふ爰めて年の頃十七八なるの女
の眉目形優ふ膚殊ふ清らかなる二十人身ふ綾羅錦
繍を着せとてふ絲竹の奏し歌舞をなさしめ山海の珍
肴数皿に一斗酒泉のごとく湛へて逆将義律をもてなし
として其余患白の夷人数百人と接待振舞ひ集めて彼

洋外新話 巻三　　壹

鏖せり嘆ずべし琦善の心中唯に周備苟且なるを以て変を
治め戦闘を免るゝより他の計策なしとぞ見へにける

官軍到着広東 付 焼討夷船事

去程に琦善ハ英将義律と一旦和睦せしといへども平常
政務に怠り法令の行はれざる所より度被有の蜂起
日として休事なし居民皆官軍の弱を相詰て悔も
大旱に雲霓を望むのごとくなりしが十二月参賛将軍
楊芳満州ならびに湖南の兵一万余人を率ひ省城に到
着し楊芳先自ら要撃によりて地の形勢を察し是に
より必勝の計策を指き両淩城内に入てし防の門を

颯と聞て悠々閑暇の体なる敵に示し後軍の継て来る
を待けるが同月廿三日靖逆将軍奕山衛兵六員雄兵又
千人を率ひ参将隆文ハ河南貴州江西広西等の兵
二万余人を率て到着し其外諸州の兵追々に馳集り
都合五万の兵城の内外に充満せり是より先広東上
陸の英人ども大ひに恐怖し即時に退散の用意をなし
皆々虎門の方へぞ引取んとす将軍奕山これより城内を
我等命を奉て進み此地へ来り今さら敵を取逃し一人の
甲斐かある一人も残らず討殺すべしと下知されば士卒
勇んで我先にと操出す将軍奕山自ら精兵二十人を

率ひ虎門の方に引退んとする英人を攻囲み縦横に打
て懸る今ハ英吉利派の大筒無用の物となりその枝を旋ふ
隙なし官兵益気を得て縦横無尽に薙倒せば黒白の英人
ども大ひに混雑し己が持たる筒先の劔にて眼を刺もあり又は
胸を貫くもありなて闘ふ者ぞなかりける此時奕山士卒に下
知してわざと一方の囲を解しむるに英人等我さきにと逃出し官
兵又之を追て黒夷十人白夷八百人を討取ら討漏されたる
者ども海汀に赴き端舟を求て逃去んとしけるを参将揚
芳の謀設る伏兵に其路を截切れ猶又五百人ほど討殺
ける遥沖合に繋りある二十余艘の軍船是を望見て救んと

されども折節海潮退きかゝるに風浪甚悪しくして砲丸の陸に
届くまでに船を近寄ることを能はずたゞ空しく見物して斯て寄
人に一戦の下に縦く命を失ひ玉へば是非なくして沖合に軍船
引くとも無く退去せり官軍は益防禦を厳重にし必ず此度
の返し軍あるべしと相待所に果して四月朔日蒸気船二艘
大小の軍船〆十五艘湊を指て馳集まる英将義律まづ使者
を遣って去月廿四日我兵卒虎門の戦ひに打負遺恨あれ
ば此度は不肖の義律大軍を帥ひ仇を報ひん為に
あり明二日子の刻討りに合戦の手初めあるべし必ず
大砲の音に驚かれ給ふなとと将帥へ聞えて参将揚芳うち

嘆ひ大筒の音近頃珍しからん思ひ侍ふうち總論へ且又
合戦の手はじめは国より我願ひ不するまじ何ぞ明日を待ん只
今にても若しからずと返答も無に捨て参将揚芳城を
離れ一里隔の花埭といへる地に五千の兵を陣し左翼と
なり提台張必禄西なる甚場をうへに取り八千の兵を備へ
中権とする参将隆文東なる甚場に拠り四千の兵を布き
となり且漁船二百艘に焼草を満載し祁宮保水勇四百人
を率ひ其船を以て湊の内に乗り寄せとする二日の早天英
夷の大船陸続として押寄せまづ祁宮保の船を目掛け一
撃せんと石火矢数十挺連発せ祁宮保は水勇に下知して

黒烟の中に凌ぎ風上より乗廻し二十五艘の焼船に火を発
とも流しけるに過ず敵船の中間に流れ着其火帆檣に
燃移り船より船に焼延て火焔天を焦し黒烟海を掩ひ英
人等は猶更目も明にも開き得ずして周章せりその附祢官僚に
水勇を率ひ原の所に潜隠つ斬て英人は烟の中に出て途
方を失ひ益岸近く船を寄られバ其進退自由ならざるこれ
見て官軍機會よしと所々の臺場より大筒数百挺打放つ
その玉大船の舷を貫き又は舳を破り檣を碎きかゝる焼船
の火気益甚く英人の狼狽言語に絶し難し只火焔の中に
於て悲啼の聲を聞のみなり暫時の間に大軍船七艘並

汽船二艘など焼亡し英人の死傷数を知らずこれにつゞく
逆櫓錨網切て大船にうちかゝり蒸気船一艘を後にのこして
沖合より馳来り張必禄の陣所目掛櫓のうへより仕懸る石
火矢なれバ筒先下りに打放ち其玉鳴渡り必禄の備へ
なる前の土居に火をとり起て二丈ばかりも深く打込ぞ續で
又放んとする所に泰璽隆文心得たることなれバ八分打の
大筒に強薬籠めて檣のうへにある英人数十人ならぶ處を
微に狙て発打けれバ八人と共にふどして海にあらざる所の蒸気
船に乗移り沖合遙に逃去ねその隙の英船稍岸近く攻寄
寄るとも人ども陸文必禄お將の備へなる東西臺場の中間に

あるて十字の銛に繋ぐ并せられ英国の天竺諸島より催れ来る黒奴ども迄火焔の甚しきに辟易し働き得ずして退船を先討よりして水中に身を投じ生残りたる黒白の夷人彼所の岸邊の汀に游ぎよらんとせしが此亦祁宮保の帥ゐる水勇の為に悉く斬殺され残る者とて更になかりし満洋に入れ加へたる軍船二十余艘ありしかども負死人のあまたあるを見て役くもあらく退去せり斯て官軍は数度の戦闘に勝利を得喜び勇んで勝鬨をあげしかその声天に震き地に振ひ西洋万里の夷国のえてまでも響き渡るかと怪むばかりなり

海外新話巻三

粤秀山観音霊験事

粤秀山は省城の東北にありて広東第一の勝地なりその峰巒甚高からずといへども奇石怪岩層畳として瀑布その頂きより灑ぎ松柏蓊欝として翠色灑し遠に海水と相映ず風景の佳麗なる画にも盡しがたし古昔よりして此山上に祠堂を設け観世音の木像を安置せ給人心明の心をあらく祈願すればその甚霊應空しからずとて土人の香火怠らく暇なく然る事なし此度官軍の勝利あるも全く観世音の功徳少からざる處ありぬ四月二日英夷と戦闘の最中に粤秀山の方より一片の白雲沖方の陣

〈152〉

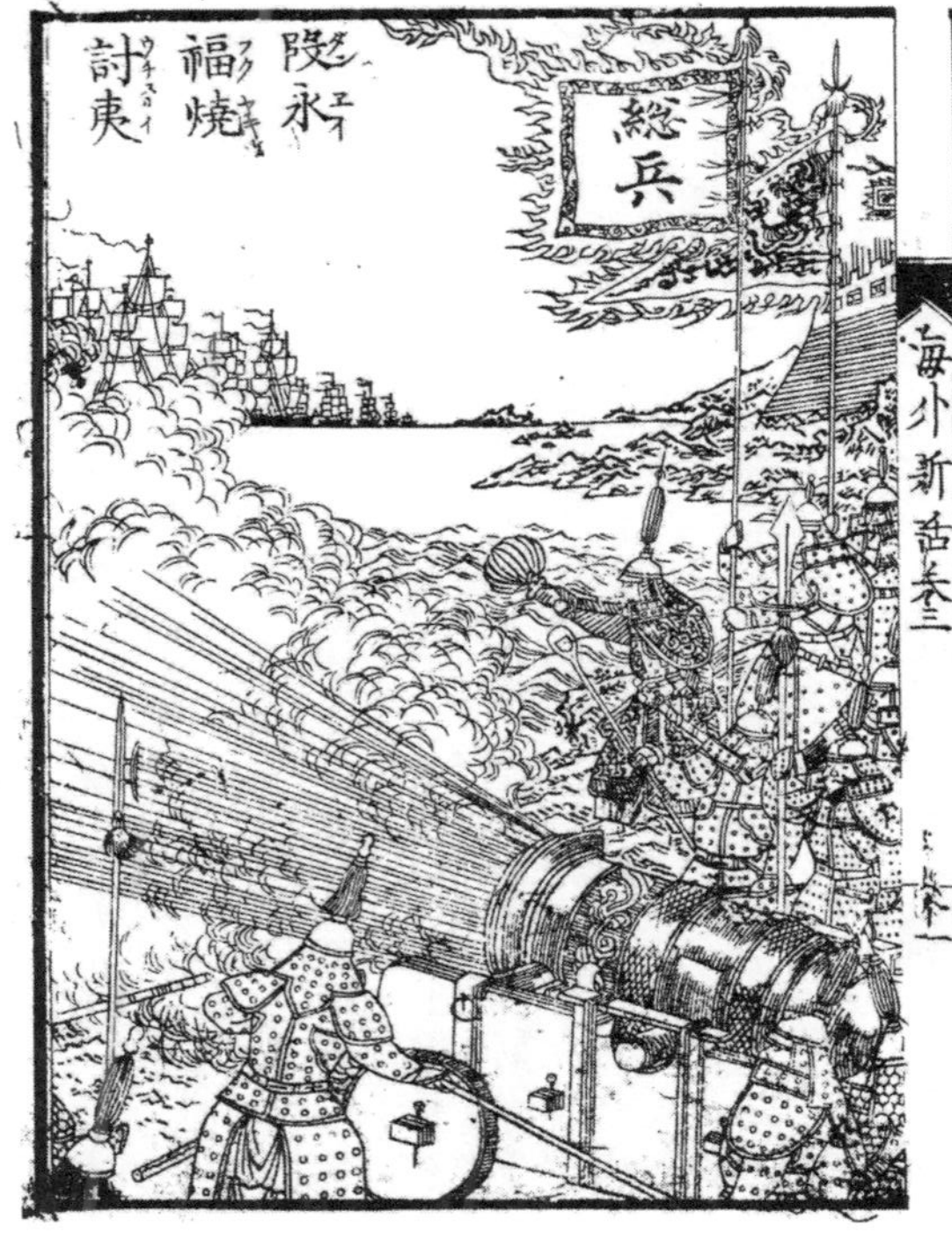

中に向ひて飛来ると見えしが衣冠儼然たる一の老人顕れ出來り柳條を把て敵より打懸る玉燐の中に身を投じ頓てに火を打消の模様あり又張必祿が先手の士卒百余人土居の前に来て備へしに空中に声ありて曰危哉〳〵士卒等急ぎ此の地を引去べしと依て士卒ハ不思議の想をなし早速其處を退けるが果して英将義律の船より放つ所の石火矢玉土居の前に碎け落極火四方に飛散し其の声百雷を欺く然れども士卒等既に神諭に従ひ其地を退去しなれバ火難に逢ふ者更になし又一の奸民ありて逆夷に心を通し廣東城内の煽硝倉に火を掛て城樓を焼

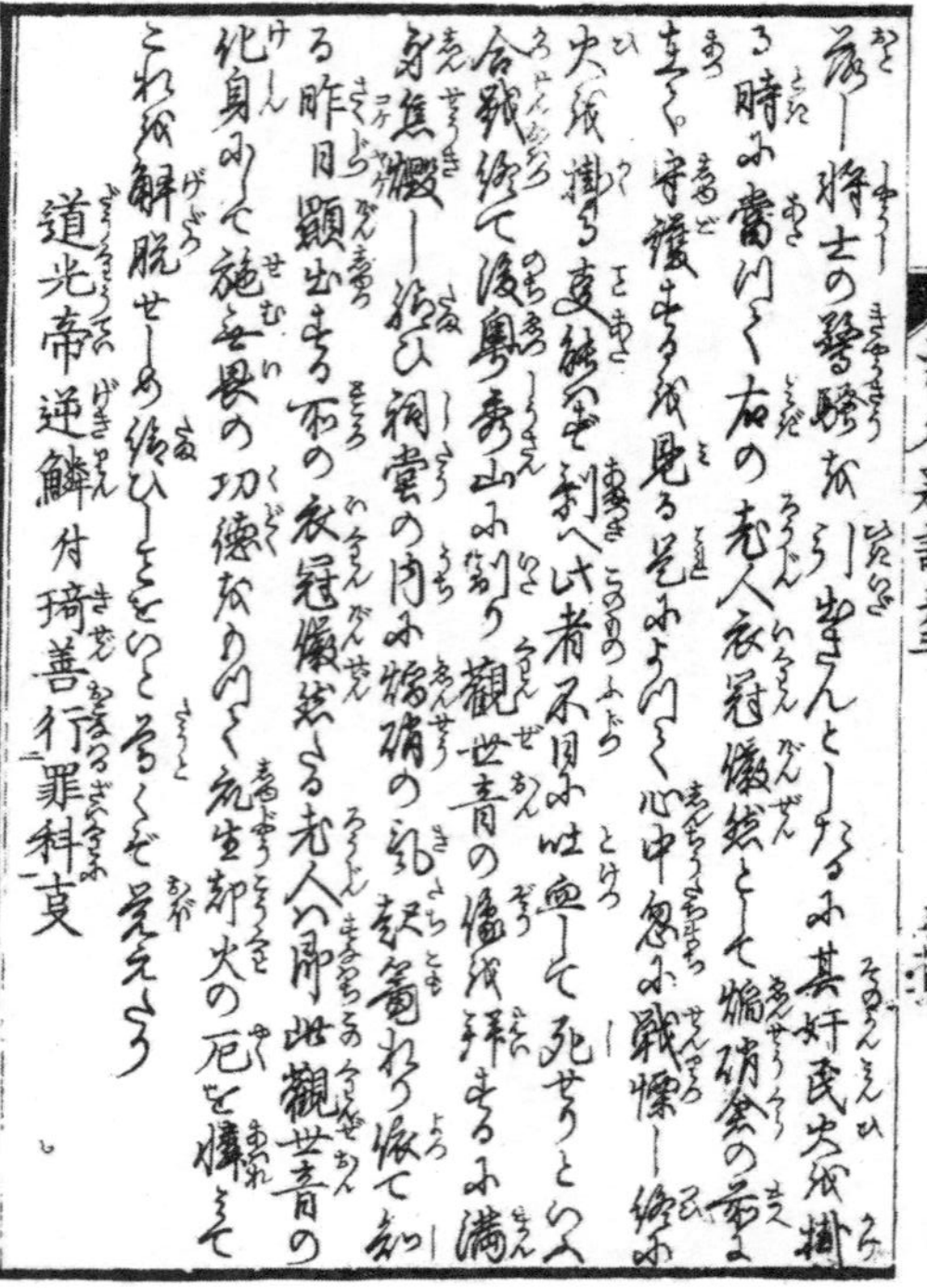

海外新話巻三

落し将士の警騒ならざりしに其奸民大砲掛
る時に當りて右の老人衣冠儼然として煽硝倉の前よ
り走り出て守護するを見るが如く心中忽ち戦慄し終に
火を掛る事を能ず剰へ此者不日に吐血して死せりといふ
合戦終て後粤秀山に到り観世音の像を拝するに満
身焦爛し彼の祠堂の内に焔硝の気を留め有りて依て知
る昨日顕出る所の衣冠儼然たる老人は即ち此観世音の
化身にして施無畏の功徳ありて死生却火の厄を攘ふ
これを解脱せしめ給ひしとぞいと有がたくぞ覚ゆる

道光帝逆鱗 付 琦善行罪科之事

〈153〉

琦善の悪事諸省の将士よりして櫛の歯を引が如くその
注進ありしかバ帝大に憤激ありし給ひて曰憎き琦善乃
所為なる哉如何ぞ其身洋夷と対し合戦する事を怕れて
朕より下知せざる先に和交を結び通商交易
を差許し且又香港の要地をのめて容易に彼へ与ふる
事ある国体を損傷する事云ばかりに絶たり既に奕
山楊芳隆文等の諸将広東府に到着のよし琦善匆々
召還さるべき由にて九百里の長程途中の警固厳重に
して五月中旬北京の都城にぞ着ける斯て帝逆鱗
甚く刑部の諸官人を左右に列座せしめ朝廷へ出御

ありて親く琦善の罪状を詰問ありし給ふ第一ヶ条ハ
汝広東に下向せし全く海辺の防禦を厳重にして逆
夷の騒乱を取鎮め人民を安堵し中華の武威を以て
四夷に耀さんがためなり然るを夷人の乱擾を日に長じ汝
何ぞ木偶人の如く座視して進戦の心なきや第二広東到
着の後唯に林則徐鄧廷楨二人の政事悪き様にのミ朕
に訴ひ汝何ぞ軍勢の事に於て一ツも諸将と相会議せ
る事なき第三に正月十五日蓮花港に於て数十人の妓女
を招き集め酒宴を設け逆将義律を始めとして其余
異国の夷人を招ぎ供応せし何の為なるぞ汝も又逆

首義律と心腹を服せ我邦の人民に敵對するの所存
なりや第四條廣東に在て寵用する所の鮑鵬といへる者元
來無頼の悪徒にて嘗て廣東に於て法度を犯し山東
に逃るゝと聞く此度山東の地を過ぎ是者を召連者總に
至るに及んで夷人往覆の事彼にのみ打任せ罪人を擢び用
るハ何の子細なるや第五條未だ廣東へ進發せざる以前朕
に告て曰く香港に於ては南海同様の重地なりと決てこれを
以て英夷に與ふべからず彼若爰に占據する時は必ず中華
の海運を妨げ爭亂の端を開んとせしなるを此度義律の
請に任せ其地を以て容易に附與しけるは何ぞ前後全く

海外新話巻三　四十四

相齟齬するや第六外國の者より諸者の將長へ書翰を差
出せしに於ては一見の上これを以て北京へ進達し事の大なる
ものは諸廷臣評議の上丈く宜きに從ひ所置なせし條當
て其法令を心得ありながら廣東に於て日々英將義律と
書翰を通じ何ぞ一ッも其書を以て廷臣に通達する事
なきや第七去年以來夷人上陸いたし編縄令を申しうけ
薪水米穀其他一切の食物を送るを我禁せし其校如
何となれば運送數万里を航海し粮食に乏欠ふ忍ち
一日として我海岸に滯船するを能はず直に退去せんの
條も亦此評議に預り居て廣東の土民に命じて曰く食物

故夷人に與へしハ何の意あるや抑八廣東城内に置て備
ある所の大筒数十挺鑄銃破裂して用ゆべからざる故新に之
を鑄造せんと我請ふに依て黄金若干両を差渡せり然るを
今日に至て其筒一挺も成就せる事なしと聞く如此
武備を蔑にし既に差渡したる金ハ何事に用ひしや
且此度汝一己の所存を以て逆將義律と和睦を為し皮
軍の士氣をして大に振作せしむ故に逆夷猖獗のごとく乗
門廈門の地をも我に返還せしに依然として佔據し諸省
の城池を乱掠せしに汝同仲を損せるの罪一にして足ず
況や右八ケ條の罪を犯し何の面目ぞ靦然として愧

ることなく身大任に當り其職を辨ぜざる此段分明に白状
あるべしと宣ひける琦善ハ斬も変の子細審𢯱に逢遇せる
なれど今ハ己が心に耻一言の申開きもなく頭を地に低ぎ
唯深く罪を謝するのみなり然ども其罪免れ難しとて
即日官禄を捕去り其の家財を以て悉く官に收め親
族一類の者にまで分に務るの滞を史付以後省城に在
て法を犯し軍務に怠る者の懲戒とぞなりにける

英夷再攻廣東 付 城將議和事

五月五日逆夷の軍船大小四十餘艘省城の東門に向
て馳集り石火矢数挺打放つ頼に此處の城壘を圍み

して官兵の負死人更に多し唯靖海門の矢倉一ヶ所打崩ける者人続て火箭を夥く放ち城外を焼払んとせ其発東門外の人家に燃付て黒烟颯と塞り下風に立て臺場を守れる士卒も烟に咽びて林へ潜み退き城中へ引退く其虚に乗じ二千余の夷人上陸なし一方の臺場に棄ひ兵に備る大筒の火口に悉く釘を打ち込其砲車を破砕せり逆夷又急て募り四さゝ廣東近邊の漁者百余人を以て先導すとなし南の所より陸続としして上陸せんとせ四川の兵これを上下と岸より投て防戦も時に城中より又これを防んとて大小の鉄炮雨の

隠ぐ如く打放つ然れども其至敵に中る事少く却て味方に屬する四川の兵を多く打殺し自ら敗北の端を開くこそ嘆べし制軍祁墳先刻より臺場を奪る敵を退掃んとて鉄ひるが夷人の許先説きに怖れ此亦城中に引退く逆夷今は彼行の城を得て更に泥城とりへ高より上陸し小門に向つて攻寄る時に官軍数多の沙嚢を積重ね城門を塞ぎ精兵千余人を撰びこれを城外に出し防戦せしむ其兵左右に藤牌を把り右に単刀を持し必死を極めて戦闘も甚だ勢の盛なるを一ッ十に当り十百に当り夷人これに辟易し続て敵乱して逃去

らんとそ此時湖南の官兵等精兵の働き拔群なるを見て
是を援んと窺ふ城外に出て洋砲を打懸味方討とぞ成
りける精兵ハ思ひの外なる事に出逢既に敗走せんとする
處に是を見て付大西門外の居民数百人一時に跳出て精
兵に力を添せ湖南の兵に討て懸る湖南の兵大に恐怖し
何れも言なく備へを乱して引退く斯て精兵ハ又ゝ夷人を追
討し二百人斗り切殺せり此時諸将ハ定海の城中に在て見
物し居て出陣に着ぞなかりける独り總兵鄭永福一人西
方の砲台場にあつて士卒に下知して同職令死を承て此砲台
場を以て敵の近に渡さなと十挺余の石火矢を閲先に押

ぎて打放す逆夷の船よりも今ハ是を殺永福の守れる砲台
場のこを目掛て打懸る其玉將び為て左右に破裂し前
後に飛散り永福の全身火気の為に糜爛せしかども忠
勇の二字を以て肝に銘し残れる士卒と共に火焔の
中に立ち敵の大船を打砕んとするを夷人等これを見て
別に如何なる奇計あるもはかり難しと將付此處を退
きさりしが又ゝ英乳船一艘馳到りしに海珠廠といへる大砲台に
觸て其船殆ど傾覆せんとせし時に永福八千斤の大砲
を放ち船中の火薬箱に打當されば船忽ち破裂えし
て片板も残さず微塵となりて飛散ら何ぞ計ん城中の

諸将其功を妬み別に一将をして殿永福に代り其臺
場を守らしむ英人忽ちこれを察し又来て發砲も
其将一戦に及ばず逃去ぬ廣東の人民これを聞て永福の
為に憤惜流涕せざるハなし翌六日一万余人の英人北門
を攻んとて今朝より城外に来て備へたる官兵なす所を
見て我先にと城中へ引退く英人皆ハ无人の地を行ぐ
ごとく四方の臺場を奪ひこれに據て陣を布且小高き
丘に上り望遠鏡をもつて城内の動静を見遍し數
万本の火箭を打放ツ其箭此方の櫓彼方の楼閣に
打立て蝟の毛のごとく官軍これを打消に違なく城中

海外新話 巻三

までに色めきて青く見えければ将軍奕山参将楊芳支危しとや思ひけん相共に一箇の箱に推入へ兵卒の中に身を忍び今や城を出て逃落んとなしけるが枭司玉廷蘭此由を聞き将軍奕山の前に進み諫て曰如何に変危急なりと雖も兵の多寡を以て論する時は官軍将夷人に十倍せり何ぞ容易に城を棄て退きの計をなし給や我身不肖なりと云へども今城中に在る所の満州四川貴州等の兵を以て親く我れに授け給はゞ門を開きて一戦し彼が集まる四方の甚場を不意に突て取戻さんと固く請ければ将軍の心中早く和議の決

定ありしが兎角その許容なく他の諸將に於ても帝王
廷蘭に左袒するもの絶てなし依て廷蘭は是非なく其座を
立ち滿城の兵をして敵の燒草に充るものに惜さよと獨
語して退きたり斯て翌七月英人益城下に攻迫り大
筒小筒火箭天砲雜へ放ち城墻に爪も立る程猛火満を
る諸列の兵百人二百人づゝ一度に撃倒され鎗火四方に飛
散り黒烟上下に籠り士卒ら烟霧に矢を避く
變かしこに逆廻り更に働き得ず奕山楊芳隆文の
諸將も計策を運らすに力なく恰も一舟同座の仇衆
となる者多く遂に義律を和されば先其者をして

敵陣に遣りし和議を請入らんと余宝仁に命て繩を
以て之を縛し城上より縋下せしめ窃に伍栄紹の家に
到り同伴して敵陣に赴き斯て英人の義律に對面を
請たるに義律聊か肯しかるぞとて對面を諾しぬ就て
伍栄紹余宝仁ハ義律の前に平伏し城將奕山より和議
の趣を以て請入るに義律これを怒り避て同去同當地
に琦中堂と和議約し條体し諸物の交易以前の如
くせんと其誓言約し了さるに奕山楊芳の諸將府城
に割拠し我英國の商民を殺戮せり理の狂る事甚に
あり故に我今日一戦の下に廣東城を攻落し永く英

吉利國の所領と為し我宿怨を雪めんのミにあらず閑
て余宝仁伍栄紹の両人ハ肯て地に俯し此上ハ清国の
諸将如何なる事に於ても貴國の命に任せ以て幾重
にも和睦の一條許し給ふべしと猶も懇に請ける義
律答て然ハ汝等が請に従ひ和睦の程許し遣さん就てハ
鴉片烟の代金六百万両并に余姚縣に於て去年九月
擒獲せられし兵士数人女子一人悉く此方へ返還すべし
とありければ伍栄紹余宝仁諸共に厚く謝して城内へ立帰
り此由を以て将軍奕山に報告せり依て城中の諸将和
議の就を悦び虎口の危難を逃るゝこと偏に大義を

忘れ恥辱を忍び即日逆将義律に対面し城下の
盟をぞ遂にける

英夷并湖南官兵乱妨事

古語に曰有始少能有終と実なる哉参賛楊芳始て
廣東府に到着せし頃ハ日夜心を軍務に配り上陸の
夷人ども逐払ひ生民安堵の基業を速んとしたるが
えや再度の合戦に鋭気大に折け逆将に向ふて和
議を請求め且倭人余宝仁の送りたる美女六人を納て
これを寵愛し日夜酒宴を設けて将軍奕山と同く
歓楽に心を耽るのミ将帥たる者如此なれバ士卒等皆

〈158〉

其法令を守るべき。敵も亦城中の諸将勇気なきを
慢り、黒白の夷人百千隊をなし、処々の要場に拠て陣
営を布き、公然として市中を徘徊し、十人二十人づゝ叙
付鉄炮を携へて近郷の民家に押入り、金銭米穀は勿
論その余畜類を奪去て食料とし、或日婦女三千人斗
り相伴ひ舟を打て川を渡らんとしけるに、夷人等これ
を見て悉く捕へ、其年よりてしと醜き者は直に水中
に投込、年少くして容色美麗なる者はこれを沖合に泊
する軍船へ携去て返さず。就中黒夷の乱暴は至て甚し。
言語同断なり。毎夜人家へ乱入し、老少醜美の婦人を

択ず輪姦して、己に汚辱せられて命を失ふもの
一夜の間に六百人に及ぶとぞ。唯に如此黒白の夷人
乱妨なすのみならず、湖南縣よりして募り来る兵
の官国より奈賀揚芳の佐配なれば、下知法度聊も
行はれず、其乱妨狼藉至らざる所なく、殺て夷人に譲ず。
此亦益夜となく城外の人家に押入り、財宝を盗を犯り、
婦女を挑み、甚き者は己が辮髪を剪去て逆夷の中に
混じ、味方城内の消息を漏し、英将に向ひて重賞を求
めんとせ。或夜数十人党を結び、娼家に至り、一娼を与せよ
とて娼女を招き、寝席を同せんと欲せ、娼家の主人

ことに夜悪ミ折節麻瘋を患る娼女多くありければ先づ此徒を如しよりて寝席を同せしめけるに湖南の蛮果して麻瘋の気に感じ一人も残らず明日より発熱悪寒甚しくして大に苦痛せり此者何ぐくようしく閃さらん頓て人の肉を食することハ其病を治すと聞て相共に市中に出て往来の人を目をて肌膚肥たる者あれバこれを捕へ直に刃をもつて刺殺し其骨を去り其肉を割烹として争ひ食ふ暴逆至らざる所なし居民皆其艱苦に堪ず産業を廃し兄弟妻子四方に離散する者幾千万人なるを知ず依て廣東府近郷の民家役と

炊ぐ烟も止るまで恰も寒食の時節の如く殊に荒涼たる光景なり商民皆下情の哀聴に達せざるを憂ひ一通の文を作り四方の縉紳先生に贈る其文如左

蓋聞普天之下莫非王土卒土之濱莫非王臣我粤生民遭兵燹之苦且夕之危幸得各省大兵奉
王命以剿英逆効　君力以撫民命不勝雀躍之喜惟是湖南弁兵自二月到粤以来徒有剿虜之名有害民之實動輙邀功捏良為奸如斯罪悪髪数難堪且于本月初二初三両日当居民

倉惶奔走之時或乗機搶奪或藉勢奸淫婦
女甚而至於以壯勇為奸不容投訴審訊竟
私自殺戮削其骨食其肉剖其心是可忍也
孰不可忍也嗚乎壯士助兵以拒敵而兵反
將壯士作心不奮勵夷之志不祥之兆早已
先形姦怪乎禦敵之不克也伏想
揚候爺為國愛民何忍坐視兵丁殘酷生靈若不
執將軍法以伏
天威諒亦縱容養奸耳壯士之寃魂何慰商旅之
行處何安況蒙憲示曉諭兵丁各歸營寨不得

佔住民房而湖南之兵尤不遵行仍然率行依
然搶奪將來此兵之為禍不知何底也若此寃
氣難塡滄海恨不能轉達
聖主為此瀝情佈告四方縉紳先生庶幾寃氣或
伸是所切望今蒙
大人啓城以故臣民無奈湖南兵在城外搶劫
行李生民雖生猶死不啻遭夷之戮也悲夫特啓

郷勇與英夷戦闘事

斯て廣東府近郷の土民等逆夷の為に其家屋を毀ち
妻子を捕われ今迄未数多く奪取れ一日将時として捴

旅高うまるゝ事を得ず欽差の大臣ハ緒列の兵を募り廣東の府城に充満せしむといへども迸須臆病神の附らうけん絶て進戦の用意なく却て逆將義律と心を通ト緒事彼が指に任せるのミ且昧方湖南の兵のごときも猶亦暴逆を行ひるゝ生民の荼毒何ぞ免るべき様もなし故に廣東府近郷の土民等相集りて曰縦令百万の兵ありとも欽差の將軍勇氣なきを以て上陸の夷人を追拂ひ海邊静謐に治まる事を覚束なし不如我等が相共に力を服せ先ツ數處の營場に據て陣する所の夷人ならち退け

皇帝の宸襟を安トし奉んと一郷毎に平英團の三字を書したる大旗一本を押建ゟこ旅を望ミて各郷の勇民喜び勇んで名く得道具を執て其下に馳集る都合五千余人天地に誓逆夷を殲にするを以て心とあし五月十日朝霧の未ダ晴ざる時に廣東海岸の營場に屯する夷人どもを四方より取囲ミ短兵急に討て懸る夷人等思ひの外なる敵よ出逢殘のるゝ狼狽し大筒一挺放つに暇なく鐵付鉄砲兵ま斧鉞等のごとく兵器を振舞し必死となりて戦闘も暫時の間ハ勝負如何と見えざりけるが時よ郷勇勝りて敗走の状をあらハし一ツ々て伏兵を殺され屢々乗て敵を縛め今こそ機会よしと返し合せて奮戦せ郎二千余人の伏兵を左

右の木蔭より一斉に發し数百の夷人を中に取り十重
九重に攻囲む夷人これを見て大に辟易し尽く首を
地に低れ一向に助命を乞ふの外なし郷勇は益奮激し
一人も残らず殺戮せんとしけるに豈計ん參賛揚芳城
中より急ぎ余宝仁を使者として下知しけるは汝郷民
等夷人に對し私の合戦を為すは既に先日英将義律
と和睦せしうへは聊夷人の身に創つくるを勿れ早
速囲を解て本の陣處に還らしむべしと郷勇これを
聞て大に怒り大声揚て如何に欽差將軍の御下知なりと
て此逆夷を空く取逃すべき汝逆夷を庇ふに於て奪へる

所の墓場尽く此方へ取戻し又後一人も上陸することなく数
十艘の軍船即時に退帆せば命は助け放しくれんと呼つるに
これを聞て夷人等益恐伏し其言一々承諾せり加るに參賛
揚芳囲を解べしとの下知なればこれを解放しぬ然ども郷勇
相共に夷人の心底猶計り難しと云て其勢を二手に分ち
一手の郷勇は直に四方の墓場へ赴きてこれを奪還し各
郷の大旗を張押開き同音に勝鬨をあげしは実に勇ましき振
舞なり又一手は海汀にて夷人の端舟を奪ひ本船への通
路を断截り彼等猶上陸しあらば尽く饑死せしめんと英
吉利荷蘭の舟問屋の者をして一切夷人に食物を送ることを止む

斯て英将義律ハ先刹より檣のうへまで望遠鏡を取てその
模様を照し見けるが忽ち一方の赤旗ハ船上に開き清国城
中の将帥に向て何やらん相図せり猶又霰筆とりける者ハ
使者とし将軍奕山の前に至り告しめて曰先日相約に千戈
を收め両国和議を約しける上ハ縦令我兵卒陸上にありて
不意に襲ふるとも本船よりこれを援ひ敢て一挺の鉄炮
をも放さゞる所何故彼方より我兵士を攻囲ミ端舟を奪
取り本船への通路を断給ふや願くハ和議を破て一戦を試んと
ありけれバ奕山楊芳相共に仰天なし使者に對し深く己が
罪を謝し且又郷勇に諭して奪處の端舟を返し即刻食

物を與ふべしと下知せし郷勇止る事を得ず又是に従ふ然れ共
夷人等郷勇の意気猛勇なるに怖れ今より上陸しあらバ如何
成る幸き同に出逢らんも計り難しとて一人も残りなく本船
へ引退き不日に数十の軍船帰帆せりそれに依て広東の地
一時静謐に帰し靖氏安堵の思ひをなせし全各郷の勇民一
挙の力なり満城の将帥今に大任を受て数十万の官兵を
率ひ敵を殺の利器山の如く積備ると虽進戦の功を建
るにあらずハ各郷島合の義勇に及ばず徒に逆将義律の緩
ん
限とらるるのミ豈傷しからずや

海外新話巻之三終

海外新話巻之四

賈人張鳴製虎尾陣圖事

浙省の所屬容雲縣の賈人に名ハ張鳴といへる者あり年四十余此者已が店上に古器古物を置てこれを鬻て以て産業とせしが生來文字を学び又武藝を習ぞ好るに不思議なる哉去年以來英吉利國の夷人海邊の諸城に攻入毎度合戦ありしが味方敗北せしと聞きこれを深く憂ひ何卒して數日門戸をも出ず獨り端坐してありけるが竟に英吉利人に敵對し極て勝利ある陣法を考へ出せり依て自らこれを紙上に圖し他人に示さんとすれども元來無學の性質なれバ胸中の支ども筆に写すこと能ず依て同村の畫工那老三を招ぎ来り己が胸中に存ずる所を告陣圖を寫しめ又書生趙徳三に托し思ふ処をのべて文を作らしめたるに即其圖解なり徳三此陣名を何と定めるぞと問に虎尾陣と名くべしと由答へたれバ徳三即ち虎尾陣圖の四字を上に顯せ張鳴ハ陣圖の就を喜び趙徳三那老三の両人に向て厚く其労を謝せ右の両人も此陣法を以て甚奇なりとし共に歎賞して去ぬ後數日ありて張鳴自ら軍営に至り右の圖を總督裕謙に獻呈せんと請總督これを閲て大に奇なりとし委員に命じ直に張鳴を

〈163〉

已が前に召出しぬ張鳴ハ右の陣圖を捧呈し一言も發
せず退去せり就て總督其圖を披き其解を讀るに如何
にも英人と對戰すべきの陣法にして馬隊を設け火器を多
く手其法黄帝の握機孔明の八陣に合し戰鬪に臨で運用
の驍速猛烈なること一度虎の尾を履ときハ回顧して直に人を
咥ふと云べき機勢を含ミたれバ虎尾の陣と名づけしなれ孫
武子の云勢篇に於て其勢險其節短しとあれバ別に陣
法ハ説ざれども勢の險に節の短きハ全く陣法の極意なり
と張本学の語るも此虎尾陣圖を以て益發明せりとて
總督ハ深く感賞して止ず叙其陣形圓囲三層にして内

層の圓径二百間圍九百間也に歩卒二千七百人を備へ大小の
鉄炮を雑投中層の径六百間圍千八百間外に向て八門を
開く門の間毎に騎馬一千匹合て八千匹を備ふ外層の圓径九
百間圍二千七百間歩兵八千一百人是に又大小の鉄炮を投く
外層の外列に三處の備あり每隊一百間囲に三百人の精兵を
撰み用ひ種〻の火器を投く也每隊の火器稍大なるものを
三成甚だ車に仕付運轉に便なりしむ又其外に溝を堀り
土居を匝らし數處に門を開く元來此陣法が三の數を
以て圓囲となし四の數によりて重層となす陰陽の兩數を
布列の間に胎寄正の妙變を隱伏の中にふくみ敵と相戰ふ

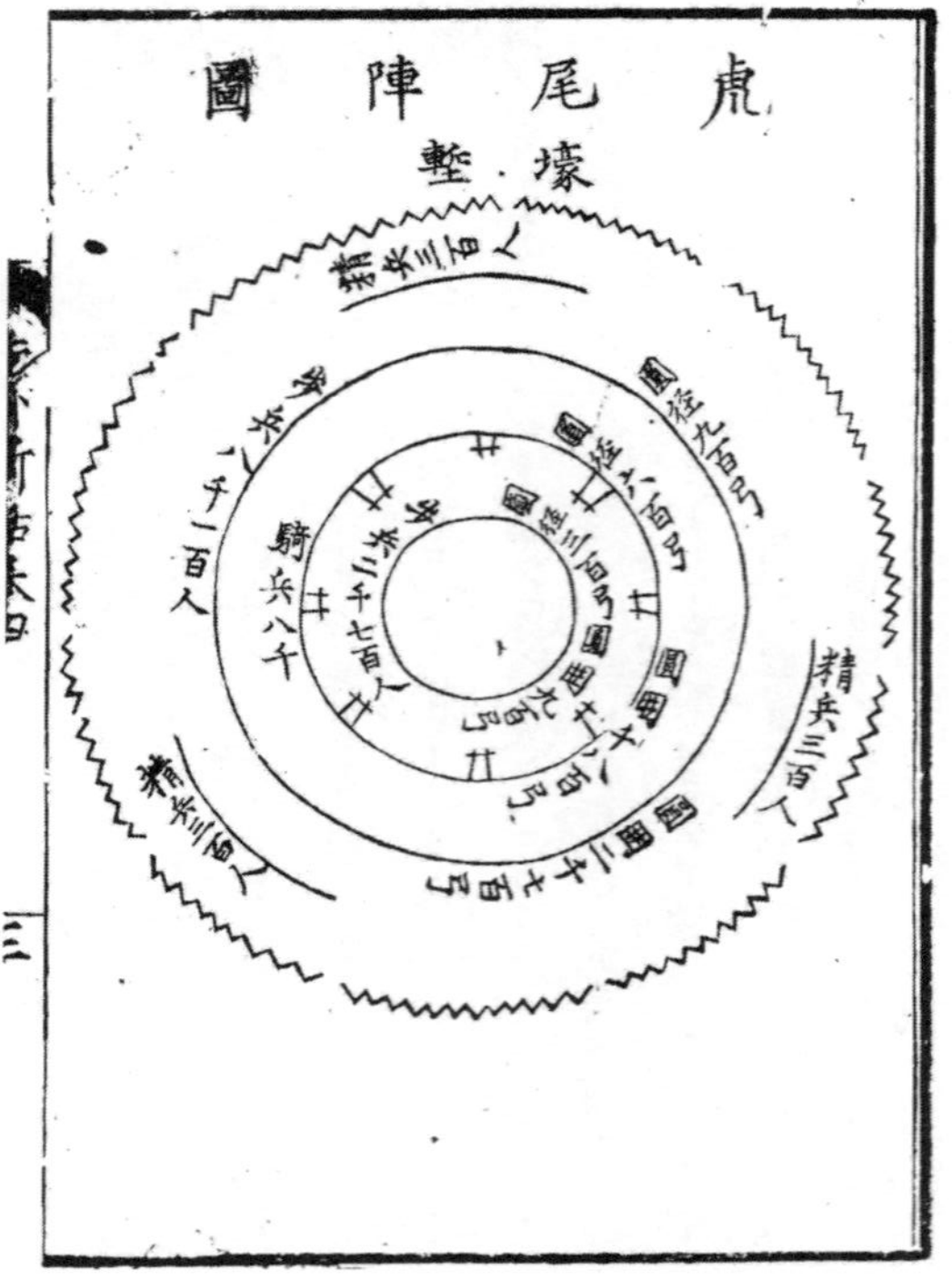

及で四方八面船処々に出となり首となり其余奇兵となり足となり無窮の変化をなせ實に攻守兼備の陣法と謂つべし嗚呼妙なる哉或ハ上天清國の将帥屢敗走なり機を失を一箇の賈人に假り以て此良陣法を製出せしむるものなからん乎

嘆嗎喳再陥定海城事

既に今年の春両軍一旦和睦せしによりて英夷此定海の島地を清國に返還し上陸せる衆勢退きて退船せり然れども廣東鴉片煙の交易旧の如く許容なく且又約に背き動もすれば戦闘するによりて英吉利王新に嘆嗎喳といへる者に命じ義律に代て総大将となし猶又船軍を増加へ清國

〈164〉

の城地を攻陥さんとするの計策なり此由程なく清國に聞へしかバ総兵葛雲飛を始め其他の諸将士定海に赴て防禦を厳重にし今や新夷の船軍押寄ると相待所に八月十三日午の刻許に夷船十三艘竹門山の下に馳寄り継で蒸気船二艘又極て高大なる軍船一艘大将璞鼎喳軍師嗎喇遜これに駕して諸船を指揮せり其余沖合より馳来る夷船の帆影数を知らず城将葛雲飛ハ諸将士に下知して海岸一帯の台場に支配す且又城の内外に士卒を分布し旌旗を伏せ火器を備へ静りかへりて戦を待居けるが夷船一艘湊の内に向て飛より疾進入るとそれを見て葛雲飛台場に

馳よりて士卒に下知して八千斤の大筒八挺に強薬亀巣にて並べ打放つ其玉悉く敵船を打貫き既に火薬箱に火移ると見えしが一瞬の間に破裂して其船海底に焼沈ぬ璞鼎喳これを見て大に憤激し翌十四日早天二千余艘の軍船を進め一文字に排並べ葛雲飛の陣處を目掛数百挺の石火矢一斉にうち掛けり其玉落の猛烈なるに怕れ清兵一時に散乱し彼方此方の大なる岩穴の内に十人二十人宛身を伏されバ敢て負傷もなかりし此とき夷人数百艘の端舟を以て竹嶼山より上陸せんと企偶處州の総兵鄭國鴻三千の兵を帥ひ此地に到着せしが夷人の上陸を見て直に士卒に下知して刀鎗を執て衝懸る夷人ハまだ

全く上陸せざれバ清兵所謂半渡を撃の利を得て敵の水陸應
援の手を失ひ数多に討とられ且足所を畏れにまよふ者数を知
らず斯て清兵の気勢益盛なりけれバ英兵甚攻あぐミ進も容
易に討入ことかなハずと僅に陸地を隔つる五奎山に於て一夜の
間に陣屋を建並べ持久の計を為んとせし鄭國鴻下知して同敵五
奎山に據るときハ味方の大害なり急ぎ打拂べしとて一卒をして
土居の蔭より箭光卿が手をして打懸さしに英人其陣屋を
棄て退去せり十六日に至て英兵二千余人吉祥門より進て東港
浦を攻國鴻又大筒を繁く放せしとも防ぐ其玉大雷の
激するか如く英兵の隊伍を打乱し火気地上に迸飛して翁中

海外新話巻四　五

間断なし英人これが為に辟易し更に一歩も進得ずして引返し曉峯
嶺竹門山の二處を以て攻口とせし國鴻又大筒を放て防戦し果
而の英五百人斗り撃倒せり翌日英人蒸気船十艘を馳て又葛
雲飛の陣所に向て攻寄る雲飛ゆづらず震天雷といへる火器を
打放ち敵船二艘を焼亡せしが此時英將噗喇噫は連日の戦闘に
討負如何とも攻入の術を失ひ今ハ軍師鳴咧噠の計策に従ひ
三十艘の軍船を以て三手に分ち一ハ五奎山一ハ東港浦一ハ西面
の曉峯嶺より攻上る頓て曉峯嶺の敵一番に上陸なしけれバ
壽春縣の總兵王錫朋先陣となり従く三千五百の勇兵を率ひ
これに當る英人連日の戦ひに打負深く遺恨に思ひけん

二並ニと進ミ寄せ大筒小筒打放り清兵数百人暫時の間よ
血洞り臥て殪倒さる今ハ必死の戦なれバ何んぞ猶予べき
死人の上を踰越乗越押迫る勢て敵味方相去る鉄炮を隙く
打懸るよ何ヵ清の勝負あらぞしも見えざりける此時清
兵の鉄炮斬ゟ代る小隙なく余り連発せしに依て其火気
筒よ透入しらく紅色に変ぜ今一度燥発せバ其身激発し
後ふ味方の大害なれバのみ士卒皆如何ともせ給方なく皆く討
死と覚悟なきめ我人より打懸る雨のごとき鉄炮玉の中を身
穴殺ドミ百余人の勇兵力を把て衝入り右往左往に当る幸
切て廻よ黒白の者百四十人殺戮ま王錫朋ハ士卒ふ先立合

海外新話巻四　六

其戦し我身流るゝ血泉のごとしといへども猶自ら数十人
我八人を切倒し敵の鉄炮四五発受て快く討死をぞ遂にける
ふ士卒と連得て同じ枕よ討死せり英将噸喳ハ五奎山
より竹门山ふ攻よる鄭国鴻力なく一数刻防戦せしかども
今ハ数日の戦闘よ疲れて働きえ得ず暫時刀を杖よめ息を休
める處よ一箇の大砲鳴渡つく其傍ゟ落砕け国鴻ハ全身靡
え爛して地に倒る士卒一人馳来り其屍を取収んとしるよ又一
箇の炮丸来り落て国鴻の屍と共ふ打砕かれ甚最後をぞ遂よ
ける葛雲飛も東港浦より城よ向て攻来る敵と合戦し自ら
戒ハ逃亡或ハ討死し今ハ唯一騎敵を防ぐべき力なく東嶽

海外新話 巻四　二

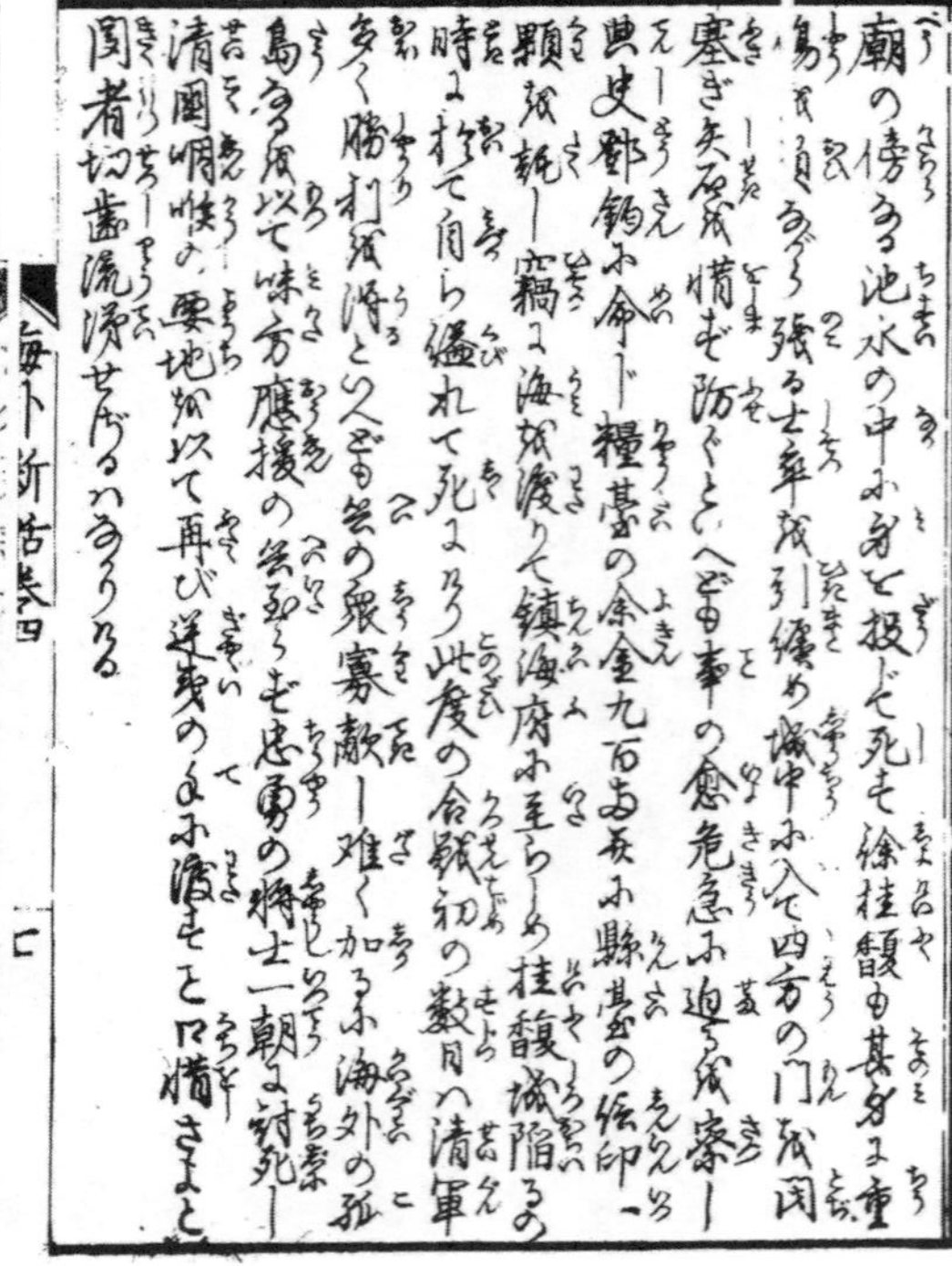

廟の傍なる池水の中に身を投じて死せり徐桂馥も其身ヲ重創を負ひながら張る士卒を引纏め城中に入て四方の門を閉塞ぎ矢石を惜まず防ぐといへども事の愈危急に迫るを察し典史鄧銘に命じ糧臺の余金九百両を本県糧臺の印信と一顆を托し窃に海を渡りて鎮海府に至らしめ桂馥は城陥るの時に於て自ら縊れて死にけり此度の合戦初の数月ハ清軍多く勝利を得しといへども衆寡敵し難く加るに海外の孤島なるを以て味方應援の無りしが忠勇の将士一朝に討死し清國咽喉の要地を以て再び逆夷の手に渡せしを口惜さまと固者切歯流涕せざるハなかりける

掘出諸葛孔明所建碑石事

河南の汲縣に一寺院あり三四年前より四方の男女老幼貴賤かぎりなく此寺院に會集し晝夜の隔なく念佛讃歎せり今年にいたりて益盛なり既に已が産業を打棄て數十月爰に止宿して已が家に還らざるの輩あり此由府城に聞えしかば定て天僧奸巫の徒これを煽惑唱導して金銭を奪ふもあらんとて官吏に命じて汲縣にいたり維く其事を檢察すべしとの沙汰あり依て官吏其地に到り見るに男女老幼千余人中寺の境内に集會し各々念珠を手にし高らかに佛號を唱へ寺の本尊に向ひて禮拜するのみ數日爰に来て探察せど畢

〈167〉

池の異事なし就て官吏ハ直よ府城よ立帰り其由を総
督へ云上せ総督帰ち又委員の者ふ命し兵卒数百人を
率ひ其地よ至り寺僧を始め会集しある所の者悉く是
を捕へ且其寺院を破壊し平地となすべき由也されバ委員
の者ハ直よ数百人の兵卒よ武器を執せこれを携へ彼ち門
ふ入て見けるふ境内寂然として一人もなく両三日以前よ
退散せる様子なりけり依て皆々不思議の想をなし此上ハ総督
の命よ任せ先寺院を取拂べしと其屋を破り其殿を毀ち
有所の佛像什器よ至るまで尽く焼棄すり且寺後ふ
一の池沼あり是亦埋却して平地となすべしとて傍なる

土居を毀ち其土をもてこれを埋めんとせしふ偶其土居の
中より碑石一座を掘出せり碑の背面よ諸葛亮建の四
字を彫刻す其石質頗る堅實加るふ土中よ在て歳月
を歴られバ碑面の記文漫滅せず字々辨ずべし然れども
文体奇古怪僻句々謎語ふ類し其意を解釈せざるさ
多し今これを左よ載す

細々紛々不見天　憂愁空在一九年
三光上邊無日月　十月山中埋銅銭
五四方知五四歳　両地方知両山河
三七才郎三九病　二八嫦娥二八歌

無病老者分世界　前水後水打破鑼
向者之年還猶可　鼠牛之年没奈何
來騎江水三千里　東魯衣冠涂血舗
羣生要見同姓吏　壬寅之年定干戈

林朝聘諭大義退英船事

餘姚縣の居民等去年來英夷人の乱暴ニ恐怖し我れの帆影を見るや否妻子を携へ家財を搬び縣中の人家殆ど空しからんとせし折節春の半なれば桃李爛熳として東風ニ咲乱れしかど誰一人これを賞する者もなく詩人嘉祐が野桃自發空流水江燕初歸不見人と録せるも

海外新話巻四

其乱後寂寥の風景今さら斯と思ひやられたり叔道光廿二年（皇国天保十三年）二月廿一日最大の軍船二艘白帆に風を打孕ミ飛がごとくに入津せしかれ城中にて公卒に論緒将帥皆く色を失ひ又如何なる幸き目に出逢らんと城中上ミ下へと返し騒ぐ此時代理縣事林朝聘ハ奮然として諸将に向ひて同逆夷の軍船僅ニ艘入津せるとて更に驚くに足ぞ我自ら彼が船中へ乗込逆将ニ對面し大義を諭し此凌城退船せしめんと水勇ある人通事一人引携へ汀に繋る舟よりも艇さ小船ニ打乗り揖を操し櫂を取り敵の大船に迫り纜を採ヲ攀易くと乗移り船中を見廻せバ黒白の夷

〈168〉

人をも數十人鎗附筒の火蓋を切りしぞと云ば一打にせんと
彼方此方に控へたり又檣の上を仰ぎ見るに大なる石火矢を仕
懸ありて今にも頭上に落るやらんと怪る其外鎗槍の類數
千本並べいと厳重なる有様なり斯て朝聘は我将に對面
致し度由通じけるに夷人答て今下の段に於て新に鑄立
たる石の火矢を試發せんとす依て暫く爰に扣へ給へと云
けるに朝聘敢て聞入ず自ら将帥の居間と覚しき所に
向ひ進む甲板下に於て右の石火矢を發せり其声大雷の
轟くが如く船中に振動し海面に響渡り我足地を離れ
其身二丈余も空中に躍るとぞ覚えたりかかる所朝聘

微塵も動ぜず勇氣凛々として逆將の居間へぞ入りけるに見たる左右の
夷人どもは手に汗を握り如何なる珍事か出来ぬらんと後に扣
へて見物す朝聘座に着き容貌嚴正にして大義を挙て諭し
けるは汝等西洋の僻境に生れ仁義五常の道を辨へざるは尤
我ら語を費して甲斐なからん然ども汝禽獣にも非ざれば私
心を去て順義せよ元来戰闘の由を尋るに中華に向て聊
侵犯すべきの謂れなし既に乾隆嘉慶の間に至て屡鴉片
の禁を止むといへども汝が國の奸商禁を犯して持渡りその
根源を絶と雖ども因て去年林則徐廣東に於て嚴に舊
政に復ひ數万函の鴉片を焼以て其法を正すが如し百年前

禁ずる下此日に至て再び持来るとも如何ぞ我人民これを喫
食せん、亦何ぞ失金あらん、今日交易利あるを以て種々の搢
言を為し再び中華の財宝を奪んとて干戈を動し船の堅く
砲の利あるを頼み、宝華の生霊を残害せ、事理を弁へざるの
甚し、且去年伊里布の計ひに依り広東の地に於て講和義
律と相言ひ和睦なりしも一ケ月あらずして汝が国の
夷民我福省の厦門に擾て再び定海を陥れ我海運を妨
ぐ汝が国王の暴逆挙て数ふべからず、今又此地に数艘の軍
船を向し何の為ぞや、と雄辯に説て頭髪冠を衝き
返答せば一撃にせんとなし剣を按し居丈高になりて云

なる逆賊は其言の理あるに伏し一言も発せず面色赧然として
居たりしを朝聘は勇気大胆に充満し我言必ず忘るべからず、汝
汝が国王に告よ、とて直に其坐を起て傍なる黒白の夷人
たちに問ひ、又々小舟に打乗り難なく城中へぞ帰りけれ
夷人初めの程は余姚県の将士を挽んど数艘の軍船を
以て一撃にせんと思ひけるが豈計んや林朝聘が勇気凛然と
したる有様に恐怖し二艘の軍船一時に帆を開き何處ともなく退
きせり、嗚呼諸有の大臣逆夷を畏るゝ虎の如く動もすれば
戦闘を避和議を以て其事をなさんとせし、此時に至て林朝聘
国家の為に身を忘れ一寸の舌を振ひ鉄城の如き堅艦

數艘が退けしハ実に宇宙間の快事なるべしや

鎮海生員王師真焼討夷船事

去年八月逆夷再び定海城を陥れ衆夷爰に擄し後ハ清国東北の海岸暫も静謐ならず就中鎮海縣の如きハ定海と相距を至近なるが故に逆夷の大軍船十艘二十艘宛常に港内に入て徘徊せり依て居民の騒動日として休ことなし巡撫劉韻珂同知葉埜相共に心肝を摧き如何して夷人を討懲し再び進海に船を寄ることなからんと日々其評議ありしに當處の生員に王師真と云へる者あり夷船焼討の

海外新話巻四

奇策を以て葉埜に示す葉埜これを閲するに頗る霊便の良法なれバ又これを以て劉韻珂に呈す韻珂亦大に喜悦し直に王師真を召出し其策を絶妙なるべしとの由なり是に於て師真先郷勇二百人を撰び募りこれを以て小船数十艘に分配し別に焼船十二艘を仕立

此焼船二方を繋ぐその一方ハ船中に柴草を満載し火薬嚢を處々に埋藏し大なる竹の管を縦横長短宜きに従て貫き其中に火薬を通し火薬嚢の尾を一處に集め又これを樋の中に通し船の舳に向て出し又一方ハ火薬を船中に入れ又柁に灰を盛て是に炭火を埋蓄し其柁を以て右の火薬船に半を出し埋るなり尤も其柁を扱て是を引とき其端に觸るれバ柁中の火薬忽ち傾覆して頓に激發す

敵船相近きこれを二艘づゝ帯ひ合て六隊となる即ち昨日より港内に夷船七

〈171〉

艘碇泊しあれバ先と㒵て焼討せんと二月廿五月斜陽西
山に没し火烟の起る所を以て師真諸船を率ひて漕出
そ廿五日のとるれバ夜ふ入て空に掛れる月もなく水面
茫々として物影も定かるず依て思ひ〳〵ふ其船に向て
索ひ進ゞた上流より第一段の焼船に火を掛献船七艘
の中径に向て流しより折節退潮の勢ひに従ひ自然其
船に流れ着相磨割して数十の火薬瓶一時に激発し
甚声百雷が如く火光烈電の延ゞごと〳〵忽ち其船二艘
ふ燃付て帆を焼檣を倒ま思白の其人と㒵て救んと猛
火の中ふ在て喚叫びを以て欄し足を焦し働き済ず

去て氷中に投溺ぞ其時王師真金鼓を鳴し鼓を撃ち
大軍の押寄る気勢お示ぞ其人皆これを聞て益周
章し残れる其船艘を引ろふ帆ちて数十艘の端舟お
投卸しこれに乗て戦わんとぞ師真又第二段の焼船を流し
進む其人其焼船あるを知ゞとれを奪ひ海水を以て
上ふ洒ぎ薬を湿潤せしめんと近づたるどき艙に出る
横木に觸てれバ彼火薬直ふ激発せり其人皆幸て
逃んとするを所を水勇郷勇相共ふ刀槍を執て三百余
人殺戮し同音に勝閧あげしかバ英其の大船とれが
援んと又て沖合より馳至る然れど潮水既に退き其

海外新話　二

進退自由ならずして有る所の師真又男三隊の焼船を以て火をば点ぜ夷人と見えしが打砕かんと数十挺の石火矢を連発せしが如何して誤りけん己が船中に蓄ふる火薬に火移ると見えし清兵の焼船迫近する所も待ず其大船一瞬の間に破烈して片板も残らず微塵と成て飛散さり斯てその余焼残る大船猶湊を退らず必死と極めて戦闘せんと火輪の中にて二三の大砲を打放つ然れども火焔水面に吹満て其見当さへしらざるに依て其王清兵の船に中ることも更になし此時師真数十艘の小船を四方に浪と漕開き敵船の中に取り込砲を多く打放ち金鼓を轟

鯨波を作りしつゝ彼人火焔の中にまで咫尺を弁せず勢の多少船舵の模様も見分難く何へ何くと向はく戦ふべき術なく危くして此湊を退去しぬ斯て王師真は領め得る所の焼討の一策其度に叶ざるを喜び夜の未ざ明ざるに示ト諸船の水勇郷勇を引纏めて退還し即ち其人数を点検するに一人も損傷することなし数刻の合戦に敵の大軍船四艘小船四十余艘を焼燬し彼人の死傷数を知らず後十余日の程は彼人の屍骸并に焼残る船板兵器の類漂寄て湊内七八町の間陸地となるなり王師真戦功の莫大なるを以て新に六ぷの官爵をぬられ

海外新話巻四　二十六

に藍艦は載くては料容せらる程又水勇郷勇等にも
るまで各厚き恩賞ありて与へりぬ

官軍退治定海英人事

此頃逆夷の大船鎮海縣に於て不意に焼討せられ大に
敗北なしぬれば其遺恨益甚く依て崇明乍浦上海招宝
山等の諸地に向て攻撃せんと定海より軍船を進発する由
聞えければ清國の諸将會議なして曰く救ハ此節定海に佔
據する所の夷人は定衆からざるべし先其虚に乗じ急
ぎ定海の城地を取戻し彼が巣窟を掃ふべしとて故の
處州の總兵鄭國鴻の子按把總所大使鄭鼎臣に命

一万余人を率ひ定海に赴かしむ鼎臣大に喜悦し且曰
逆夷等去年八月定海を陥るゝの時我父國鴻大砲の
下に討死せり幸なる哉我此度こそ其地に於て逆夷等を
一戦の下に討伐し早く君父の仇を雪めんと即日數百艘
の兵船を引ひ海門縣より發船し定海に向ひける斯く
三月四日梅山港に着船せり先此處にて柴草を刈取二十
艘の船に満載し油を其上に灑ぎ焼討を仕立且又斥
候を遣し夷船の有無を探らしむるに紅毛港蝦峙の両所
に數艘の大軍船碇泊するの由なれば早速これを焼討なす
べしとて進て十六門より兵船を分ち七隊となし紅毛港

小向ひし艘の英船が月掛風上より焼船十余艘に火を点
流し進む英人これが為に捷索が打吹て大船も水車の如く
旋回し官兵に向て石火矢を輪發す官兵これに依て追迫
流くる焼船は煙にまぎれて漕隔て焼船が倚へる後に逃
避その時既に流走所の焼船敵船に流れ着その火烟猛
に燃付と見えしが忽ち船上に黒烟吹起り英人の狼狽言
語に尽し難く只端舟が擲御し我先に逃去んとするを
武挙蔣述清ある者小船を以て飛が如くに追迫り火罐火
投擲これが避んとて数十の端舟互に觸當り英人
落こ百人皆海中に溺没せり其時又も一艘の敵船進を

寄す官兵の船陣を目掛て小向ひ来り繁く石火矢を打發
し又英も其王前に倚る焼船の柴草に轉び落て此方へ届
ざる負者終にこれが遺恨に思ひ英人狂も船を旋
回して打懸るに其桅被裂して已が船中に大乱の為に激
射し其大船忽ち海底に焼沈こぬ幸にして生残りたる黒面
の英人端舟にて竹門山の方に逃去んとするを水勇の長袁
高栄尽くこれが捕へて海中に投込たり此時蝦崎に掛れる
最大の英船一艘力が合せ擒りんと馳寄るを見て千総韓
瑞慶王進敷并に水勇の長李世茂大攻船二十余艘を率
一齊に押進ミ風に乗じて大砲放つ然れども英船敵て是

恐れずして益進み来り右の火攻船を海底に沈めんと
車輪の蟷螂が轍に向ふが如く過半乗捕られども終に其
火橋に仕掛る縄梯子に燃付て夷人等これが打消に
隙なく唯官兵に対し石火矢四五発打懸るのみにて
既に檣倒れ船裂て夷人等尽く海中に溺没し大魚の
粮となりにける軍功頂戴奮戍功把総羊大升の両人
以前日より定海の城辺にまで兵を伏し夷人を上陸
せば是を討取んと待居けるが海上に退て火の手揚り
を望見て夷船尽く焼亡し官軍の勝利疑ひなきを
察し全城外の夷営を焼払ふべしと震て火を

以て黒白とも夷人数百人を生擒し望月鄭鼎臣は諸船
を引纏め定海城に乗り登り奮戍功羊大升の二人に出会
し海陸同日に勝利を得しを祝し酒肴を設て大に
兵士を饗応せり後数日を経て城北の江奎山に夷人の
屯営あるを聞き総将士相共に山上に登り夷人二百余
り生獲し万国地図西洋兵書及び大小の鉄砲四百挺
を分捕し此度焼討する所の大船四艘端舟三十余艘を
人を殺すこと数を知らず而て官兵の死傷僅に二十人に
過ざるなり

乍浦落城付夷人乱妨事

〈174〉

乍浦城内の将士ハ不日に咈鼎査嚈華の両将大軍を卒て攻寄来ると聞き如何なる臆病神が付たりけん鶴唳風声も敵軍の押寄るかと覚へ其心中安からざる故に緒門の兵士城の内外に充満すといへども甚纔色見苦く武者ぶるひの声ぞ多かりける四月朔日の早朝の霧気船一艘湊口を指て馳来り端舟を命じ氷底の浅深暗礁の有無を測量せり土民等是をみて妻子を携へ家財を搬び夜を日に継で何處ともなく逃去ぬ同月八日果して山のごとくなる大軍船六艘蒸氣船六艘都合十二艘の船湊に向ひて帆を卸し入来るにこれを望て城中あはて騒ぎ我先にと逃落んとて道路人の上に人重りて弓折矢折取捨たる武器物具ハ馬蹄の塵に埋れ聊恥辱を知る将士海岸の甚臺場に到り敵船に向ひ数十挺の石火矢を打放けれども甚心中既に恃動したるにや敵味方の間合遠くして其玉の届かざるをも揮らず無二無三に打出せ此時英人等檣の上に登り望遠鏡を以て城兵の逃るを望見て且を嘲るもあり又ハ空く兵糧を費さんと笑ふもあり漸て此日ハ合戦に及ばず翌九日の早天敵船一齊に岸近く打寄二重三重の鉄砲狭間より黒烟天に打懸る甚玉岸上の臺場を撃砕き百雷の轟く

渡るゞさゞ霹靂空に閃き金蛇地に迸り上ハ悲想天下ハ
金輪際の底までも聞えやすらんと夥しこれに恐怖して城
内の将士誰一人進戦するの気色なし唯に副将港公満部
の兵二百人を率ひ城を出て陸家街の傍に至り埋伏し英人
此に過るを待て血戦せんとせし果して逆夷五百人唐家湾より
上陸し城の南門に向ひ攻入らんとて陸家街を過けれ
ば副将今ぞとて機智よりこれを挾て左右より撃兵
急に討てかゝる英人大に狼狽し鉄砲筒を放つに暇なく
満兵の槍丼に突倒され二百余人鏖殺され何の間にか
ある夷人の一隊城北の山上に登り大旗一本押開き

何やらん相図するとおぼえしが又々本船より数十人大小の砲
器を携て飛ぶより疾く上陸し仕公の営に向ひ討て懸るの
時敵ハ新なれバ其勢潮の湧が如く更に防ぐべき
術なし満兵これに恐れ少しく色めく所を副将仕公下知し
て曰如何に敵新なりとて西洋僻境の夷等何程の事
かある一人も逃さず打殺せと満兵等これに気を得て濡出
月を覚えて程の合戦せんと各々討死と覚悟を極め盡る
を幸切で落し浜人等林へ入り一先此地を退き鉄砲をうちかけ
打すくめんとも満兵先刻よりの戦闘に力竭英人の退口を
直に追覚を能ハず暫時一處と身を休むる處に

夷人ハまたもや天砲を以て打かけゝれバ其玉本営の所のうへより
落碎け大きに四方に激發し硝烟耳目をふさぎ百人余の士兵
一時に打碎かれ骨肉微塵となり空中に飛散す此時法公
も又半身火氣の為にびらんせり然れども勇氣奮然としてなを
残れる士卒四五人を携へ猶も敵に衝入て其最期を遂るに
なる城内の会士返ゝ何處へか逃落られバ逆夷ら千人既に東
門より乗込んとす水師福都統長喜同知章章達及び張
惠周恭壽の諸士相共に僅に残れる士卒を引纏め夷人を奇
隊位を乱さんと各騎馬に打跨りて向ひけるに夷人ハ其馬を一斉
入らしめドと爲く地上に居敷き筒を出して銃を以て墻牆の

如く立並ぶ所へ諸士直に馬を入れて触れば必ず死せんと
躊躇する所に周恭寿直先に一鞭あて近羣がる夷人を
踏倒し蹴ちらし大軍の中を二三度まで其隊伍を
乱る所を長喜章逢張恵の諸士刀槍を把て同く池入
必死となりて戦ひ敵百人余も斃しける時に恭寿敵より
打放つ鉄炮にたゞの砲を打貫れ馬より下に倒と落て将地
に臥し息は既に絶たると見へけるに又も敵より攻寄る敵を振
見て白き夷人を切倒し甚身終に死しにたり他の
諸士も敵を追掃んと心は矢たけに思へども残れる兵卒皆
深手を負ひ働き得ずして味方の兵これを[illegible]に比すれば九牛の

一毛大倉の一粒にて如何とも術方なく危くして此場を引
退き相共に胡芦城の中に引籠るに都統徐雲ハ既に
此處にて自ら刎て死せんとせしを衛士同く其傍に自
殺して其最期なりける斯て英人ハ一時に城を乗取り又
城外の満営を大砲にて撃砕き南門外の人家に火を
かけ其火忽ちに燃延て北ハ吊橋より南ハ水陸戦神廟
飲馬池衙火神衙の邊に至るまで悉く焼拂へり斯て遂
将軍璞鼎査ハ一戦の下に此城地を奪取るを喜び直に城
内に入て兵士の死傷を点検し一切軍を猥実し数日此所に
滞留せり其滞留中黒白英人の乱妨兵猥に絶ざりし間

十一月銅役所に押入り其銅を悉く奪取り又此港に
掛る所の■交易の商船二艘を破壊して其船中の諸
物を掠取れり爰に最憐むべきハ天慶寺の静室和尚也
英人ら此寺に入て静室和尚に對し揚子江并に黄河の地
圖を精索めり和尚其圖を所持せざる由答へけれバ英人
大に怒り直に和尚を捕て袈裟衣悉く剥取り裸体と
なし縄に束縛して衆英の中に律去て数日飲食を與ずして
嘲弄しぬ又河定香の一家を英人ことく捕獲して
海塘の天后廟中に携へ去て先定香に薪水の労役を命じ
定香の一妻一妾二女を以て五人の英人各自相配分して向益

奸淫しことと定番をして其傍にまてこれを見せしむるにあるが
且又黒坊のごときハ物の不潔をもかゝはらず日々民家に入て採むる
所の米穀を炊きその半生半熟を嫌はずこれを船中にて
馬の大小便を受る所の槽に盛り其側に各團坐して匕箸を
用ひず直に手をもて攫食せり尤婦女数百人を捕へ来て厨下の
用に充つ夜間になりぬれバ黒坊等相争ひて其婦女を輪淫せり
悲哭の声聞に堪ず若輪淫して命を失ふ者あれバこれを路上に
擲棄す依て其尸骸山のごとく青燐夜燃鬼風血腥く聞もおそ
られぬ光景なり扨又噗鼎査ハ是より揚子江に攻入り諸城を
襲取んと清兵の取捨る大小の鉄砲其外刀鎗等の類

及び米穀金銀等に至るまで悉く本船へ運び載せ同月十
九日の早天に牛馬を宰して天をまつり船を祭り砲をまつり
其他の英人残らず引卒して此處を退船せり

烈女劉氏事

烈女名ハ七姑平湖縣学廩生劉心葭といへる者の女にて乍浦
城内に居住せり性質淑善温和にして容色まさに艶なり年
幼より好で書を読を願ふ人倫五常の道を悟り裁縫の業
人に勝れ傍に又算法を学び得て能家政を助けり四月九日乍
浦城陥るの日家々の婦女乱を避んとする途中にて往々
夷人のために捕獲され姦淫せられ其汚辱を受る者数を知らず

〈178〉

ならん劉氏の親族敢て是を逃れ他に往ことなく遅速を天に任せ
門を閉戸を塞ぎ其家にありけるが夷人等既に劉七姑の容姿
美麗なりと聞て即ちこれを挑んと其党数十人劉氏の門
外に到り竊に其内を窺んとする時に七姑ハ戸外の騒声嚷く
るを聞く夷人侵入するに疑ひなしと察し刀を執て喉に
當既に自尽せんとしけるが其父母驚き悲泣して推阻む女の
日生て父母に俸養を遂んと固より願所なれども不幸
にして斯る乱世に出逢今や我身夷人の為に捕へられんとする
事なれば父母兄弟を辱めんとも計り難し寧自殺せん事の
心安かれと父母諸共涙に咽て有けるに又屋後の笆籬を

破壊する声あり驚て之を窺ひ見るに果して夷数人各鍬鉄
鋤を荷ひ此所より侵入せんとす依て父母女を携へて西隣徐
氏の家に逃る暫くありて夷人之を察し又女を追て徐氏に
到んとす女の父母又た徐氏の西隣陶氏に移る此時七姑ハ父母に
随ひ同く逃去んとするが事の危急に迫り命免るべからざる
を覚り徐氏の家井に其身を投せんとし偶思ふハ礼に女
子ハ閫を踰ずとも云り他人の家井ハ我死すべきの地にあらずと
再び身を悲びて此處を立出己が家井に至んとするに今や
後に残れる父母の事のみ心に掛り進んとすれども歩行ず陶
氏の門外を回顧するに父母ハ早既に数人の夷党に捕へられ

痛くうちすてられしハ七姑自ら往て援んとするに寡婦女子
のかなしさハ甚力なし如何ハせんと不覚声を出して救ひを乞けり
絶て放ちしかバ叫びけるに異人これを聞て言語の径ハ解せざれど
いづれも遂に七姑の姿を見てこれを捕んと数人の異人父母を打擲
するに七姑ハ周章て追来る其時七姑ハ急ぎ己が家に至
て早くも井中に身を投ぜり異人これを見て大に望を失ひ何處
ともなく立去ぬ女の父母ハ先刻より異人の為に打擲せられ一身
疼痛甚く暫時地上に困臥してありけるが今ハ女七姑のことを
深く案じ筋骨の疼痛をも又へ轉展蒲伏して己が家に還
り彼方此方と女の所在を尋るにさて偶井中を窺バ雪の

膚微く露れ紅の衣袖浪ひて太液の芙蓉雨を帯るがごとく
僅十有九の齢を保ち未だ字せざるに節義を守て死したるハ
見るより早く悲歎の余り父母諸共井欄に攀まどり頬に女の
名を喚に親子の情感通ぜしや未だ息の絶ざるにや擡首を
挙て纖声に再三應へけると憐むべし此井水殊に浅く女の身を
投する時に直に沈没する事能ハず面を水に俯し遂に水を
吸啜して苦死せり嗚呼義をとつて身を棄るハ丈夫も難んずる所也況
巾幗に於て父母兄弟を辱めんを恐れ苟も生を求るの心なく
し死を見て帰するがごとし豈古今希覯の烈女子ならずや

海外新話巻之四終

海外新話巻之五

提督陳化成軍配付討死事

霜風知勁草板蕩識貞臣とかや天下泰平無事の時に當て其弊ふ禁し庸夫位を得て人權を握り忠臣義士ハ却て草莽の間に蟄伏し其才力を盡すと能ハざる爰に提督陳化成ハ道光十九年英夷の変乱起るに依て新に卒伍の中より撰び挙らるゝ福建の水師督に命ぜられ屢軍功あり翌二十年江南の守に補任せらる茲に因て日夜軍務に力を竭し士卒と共に甘苦を同うし古又残處あるに紀律あり同年四月定海の陥ると聞き急ぎ呉松口より新に八千斤の大筒六十挺を鋳立て是を分ち東西の要場に備へ東ハ以て敵の上陸を防ぎ西ハ以て敵の大船を撃砕の用意をなし其余城塁を築き刀槍を磨き兵粮を畜へ軍民を撫恤せり士卒皆其徳を仰がざるなし英夷も又化成の勇名を聞く不怕江南百万兵唯恐一人陳化成とぞ云あへり同二十二年の春逆夷の兵乍浦を掠め近海の諸城を攻取り其勢ひ破竹の如くなるにより化成ハ逆夷の不日に攻寄べきを察し士卒に下知して益防禦を厳にせしむ果して五月七日敵船来り侵すこと甚急なり此時味方寡勢にて援兵も来らざ其の遂に就難き針り化成既ち士卒に向ひ

〈179〉

大義を擧て諭しけるハ此度の合戰に於て我力を極め死
戮致して國の鴻恩に報んとぞ汝等幸ひ我を助け忠節
を全せよ士卒等これを聞て大に感激し一人として涙地に
濺がざるハ無し且人毎に一丸の藥を與へて日戰ひに臨の時
各これを口に含まバ其膽氣を強壮にすべしと士卒等ますます成
得て喜ぶ事限りなし翌八日子の刻計りに大小の軍船一時
に押寄する陳化成士卒に先だち西なる臺場に馳登り
新に鑄させ置る大筒に強藥込め大船に向つて打放つ
此時敵方よりも同く打懸ければ其王化成の備へたる塘の前
に碎落て味方の兵卒微くも畏るゝ氣色あるにより化成

海外新話巻五　五

就て下知しけるハ敵船の狭間に白烟起らバ虚發なり必ず
驚くこと莫れ黒烟起れハ実發なり各全身地に俯し彈玉に
せよと士卒等心得させて形の如くなしけるに依て死傷も
須更なりし化成別に一計を設け敵船を誘き進めんとて懸
と其臺場を下りて壘の蔭に伏せ敵ハ機を得て大船陸續と
して攻来る化成此時を失ふべからずと再び士卒を率入て臺場
に登り數十挺の大筒一度に打懸大小の船十余艘を打碎き
黒白の夷二千余人を燒殺す時に東の臺場よりも連綿と發
砲し敵の上陸を禦ぎけれども今ハ士卒等夷船の檣の上
より筒先下りに打懸る石火矢に斃倒され殘り少なゝりけり

なれバ化成これ我見して一隊の兵を分ち遣て防がしめん
とせし所に敵千余人既に上陸し西の臺場に向て押寄る
其時雄なるや士卒一人化成の危急を援んと一匹の馬を
引く化成の傍に来りこれに騎て暫く此地を遁れ玉へと告
るに化成告て曰我ハ死を以て國恩に報んとす何の面目
ありてか人々の背を見せ此處を引退くべきと言もあへ
ざるに一箇の天砲鳴渡りて化成の傍に落るが其火
氣激發して化成の全身を糜爛せり然れども化成猶塘の
上に立て巍然として動かず残れる士卒に下知して曰今ハ
一人も多く敵を殺し快く討死すべしと渐る時東の岸

より上陸せる英人數百人鉄炮筒を排並べ化成を目懸て
迫り来る其放つ玉ハ雨の降が如く其鉄の光恰も霜の數に
異ならず化成今ハ左右に敵を引受加ふに火毒心腹に透り
如何とも防戦すべきの力なく今ぞ最期と思ひけん恰も
都城北京の方に向ひ再拝頓首して死しぬ士卒數十人同
枕に討死せり爰に武進士劉國標なる者あり陳化成の屍を
以て敵の目に渡さじと路の傍なる蘆葦生茂れる中に
藏し置其身ハ一方を切ぬけて去り後十二日を経て國標再
其地に来り化成の屍を負出せしに其面色猶生る時の如し
即ち嘉定縣の城外に殯葬を上王公より下庶人に至るまで

化成の戦死を聞て涙を流さゞるハなく柩の過る處戸毎
に香火を供し或ハ路上に祭る江蘇の巡撫程矞采
その忠節を慕ひ官亭に於て文武の属官を率ひ祭礼
設く時ニ皆痛哭声を失ふと云此事叡聞に達せしかバ帝
悲感浅からず為に朝夕の進膳をも減し数日衣の袖を
湿し給ひ命じて其専祠を建立ありしとなり

鎮江府落城事

鎮江府ハ揚子江頭の一大都會にて殊に清國咽喉の重
地なり若これを奪ふ敵に在てハ四方乱入の便りを
得味方ハ南北諸州の通路を沛絶せらる中國の大患是

海外新話巻五　四

に過ざるなし故に皇帝文武の百官を集め朝議ありて
諸州の軍兵を召募り鎮江に向はしめ府城の内外を限ず
寸地の見ゆる程に陣営を布列せしむ旌旗返翻として
山の嵐に吹靡き砲臺層重として江水に臨み最と厳重
に備へられバ縦令西洋十二ヶ國の同盟一時に兵を押寄る
とも容易に攻落すべしとハ見えざりける去程に六月十
三日午の刻斗りに蒸気船十艘上に白烟を吹て馳来る
と見えしが頓て大軍船八十艘引續き逆巻浪に押寄せ
に府城に向て帆を入れ船陣をぞ布きけるこれを望めば
眼累〻として蜂窩を集めたるが如く帆綃の影ハ蛛の絲を

〈182〉

掛るよりまで繋し斯て翌十四日朝霧の未だ霽ざるに
二千余の夷人既に上陸なし府城の西門に向ひて攻入らん
とせ城外に逼へ寄る官兵思ひの外に狼狽し防戦せずして
二万余人逃散ね只城上より大筒を打放て且須防ぎ黒
白の夷五百人を撃殺せり此時東南の岸上に備へたる官
兵敵船を打砕かんと臺場に馳上りたる處を却て数十
艘の敵船より一齊に打懸しかバ其玉官軍の陣営を焼
臺場を粉砕し士卒も百人二百人も一度に撃倒され空
中に血潮散て物の影もさだかならず其音の猛烈なる
て実に百雷を欺き坤軸もこれに依て破裂する斗に

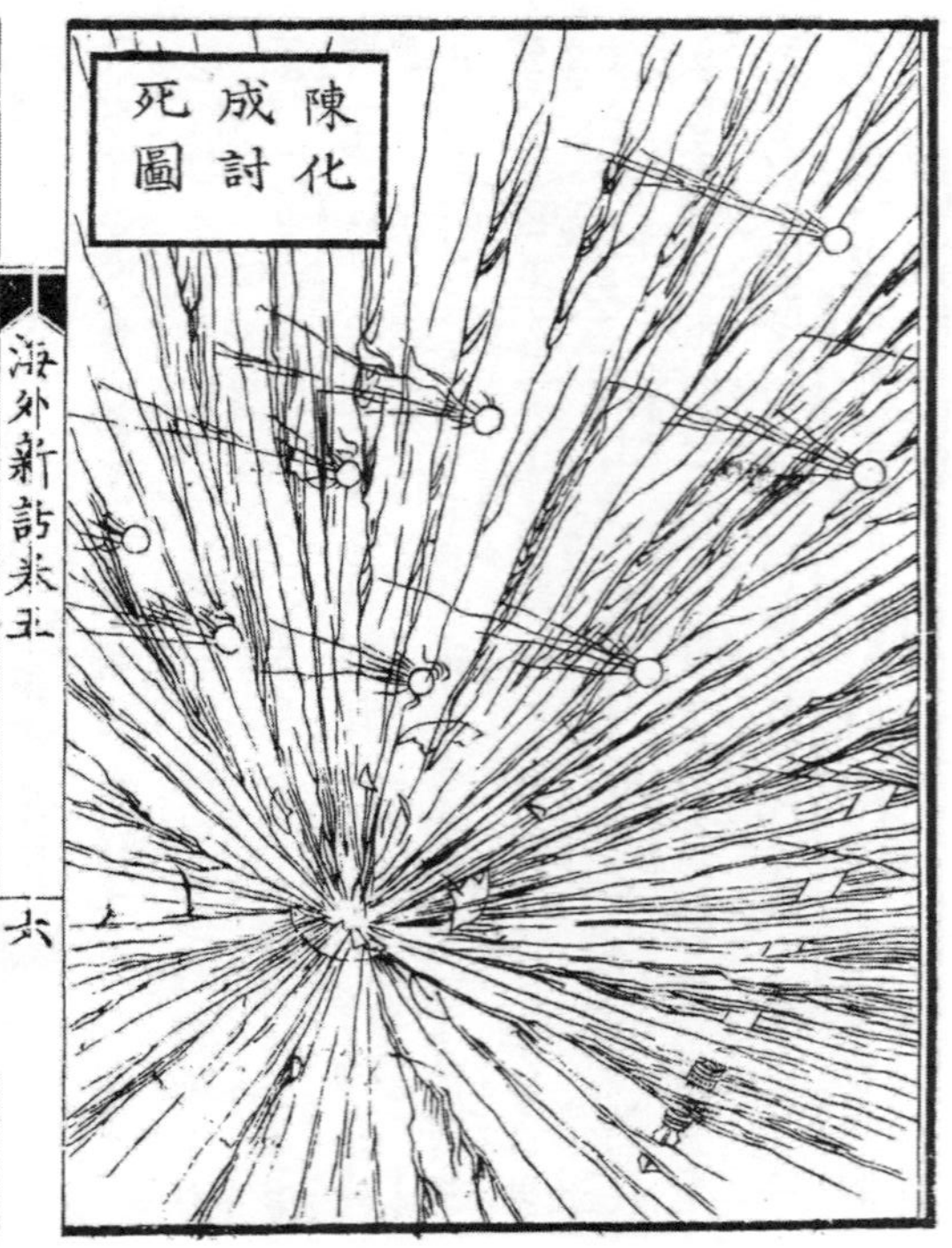

暫時の間に五万余の官兵焼死し幸にして生残りたる者も其勢ひに辟易し耳を聾し目を眩し足腰立得ずして有るが夷人其虚を見透し数千の端舟を投卸し二万余人穴より早く上陸して其勢ひを以て忽ち城の東西より攻寄る此時城外に備へたる官兵何処ともなく既に逃落されば逆夷等思ふ図に押通り先火箭を以てうち放ち府城を焼落さんとして其箭櫓の角狭間の面に蝟の毛のごとく立重り燃付んとする状満兵郷兵以て竿の先に縛付しこれを水に浸し彼方此方と馳廻り力を尽しく打消ぬ城将齊慎士卒に下知して矢石を惜まず防ぐといへど

敵退くに迫り皮揚子炮打掛け城中に乱入らんとし
此騒乱に乗じ敵又城後の北固山に大筒数十挺運上り
此處より城楼に向ひて打懸る其玉集り落て石正門並
焼砕く甚處より敵直に付入せんとする故齊慎海齢祠
芸に満るの強壮なる者五百人を率ひ石正門の傍なる鼓楼
閣に上り鉄炮を連發して付入敵を打ちくめんとせ然れ
ども敵又山上より陸續發砲し防守に力なし既に墨向の
夷人城下に蟻の如く附き我先にと乗入んとす此時北門
の敵十字の旗印を押立て第一に乗込と見えしが驍騎祥
雲義を大率と云卒に下知して短兵急に打て懸り五百余

海外新話巻之五　二

人を打殺せり然れども白夷を殲せしが黒夷を殺
せば白夷援ふ加るに南門の敵大筒を以て城門を撃砕し
甚處より潮の湧がごとく乱れ入り城中までに色めき立て
ますます落んと見えければ城将齊慎今は身に深手を負て
流るゝ血を押拭ひ天を仰ぎて痛哭し既に自尽して最
後を遂んとする所に士卒一人馳至り諫て曰只今将軍一
人自殺ありしとて此大敵退くべきにもあらず況や将軍の
母堂八十の齢を過させ玉ひ日々幸きこの聞あらん忠孝
両ながら全しがたし古よりの習なれば一先此地を敵に譲
れ逃落玉ふべし兎角再挙に敵を殲にするの計策こそ

専一のことなれと言も肯ざるに齊慎を脈抉と擾乱の中
に紛れ丹陽縣に趣り古廟の内に臥しめて醫薬をあたへ
る斯て城中へ四面より攻入敵を捕え取り満兵等今ハお
し死と血戦せし中にも都統海齡ハ手に太刀を把り金剛夜叉
の荒るごとく當る者幸切て廻り黒向の兵二十人斬取られ
驍騎祥雲も亦敵の為に死する者怒れ溝水に身を投て
死しぬ僅に生残りる満兵等百余人諸将の最期れつ
我もくと城中に討死をぞ遂にける実に哀れなる事どもなり
斯て英兵ハ一戦に揚子江頭の重地を攻取られば喜び勇
で勝鬨揚且又清兵の返し寄あるべしと其用意怠らず

海外新話巻之五　八

十三门外并に府学東门の邊に於て厳く地雷火を埋
め伏し船中に載せ来る所の石火矢をのらく城上に配り
彼へ清軍攻寄るの一戦に微砕んと欲するの気勢なり後
数日あつて逆将噗嘀嗜北固山に上り味方兵卒の死傷
を点検するに一千八百二人を損せしの周て鎮江府近郷の
百姓を捕へ来り其不足の数を補ひ陣営を布列せり西ハ
甘露寺より東ハ金山寺の邊に至るまで黒向の夷人甚多
を散せるごとく充満して何退くべしとも見えざりける

都統海齡妻投身火中事

海齡ハ府城の南门に在て将軍齊慎とともに士卒を率て

〈184〉

攻入敵を防ぎ居けるが北門の矢倉に火の手揚りたるを見て
引廻し士卒に令して打消んとするに其火勢益猛烈にして
て近寄べき様なし此時海齢已が館の前を打過ぎ風と
妻子の事ども心に懸り館の中へ立入るに妻は三歳に
なりし乳兒を膝に抱き更に恐怖する氣色もなく圍
窓の下に坐し筆硯を取出し何やらん物認め居る
有様なりしが見て海齢は直に近寄り見るに一子坐
にあらざれば是は何處へ去りしぞと問に妻答へて先刻
丹徒縣へ落行武者の脊に負せ子細の事書しる
文持せ親縁の家に託し遣わし必案じ給ふなと云ひ

然ば海齢又諭して曰今日官軍の勝利覺束なし既に
逆族が城下に迫り北門の矢倉燒延て事危急に及び
ぬれば汝も此處を一先立出て何處へなりとも潜に隠れ
敵に紛れて逃落よ死生は天なり若命あらんには
再度對面すべし別れ惜まば早く打立べしと促しける
に妻は両眼に涙を浮べ如何なれば墓なきことを告なく斷る
大節の場に臨ミ君猶妻子の事ども心に懸りなりや妾が身
今此館を出去ば賊人どもに捕へられ如何なる汚辱を受ん
ことも計り難し結句城中に於て自ら死するこそ本意なれ
且又二人の子兒ある方は既に縁者の許に託し[illegible]生

長の上ハ必ず帝の御用ニも立家の相續絶ひずし次なる此兒ハ妻の心ニ任せよ人余りとて無情なるが君ハ士卒へ御下知ありて一日片時も此城を固く御守り必ず敵の手ニ渡しあへると涙ニ暮て申ければ我聞て海齡我妻なるが義烈の心ニ感激し左あらば敵と血戰せんと館より外ニ出んとしければ妻ハ鎧の袖を引止め暫時は待あれと妻の最期を御覧ありて心を後ニ殘しあへると三歳の乳兒を小脇ニ抱込を甲斐ぐしく北門ニ向けて馳去と見えしが惜き猛火の中ニ飛入て丈の先途をなしぬなり海齡ハ目ぬ見て益感激し惜き逆者ぞも哉今ハ國

家の敵のをるゞ我妻子の仇なりぞ一人も多く討死て冥土の土産ニ語らんと生殘りたる滿兵四五十人一手となし君牽ぐる敵ニ衝入て右往左往ニ切倒し今を必死と戰闘も暫時ニ敵三百余人を打取るり斬て敵ハ此勢ニ辟易し四方ニ颯と靡けるとぞ海齡思案していや逆者の手ニかゝらぬうち速ニ最後を遂んと一方を切ぬけ北門の矢倉燒落て火勢未ざ吹滅せざる中ニ投ドし夫妻同じ處ニ燒死しける程なく覿聞ニ達せしかば兩江の總督來山ニ詔ありて丹徒縣ニ殘れる海齡の一子ニ厚祿を賜りて夫妻の忠節を以て處々の門閭ニ旌表ありければ古今未曾の事なりと見者感涙を洒ぎけるハ

無かりけれ

欽差諸大臣奏和議事

逆夷圖山関を破り鎮江を陥れ其勢益盛にして不日南京の省城に押寄せんと數百艘の大軍舩瓜洲京口の邊に相集り碇泊せしと聞て揚州江寧ハ勿論江西安徽河北等の居民その騒動大方ならず依て欽差大臣耆英乍浦副都統伊里布両江総督牛鑑江蘇巡撫程矞采相共に會議して曰我等皇帝の大命を奉じて逆夷退治の為此地にあり日夜心を軍務に配り防禦の術を施すと云へども一も其効功なくして迯て干要の城地を賊に奪

海外新話巻五　十一

〈185〉

取れ人民困として枕を高ふするを得ず縦令今一度力を
極めて血戦すといへども官軍敗走するに於ては却りて英人
侵犯の勢を長じ国家の害を益んのミ進戦を避て畏怯
するに似たりといへども不如皇帝に奏聞して一先逆夷の請
所に任せ和議を取結び万民の命を拯ハんと諸大臣即ち奏
して旧臣等が大任を受辺疆の塵を清むると能はず空しく
逆夷の気焔を長じ国体を損傷するの罪今に於て免るゝ
ことを得ずされども此危急に当り空しく死せんより各卑見を
以て陛下に布陳し而る後身を斧鉞に委せんのミ謹で英人
侵犯の情由を察するに下三ケ条の外に出でず第一ハ鴉片烟

の次金并ニ船軍ニ用ひる所の費金合せて二千一百万両これを受て後和睦を結び兵船を退去せんと欲するなり第二香港厦門寧波上海定海等の地ニ商館を設け我民永く爰ニ據て万国と諸物を交易し其大利を攫取せんと欲するなり第三ハ英国通船の商長中国の官人と相共ニ出会する時ニ於て彼是平等の礼を行ひ聊尊卑高低なからんと欲するなり彼が懇望する所の事件如此なれバ時の權宜ニよつて且く其請所ニ従ひ事々斟酌ありて許容あらバ海疆静謐ニ帰する事を疑ひなし若や唯ニ中華の威武を以て彼を討伐せんと欲するなれハ廃民其荼毒を免るゝの期なし既ニ昨日何者

海外新話巻五　三

か声言すらくハ寿春縣の勇兵を募り近日英夷と戦闘あるべしと夷人等ニ是を聞て即刻鍾山の頂ニ大筒数十挺運び上りこれを以て省城を撃破らんとし又船上ニ紅旗を推建銃眼を開き合戦を挑むの勢あり揚州の居民等図らず柔惰の風習なりしバこれを見て老少男女のたちまち省城の門外ニ相集て曰我等如何なる不幸ありて斯る時節ニ出逢しぞ今ニ合戦初りなバ逆夷の放てる大砲の為ニ一身微塵となりて軟砕なることの悲さよ願くハ欽差大臣此艱苦を拯ひ給へとて諸民泣さけぶ声暫も休ことなし其光景実ニ心膽を寒すニ堪ざり斯る時ニ當て兵連り禍結んで無辜の生霊を残害せんより

曰く逆夷の請所に任せ權宜をもつて和交を結び通商を差許さるゝ猶又廣東十三家の欠金并に彼が船軍の費金合せて二千一百万両返還すべし是実に生民の大幸なり旧者職を失ひ國帑を損するの罪敢て是を辞せず各重刑に従ひて其罰を受んと伏て乞と今日に至て欽差の大臣防禦の術を施すに力なく遂に和議の一條を以て怒り哉堪へ耻を忍び皇帝の前に奏進せし其心中苦心の程こそ実に察やらるゝなり

両軍和睦事 付 和約條目

諸臣和議の奏聞を一覧ありて帝深く逆鱗ありしなんと

海外新話巻五　十四

又ども孫武子の所謂五事七計を以て彼我の形情を篤と経挍すれば如何せん今日の時勢中華の勝算殊に多からず況や将士奔命に疲弊するの余に當り強て戦闘を求むるとも必勝の利なくして却て中華の武威を損し天下万國の咲ひを取んのみ然れば諸将の奏議に任せ時の權宜を以て和睦を差許し生民塗炭の苦を免れしめんより外なしと数行の悲涙を濺ぎあひ即詔ありて曰廣州福州厦門寧波上海右五ケ處に商館を設け緒物文易を許すべしといへども夷人妻子を携来て爰に常住するは彼が任すべし定海の舟山厦門の古浪嶼右二ケ處内地に連屬せざるをもつて且く

〈187〉

居住を許容すべし猶又英夷請求むる所の欠金及び彼が船軍に用る所の費金其高の莫大なる抔の内へ嘆嘣喳と同く會議の上とれ年分とし尤其息を加へて償還すべし諸事熟考の後取計ひ去年廣東府に於て琦善揚芳等漫りに逆將の氣勢に畏懼し毎事彼が請に任せ苟且局を了るが如きにあるべからず諸將江寧にあつて此詔を受即日夷船に至り英將に出會し和議を定む其目左の如し

大清

大皇帝　大英　君主欲以近來不和之端解釋

息止肇衅爲此議定設立永久和約是以

大清

大皇帝泒命

欽差便宜行事大臣 太子少保鎮守廣東廣州將軍宗室耆英 頭戴花翎前各督部堂乍浦副都統伊里布

大英伊耳蘭等國　君主特泒欽奉全權公使大臣英國所屬河度等處三等將軍世襲男爵嘆鼎查

公同各將所奉之

上諭便宜行事及

勅諭全權之命互相校閲俱屬

善當即便議擬各條陳列於左

一　嗣後

大清
大皇帝　大英　君主永存和平所屬華英人民
彼此友睦各住他國者必受該國保祐身家全
安
一自今以後
大皇帝恩准　大英國人民帶同所屬家眷寄居
大清沿海之廣州福州厦門寧波上海等五處港口
貿易通商無礙且　大英　君主派設領事
副領事等官住該五處城邑專理商賈事宜與
各該地方官公文往來令英人按照下條開叙

海外新話巻五　一六

之例清楚交納貨税鈔餉等費
一因大英商船遠路跋渉津洋往々有損壞須修
補者自應給予沿海一處以便修船及存守所
用物料今
大皇帝准以洋銀六百万元償補原價
一凡　大英國民全粵貿易向例會館額設行商
亦稔公行者兼辦今
大皇帝准以嗣後不必仍照向例乃凡英商等赴各
該口貿易者無論與何商交易均聽其便且向
例額設行商者内有累欠英商甚多無措清完

者今酌定洋銀三百万元作商欠之數准明由
中國官為償還
一因
大清
欽命大臣向　大英官民人等不公強辨致須撥
軍士討求紳理今酌定水陸軍費洋銀一千二百
万元
大皇帝准為償補惟是道光二十二年六月十五日
以後英國因贖各城收過洋銀之數
大英主權公使大臣為可按數扣除

海外新話巻五　十七

一以上三條約定銀數共二千一百万元應如何
今期交清開列于左此時交銀六百万元癸卯
年六月交銀三百万元十二月間交銀三百万
元共六百万元
甲辰年六月交銀二百五十万元十二月間交
銀二百五十万元共五百万元
乙巳年六月間交銀二百万元十二月間交銀
二百万元共四百万元
自壬寅年至乙巳年止共交銀二千一百万元
倘有按期未能交足之數則酌定每年每百元

加息五元、
一凡係在中國 大英國人無論本國屬國軍民等今
在中國所管轄各地方被禁者
大清
大皇帝准即釋放
一凡係中國人前在英人所據之邑居住者或與
英人有來往者或有跟隨及伺候英國官人
者均由
大皇帝俯降
御旨謄錄天下

恩准全然免罪且凡係中國人、為英國事被拏監禁
受難者亦加
恩釋放
一前第二條内言明関係英國商民居住通商之
廣州等五處應納出口進口貨稅餉費均宜秉
公議定則例由 部頒發曉示以便英國按例
交納今又議定英國貨物自在某港按例納稅
後即由中國商人廣運天下而路所經過稅關
不得加重稅例只可按估價則例若干每兩加
稅不過某分

一議定英國住中國之捴管大員與
大清大臣無論京内京外者文書往來用照會字樣
英國屬員用陳字樣大臣批復用札行字樣兩
國屬員往來必書為平行照會若兩國商賈上
達官憲不在議内仍用稟明字様為善
一俟奉
大清
大皇帝允准和約各條施行並以此時准交六百万
元交清　大英水陸軍士即退出江寧京口
等處江面並不再攔阻中國各省商賈貿易至

鎮海之招宝山亦為退譲惟有定海縣之舟山
島厦門廳之古浪嶼山島仍歸英國暫為駐守
迨及所議洋銀全數交清而前議各海口均已
開関係英人通商後即將二處軍士退出不復
占據以上各條均関議和要約應俟大臣等分
別奏明
大清
大皇帝　大英　君主各用
朱親筆批准後即速行相交係兩國分執一冊以照信
守惟兩國相離遥遠不得一且而到是以另繕

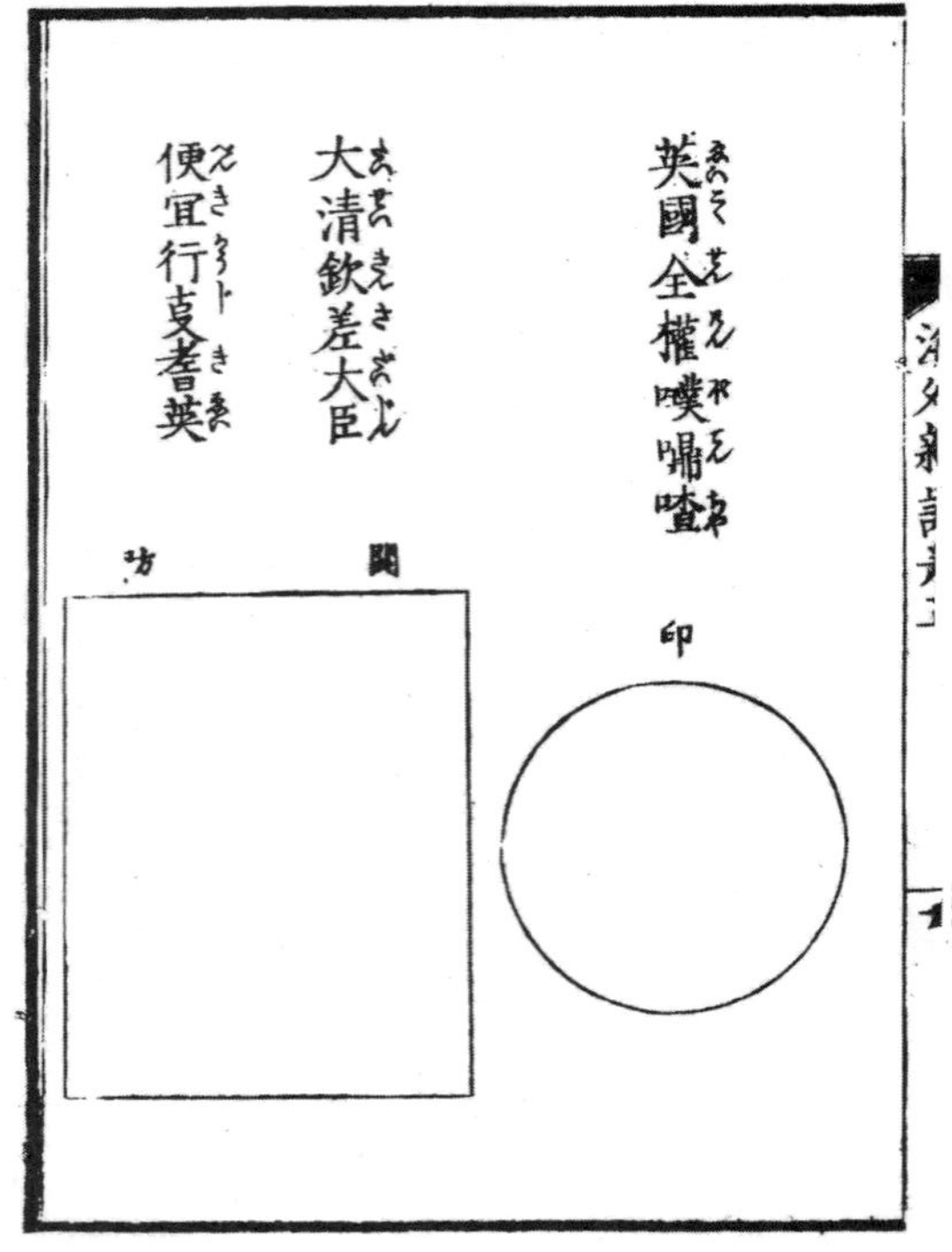
二冊先由
大清便宜行事大臣等　英國欽奉全權公使大
臣各為　君主定事蓋用關防印信各執一
冊為據俾即日按照和約開載之條施行妥辦
無礙矣要定和約者
道光二十二年七月廿四日即英國紀年之一千八
百四十二年八月廿八日

英國全權噗咘喳
印
大清欽差大臣
便宜行事耆英
關防

兩江總督部堂牛鑑

江蘇巡撫部院程矞采

乍浦副都統紅帶子伊里布

関防　関防　関防

右の條目に依て愈両國の和睦取調ひ二千一百万元の金子約定の如く先六百万元を以て英將㗚喁査に差渡せ㗚喁査ハ其金を受て即日江寧を退船をとりて鎮江

海外新話巻之五　七一

京口瓜州等に碇泊する所の諸軍船追々揚子江を去て本國英吉利に立還るもあり又ハ印度の地方に帰帆する由あり此時に當りて㗚鼎査ハ暫く廣東の地に至り向後通商交易の事件を取定め那士立（士立ハ英國の産にして幼年より清國天津の地に来り文華を学ぶ二十余年然るに後隨する英國に帰ると云）ハ定海に留りて通商の事を管領せり

斯て濱海の人民連年の騒乱を避て四方に離散し道路に悼哭する者多かりけるが今日に至り初めて安堵の思ひをなし各故土に立帰り壊屋を脩め荒園を掃ひ即ち産業に就て太平万歳を唱ふ且又朝廷に在ては諸將士の功勲を褒賞し有罪を誅討せらる茲に於て

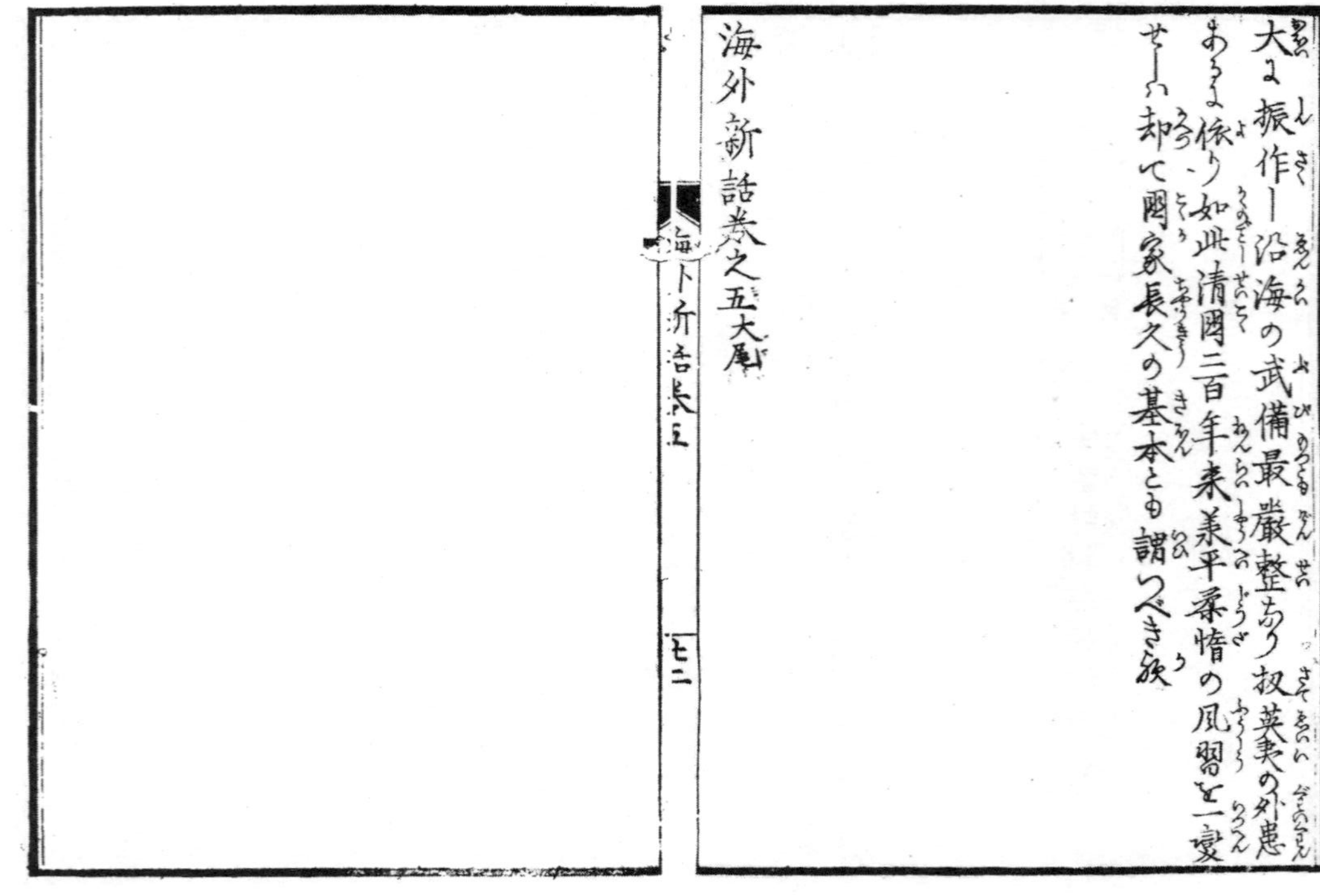
大に振作し沿海の武備最嚴整あり故英夷の外患あるに依り如此清國二百年来承平柔惰の風習を一變せしハ却て國家長久の基本とも謂べき歟

海外新話巻之五大尾

海外新話巻五　七二

あとがき

「草食系男子」という用語の解説のような記事が、二〇〇九年一月六日付の『朝日新聞』朝刊文化面に掲載された。その概念の紹介に「あなたの周りにこんな男性はいないか」とし、その第四に「海外旅行に興味がない。遊ぶなら、地元で親しい友達とが好ましい」とある。

私たちの追手門学院大学国際教養学部アジア学科は、前身の文学部アジア文化学科の時代から「体験学習」を重視し、「現代・現地・現実のアジアで学ぶ」をスローガンの一つとしてきた。開設以来人気だった「アジア現地演習」という、夏休みを利用して教員が学生とともに現地に行き、アジア各地域の現代と現実を学ぶというカリキュラムが、ここ二、三年人気を失いつつあるのではないか、と感じさせられる状況が出てきた。

中国（北京）、東南アジア（シンガポールなど）、沖縄の三つのコースを設定しているのだが、二〇〇六年ころから履修学生数が若干減少しはじめ、〇八年は各コースともについに設定人員を下回った。そのなかでも比較的多数が沖縄を希望するという、かつてない傾向になった。「はしがき」にも書いたように世界的な経済収縮の影響かとも思われるが、学生の「覇気」のなさが原因ではないかという意見もあった。その〇六年のころからちらほらと「草食（系）男子」という表現を聞くようになった。

前述の『朝日新聞』の記事には、興味深い指摘が多く、今後の大学が考え真剣に対処すべき問題が示唆されている。たとえば『草食系男子の恋愛学』の著者の大阪府立大学の森岡正博教授が、「男性が多様な生き方を選べる、いい時代が来た気がします」と述べたと紹介されている。「草食系男子」がごく一部分の存在であり、それも「まぁいいか」と思えるだけの数なら、「多様な生き方の一つ」かも知れない。しかし、どうもこれが多数派を占めつつあるのではないか、と予感させられると、そうもいっていられない。

私たち六人の執筆者たちは、年齢も非常な幅があるし、専門の領域もさまざまである。しかし、「身の周り視点」だけでは人間は萎縮するという思いは共通するし、アジアをフィールドとし、アジアを歩き廻ることを仕事の一部としており、これ以上「海外旅行に興味がない」という「草食系」の増加は防ぎたいという気持ちも、おそらくは共通するであろう。

もちろん、生き方としての「草食系」まで否定するつもりは全くない。私たちのこの本を読んで、せめて「上海」という近くの異国に興味を感じていただければ、望外の喜びである。

国際教養学部アジア学科のなかで、「上海に関する本を出す」という企画が認められてから三年、当初は執筆をお引き受けくださった多くの先生方も、学内外の多忙さから次第に執筆を辞退されて行き、結局は六名だけになったのは残念であった。ただそれを悔やむだけというマイナス思考に代えて、『海外新話』の復刻という新事業を盛り込むことができた、というプラス思考で事業の完成を喜びたい。

今は少しでも多くの方々に、お読みいただけることを祈念するのみである。

最後に、昨今の厳しい経済情勢・出版情勢の中、本書の出版をご快諾くださった和泉書院の廣橋研三社長に、深く感謝します。

（奥田　尚）

武田　秀夫（TAKEDA, Hideo）　追手門学院大学国際教養学部アジア学科教授

○専門分野：中国思想史・老荘思想

○略歴

1969年３月　大阪外国語大学中国語科卒業。

1974年３月　大阪大学大学院文学研究科中国哲学専攻博士課程単位取得退学。

1990年４月　大阪大学文学部・京都産業大学教養部を経て追手門学院大学文学部着任。

○論文：「魏源著『老子本義』「老子本序」及び「論老子」和訳」（『アジア学科年報』第１号・2008年11月）

永吉　雅夫（NAGAYOSHI, Masao）　追手門学院大学国際教養学部アジア学科教授

○専門分野：日本文学／日本近世・近代における思想と文学

○略歴

1975年３月　神戸大学文学部文学科卒業。

1982年７月　神戸大学大学院文化学研究科博士課程単位取得退学。

1987年４月　追手門学院大学文学部着任。

○論文：「オーストラリアが読む　村上春樹　―オーストラリアン・ライブラリー・コレクションズ〈村上春樹〉一覧―」〔『オーストラリア研究紀要』第33号（2007年12月）〕

奥田　尚（OKUDA, Hisashi）　追手門学院大学国際教養学部アジア学科教授

○専門分野：日本史・古代史書の成立に関する研究

○略歴

1966年３月　神戸大学文学部史学科卒業。

1971年３月　大阪大学大学院文学研究科日本史学専攻博士課程単位修得後退学。

1981年４月　追手門学院大学文学部着任。

○論文：「『海外新話』の南京条約」〔『創立四十周年記念論集・文学部編』（2007年３月）〕

執筆者紹介（執筆順）

主著・論文

淺野　純一（ASANO, Junichi）　追手門学院大学国際教養学部アジア学科教授

○専門分野：中国現代文学・現代事情

○略歴

1982年３月　京都大学文学部文学科（中国語学中国文学専攻）卒業。

1989年３月　京都大学大学院文学研究科中国語学中国文学専攻博士後期課程単位取得満期退学。

2001年４月　金沢大学文学部を経て、追手門学院大学文学部着任。

○論文：「魯迅『傷逝』小論」〔『吉田富夫教授退休記念中国学論集』（2008年２月・汲古書院）

筒井由起乃（TSUTSUI, Yukino）　追手門学院大学国際教養学部アジア学科准教授・博士（文学）（奈良女子大学、2005年２月取得）

○専門分野：人文地理学・ベトナム農村社会の変容

○略歴

1997年３月　奈良女子大学文学部地理学科卒業。

2002年３月　奈良女子大学大学院人間文化研究科複合領域科学専攻　博士後期課程単位取得満期退学。

2003年４月　日本学術振興会特別研究員を経て、追手門学院大学文学部着任。

○論文：「ベトナム地理学の展開と学界の組織化」〔千田稔編『アジアの時代の地理学』（2008年３月・古今書院）〕

南出　眞助（MINAMIDE, Shinsuke）　追手門学院大学国際教養学部アジア学科教授

○専門分野：人文地理学・港湾都市と水運の発達に関する比較研究

○略歴

1975年３月　京都大学文学部卒業。

1977年３月　京都大学大学院文学研究科人文地理学専攻修士課程修了。

1987年10月　京都大学教養部・佐賀大学教養部を経て追手門学院大学文学部着任。

○論文：「マラッカ王国の地誌的検討」〔千田稔編『アジアの時代の地理学』（2008年３月・古今書院）〕

編者紹介

追手門学院大学アジア学科

追手門学院大学国際教養部アジア学科が正式の名称。1966年４月の大学の創立時に「文学部東洋史学科」として出発。文学部東洋文化学科、同アジア文化学科を経て、2007年４月に国際教養学部アジア学科に拡充改組。オーストラリアからインドや西アジアまで、中国・日本などをも軸に、幅広くアジアをカバーする教育・研究システムを持つ。

前回、和泉書院から出版した『他文化を受容するアジア』(2000年３月）は、15名の教員で組織した「アジア文化研究会」の編であったが、今回は学科の中に設定した「上海プロジェクト」の編である。同プロジェクトの活動は本書の出版で終了するが、類似のプロジェクトを次々に組織して、教育・研究活動をよりいっそう活発に行おうとしている。

連絡先　〒567-8502　大阪府茨木市西安威2-1-15
追手門学院大学国際教養学部アジア学科

上海アラカルト　　和泉選書　167

2009年６月30日　初版第一刷発行 ©

編　者　追手門学院大学アジア学科

発行者　廣橋研三

発行所　和泉書院

〒543-0002　大阪市天王寺区上汐５－３－８
電話 06-6771-1467／振替 00970-8-15043
印刷・製本　遊文舎

ISBN 978-4-7576-0515-2 C1309　定価はカバーに表示